OEUVRES COMPLÈTES

DE

SHAKESPEARE

TRADUITES

PAR ÉMILE MONTÉGUT

TOME DIXIÈME

CYMBELINE
POÈMES DE SHAKESPEARE
PETITS POÈMES
SONNETS

PARIS

LIBRAIRIE HACHETTE ET Cⁱᵉ

BOULEVARD SAINT-GERMAIN, N° 79

—

1873

OEUVRES COMPLETES

DE

SHAKESPEARE

YK 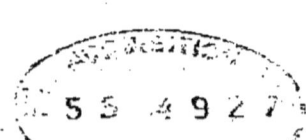 4829

PARIS — TYPOGRAPHIE LAHURE
Rue de Fleurus, 9

ŒUVRES COMPLÈTES

DE

SHAKESPEARE

TRADUITES

PAR ÉMILE MONTÉGUT

TOME DIXIÈME

CYMBELINE
POÈMES DE SHAKESPEARE
PETITS POÈMES
SONNETS

PARIS

LIBRAIRIE HACHETTE ET Cie

BOULEVARD SAINT-GERMAIN, 79

—

1873

Tous droits réservés

CYMBELINE.

IMPRIMÉ POUR LA PREMIÈRE FOIS DANS L'ÉDITION DE 1623.
REPRÉSENTATION INCERTAINE.
DATE PROBABLE DE LA COMPOSITION 1609.

AVERTISSEMENT.

Cymbeline fut imprimé pour la première fois dans l'in-folio de 1623. Nul document n'établit la date de cette délicieuse production, mais heureusement cette date se dénonce elle-même. *Cymbeline* appartient en toute évidence à la suprême période de la vie de Shakespeare, comme *le Conte d'hiver*, comme *la Tempête*, dont il présente tous les caractères de composition et de style. Nous reviendrons tout à l'heure sur ce point important : bornons-nous, pour le moment, à accepter la date de 1609 donnée par Malone comme celle de la composition de cet adorable ouvrage.

Cymbeline est sorti de la combinaison tout à fait étrange et à peu près inexplicable d'un conte de Boccace et de quelques fragments de la chronique d'Hollinshed se rapportant aux guerres des anciens Bretons contre les Romains. La nouvelle de Boccace est-elle la seule source où Shakespeare ait puisé ? La plupart des critiques et éditeurs de Shakespeare n'en admettent pas d'autre, même M. Staunton qui dans sa trop courte notice placée en tête de *Cymbeline* a mentionné cependant un des contes d'un vieux recueil d'histoires amusantes bizarrement intitulé : « *A l'Ouest pour les éperlans* (a), *ou le salaire du batelier de*

(a) Ce mot doit probablement s'entendre au figuré. L'éperlan étant un poisson dont la chair est très-délicate, cette expression équivaut sans doute à quelque chose comme : « *à l'ouest pour les histoires curieuses, les contes friands.* »

folles et joyeuses filles de l'ouest dont les langues quoique toujours résonnantes comme des battants de cloches ont cependant de doux contes dont vous serez fort contents. »
M. Staunton signale ce vieux récit à titre de simple curiosité; nous avons eu l'heureuse fortune de le trouver dans le recueil des observations supplémentaires de Malone, et il nous a paru, au contraire, d'une importance extrême. Il ne reste plus qu'un seul exemplaire de cet ouvrage, et l'édition à laquelle il appartient est de 1620, c'est-à-dire postérieure de quatre années à la mort de Shakespeare; mais Malone nous apprend, dans ses *Observations* supplémentaires, que cette édition de 1620 n'était que la seconde, et que la première avait été publiée en 1603. Si cela est, qu'est-ce qui empêche que Shakespeare ait lu ce recueil? et il l'a lu, car il s'est servi de certains des incidents du conte mentionné pour corriger le récit de Boccace. La ressemblance de certains épisodes est telle entre le drame et le conte anglais, que nous voulons donner une analyse détaillée de ce document curieux, que nous sommes le premier, croyons-nous, à signaler en France, et que les critiques anglais n'ont pas apprécié à sa véritable valeur. Commençons par la nouvelle de Boccace, et voyons les transformations que Shakespeare lui a fait subir, lesquels de ses épisodes il a rejetés et lesquels adoptés.

La nouvelle de Boccace ne raconte pas autre chose qu'une farce criminelle d'un facétieux commis voyageur du moyen âge, espèce de Don Juan de table d'hôte, gâté par les complaisances des filles d'auberge. Des marchands italiens réunis à Paris pour leurs affaires, causent joyeusement après souper, et de propos en propos, la conversation vient à tomber sur les femmes. Leur manière de penser sur la vertu féminine est peu idéale et chevaleresque, il en faut convenir; tous, sauf un seul, professent, à cet égard, cette philosophie sceptique que Boccace lui-même, dans l'histoire d'Alaciel, la fiancée du roi de Garbe, a merveilleusement résumée dans cette espèce de proverbe : « *Bocca bacciata non perde ventura, anzi rinnuova come fa la luna.* » Tous accordent volontiers qu'il est assez probable qu'ils sont trompés par leurs femmes, qu'ils ont laissées au logis. « Je ne sais pas ce que fait ma femme, dit l'un d'eux, mais je sais bien que lorsqu'il me tombe entre les mains une fillette qui me plaît, je mets de côté l'amour que je porte à ma femme, et je prends avec cette autre autant de plaisir que je peux. » — « Et c'est aussi ce que je fais, répond un second ; et c'est pourquoi je crois bien que si ma femme trouve une occasion, elle en fait autant de son côté. » La foi parfaite est représentée, pourtant, au milieu de ce synode de sceptiques par un riche marchand de Gênes, nommé Bernabo Lomellin. Sa confiance en la vertu de sa femme est aussi grande que son admiration pour ses talents variés, qu'il détaille avec complaisance. Un jeune marchand de Plaisance, Ambrogiuolo, piqué au vif par cet orgueil conjugal, se refuse à croire que Bernabo Lomellin ait le privilége de constituer une exception dans l'ordre des maris, et lui demande si ledit privilége lui aurait été, par hasard, conféré par l'empereur. Bernabo, s'enflant de plus en plus, répond qu'il le tient de quelqu'un plus puissant que l'empereur, car c'est Dieu lui-même qui lui a fait cette grâce. Là-dessus, le jeune Ambrogiuolo riposte par une petite dissertation de philosophie sceptico-matérialiste à l'italienne, assez grossière sans doute, mais dont on ne peut dire qu'elle manque de logique et de bon sens. Dieu a créé l'homme plus fort que la femme, plus constant, plus courageux ; or, nous voyons que l'homme ne peut résister non-seulement à la femme qui le provoque, mais au désir qui le porte vers celle qui lui plaît ; que dire alors de la femme, beaucoup plus faible, beaucoup plus timide, beaucoup plus changeante ? La femme de Lomellin est de chair et d'os comme les autres, par conséquent soumise aux mêmes désirs ; et si nous voyons que les autres y succombent, il faut bien en conclure qu'elle aussi peut y succomber. Bernabo répond qu'à la vérité il en est ainsi de toutes les femmes qui ne sont pas sensibles à la honte; mais que celles qui sont sages ont un tel souci de leur honneur, qu'elles en deviennent plus fortes que les hommes, et cette fois, le mari idéaliste a touché le vrai point de la question, et s'est plus approché de la vérité que l'ergoteur sceptique. Cependant dans toute cette scène, il en faut bien convenir, Bernabo Lomellin est presque agaçant, par l'imprudence avec laquelle il expose son bonheur aux yeux de tous, et l'on ne peut s'empêcher de trouver qu'il mérite quelque peu son sort. Il entre d'ailleurs une dose assez appréciable de choquante vanité dans l'étalage que le marchand génois, fidèle à ses habitudes de métier, fait des vertus de sa femme, qu'il déploie comme ses étoffes et met en lumière comme ses bijoux. Au fond, il est moins fier des mérites de sa femme qu'heureux de se distinguer par leur moyen de ses confrères moins favorisés, lesquels consentent à être trompés avec tant de bonne grâce et une si réelle modestie, qu'on ne peut leur refuser une estime prononcée. Autant le chevalier Posthumus est sympathique au milieu même de ses erreurs et de ses frénésies homicides, autant le marchand Lomellin est déplaisant au milieu même de sa confiance et de sa religion conjugale; c'est assez dire que lorsqu'il se permet de sortir de la vertu, il devient franchement odieux.

La dispute échauffe les têtes, et Ambrogiuolo s'offre à parier avec Lomellin que s'il avait l'occasion d'approcher sa femme, il obtiendrait d'elle ce qu'il a obtenu de mille autres. « Je parie ma tête à couper contre mille florins d'or que non! » s'écrie le mari. « Non, riposte Ambrogiuolo, mais cinq mille florins d'or qui doivent vous être moins chers que la tête, contre mille des miens. Seulement, pendant le temps que je resterai à Gênes, vous ne ferez rien pour avertir votre femme du pari, et vous ne lui écrirez point. » Le pari est accepté, rédigé sous forme de convention légale et signé par les deux parties, malgré l'opposition et les conseils des amis présents.

Ici nous rencontrons la première modification que Shakespeare ait fait subir au récit de Boccace. Dans *Cymbeline*, Iachimo est introduit tout naturellement auprès d'Imogène par une lettre de Posthumus; dans le *Décaméron*, Ambrogiuolo s'offre à tenter l'aventure par ses seuls efforts, et ce simple petit détail a suffi pour rendre peu naturelle toute la suite de l'histoire de Boccace. Le téméraire ne s'est, en effet, réservé aucun moyen, non-seulement de mener à fin, mais même de commencer son entreprise. Il aurait pu réussir, une fois introduit, à corrompre sa victime par manéges adroits; mais faire accepter un inconnu à une femme vertueuse est une tâche absolument impossible. Aussi, arrivé à Gênes, ne tente-t-il même pas l'aventure. Il se contente de corrompre à prix d'argent, et encore avec de grandes difficultés, une pauvre femme qui allait souvent dans la maison, et qui était fort aimée de Madonna Genevra, — tel était le nom de l'épouse de Lomellin. Cette femme consent à introduire Ambrogiuolo dans la chambre à coucher de Genevra par stratagème, et le moyen choisi est le fameux coffre de Iachimo. Ambrogiuolo sort du coffre pendant la nuit et, à l'aide d'une lumière qui est restée allumée, passe la revue de l'appartement et grave dans sa mémoire autant de détails que le lui permet le peu de temps dont il dispose. Puis il s'approche du lit où, détail choquant, la dame dormait à côté de sa petite fille, la découvre doucement pour chercher sur son beau corps quelque signe caractéristique, et y découvre sous la mamelle gauche une petite excroissance ornée de poils *blonds comme l'or*. Boccace rapporte encore qu'en voyant Genevra si belle, Ambrogiuolo eut envie de se coucher à côté d'elle, mais qu'il fût retenu par la crainte d'une résistance dangereuse. Son inspection terminée, il rentre dans son coffre, après y avoir fourré — autre détail fort choquant — autant d'objets qu'il en peut voler, une bourse, une ceinture, un anneau, une robe. Shakespeare a remplacé toute cette friperie par le bracelet d'Imogène.

Ambrogiuolo, sorti de son coffre, reprend le chemin de Paris et vient annoncer à Lomellin qu'il a gagné son pari. Lomellin se refuse d'abord à croire aux preuves qu'il lui donne ; sa friperie de nippes,— singulier cadeau d'amour, par parenthèse, — peut avoir été volée par quelque valet ; il peut tenir de quelque personne familière, adroitement interrogée, la description de la chambre à coucher de Genevra. Ce sont, comme on le voit, les arguments mêmes que Posthumus emploie contre les affirmations de Iachimo ; mais, pas plus que Posthumus, Lomellin ne doute encore, lorsque Ambrogiuolo lui révèle l'existence du petit signe aux poils d'or. Alors, transporté de colère, il écrit à un serviteur de confiance, et lui commande de conduire sa maîtresse hors de Gênes, et de la tuer à un endroit écarté qu'il lui désigne. Ici, le récit diffère essentiellement du drame de Shakespeare, sinon par les faits, du moins par les sentiments. Au lieu de présenter sa gorge au couteau comme Imogène, Madonna Genevra, devant cette déclaration, sent se réveiller en elle cet amour de la vie si puissant chez les peuples du Midi, sur qui l'instinct physique a tant d'empire, et elle demande grâce au valet. Celui-ci, qui n'exécutait qu'à contre-cœur cette sanglante commission, consent bien volontiers à l'épargner, lui donne des habits d'homme, et s'en retourne raconter à son maître que Madonna Genevra est morte, et qu'au moment où il s'éloignait de son cadavre, il a vu les loups qui se chargeaient de sa sépulture.

Jusqu'ici la nouvelle de Boccace et le drame de Shakespeare marchent à peu près d'accord ; mais ici ils se séparent pour ne plus se rejoindre que de très-loin. Les rôles si originaux de Belarius et des deux frères chasseurs sont tenus, dans Boccace, par deux personnages épisodiques sans caractère, une vieille femme charitable chez qui Genevra raccommode et rajuste les guenilles de son costume masculin, et un seigneur catalan, nommé Encarach, capitaine de navire, qui, touché de sa figure, consent à la prendre à son service comme page, et l'embarque à bord de son vaisseau, qui fait voile pour Alexandrie. Arrivé dans cette ville, Sicurano de Final (c'est le nom d'homme qu'a pris Genevra, et que Shakespeare a traduit par celui de Fidèle) plaît au soudan, et le capitaine Encarach le cède à ce prince.

Il y avait à Saint-Jean-d'Acre une foire annuelle où abondaient les commerçants de tous les pays. L'époque de cette foire étant arrivée, Sicurano reçut du soudan commission de s'y rendre, en qualité de commandant du corps de troupes chargé de veiller à l'ordre. Or, un jour que Genevra inspecte les boutiques des marchands italiens, qu'elle se plaisait particulièrement à fréquenter, elle arrive près de la boutique d'Ambrogiuolo de Plaisance, et reconnaît parmi les marchandises une ceinture et une bourse qui lui avaient appartenu. Elle en demande le prix, et le cynique Ambrogiuolo répond en riant que ces objets ne sont pas à vendre, mais que s'ils peuvent faire plaisir au jeune capitaine, il les lui cédera volontiers ; puis, toujours facétieux, il raconte, à la face même de Genevra, comment il les tient de son amour, qu'elle n'a jamais soupçonné, et comment son mari, après avoir perdu cinq mille florins d'or, furieux de se savoir trompé, a fait assassiner sa femme.

Genevra, soudainement éclairée, prend le parti de rire avec Ambrogiuolo de cette aventure tout à fait plaisante, et, feignant de s'intéresser à lui, l'attire à Alexandrie en lui faisant espérer qu'il trouverait à s'y débarrasser de ses marchandises invendues. En même temps ses stratagèmes réussissent à amener son mari dans la même ville. Elle présente Ambrogiuolo au soudan, et lui fait raconter son histoire, que le souverain trouve à son tour singulièrement récréative; puis dès qu'elle est informée de l'arrivée de son mari, elle prie le soudan de mettre Ambrogiuolo et Bernabo en présence, et de faire raconter devant ce dernier l'histoire dont s'est vanté le marchand de Plaisance. Le soudan y consent, et soupçonnant quelque odieuse perfidie, il somme Ambrogiuolo de déclarer la vérité, sous peine des derniers supplices. Ambrogiuolo, terrifié, révèle comment les choses se sont passées. Madonna Genevra fait reconnaître sa personne et son sexe, et implore auprès du soudan la grâce de son mari, auquel elle pardonne. Quant à Ambrogiuolo, il est condamné à être empalé, frotté de miel et dévoré par les mouches, punition qui serait un peu sévère, malgré les conséquences de sa légèreté, s'il eût montré le moindre remords; mais comme Boccace nous le présente prenant son crime le plus gaiement du monde, elle n'est, après tout, que méritée. Que penser, en effet, du caractère que Boccace a prêté à Ambrogiuolo? Cet endurcissement cynique est-il bien dans la nature humaine? On peut commettre un crime en riant, mais je doute que le souvenir d'un crime commis excite fréquemment l'hilarité du coupable. Je l'avoue, j'aurais peur de calomnier la nature en affirmant que cette insensibilité est fréquente, et je laisse aux connaisseurs du cœur humain à décider cette question. En tout cas, Shakespeare a résolu la difficulté de la manière la plus honorable pour notre espèce, en nous montrant Iachimo bourrelé de remords. Si la pensée de son crime ne fait pas perdre à ce point à un scélérat son appétit et son sommeil, il est au moins bon pour la morale qu'on croie qu'il en est ainsi. Les formes sont sauvées par là, et si ce n'est pas grand'chose, c'est cependant quelque chose.

M. Staunton traite le vieux conte anglais dont nous avons fait mention, de *réchauffé* de Boccace; oserai-je dire que l'ingénieux éditeur de Shakespeare me semble injuste pour son compatriote, et que je suis tenté de préférer sa nouvelle à celle de l'illustre Italien? Cela ne veut pas dire assurément que nous comparons le conteur anglais à Boccace : Boccace est un homme de génie, tandis que le conteur anglais, si nous en jugeons par l'unique spécimen qui soit tombé sous nos yeux, n'est qu'un homme de talent ; mais un homme de génie peut faire des choses assez médiocres par moments, et il y a loin de l'histoire de Madonna Genevra, qui nous semble respecter assez peu la vraisemblance et la nature, à l'histoire si pathétique de la patiente Griselidis, et à l'histoire si tragique et d'une si grande portée morale d'Alaciel, fiancée du roi de Garbe. En tout cas, c'est indubitablement des eaux claires de ce petit ruisseau anglais que Shakespeare s'est servi pour corriger la source limoneuse et passablement impure de Boccace. Le beau lac si limpide et si frais de *Cymbeline* doit une partie de sa pureté à ce vieil auteur anglais. Nous pouvons nous dispenser de pousser l'analyse aussi loin que nous l'avons fait pour Boccace ; car le fond de l'histoire est le même. Insistons seulement sur les incidents dont Shakespeare s'est servi pour corriger les invraisemblances du conte italien.

La scène est à Waltham, près de Londres, pendant la guerre des Deux Roses, sous les règnes simultanés de Henri VI et d'Édouard IV. Le pari est engagé entre deux bourgeois anglais, comme nous le voyons engagé dans Boccace, mais avec cette différence que le suborneur demande une lettre d'introduction au mari même, afin de pouvoir mettre le contrat à exécution. C'est ainsi que Iachimo se présente devant Imogène, muni de lettres de Posthumus. Nous avons vu que par suite de l'inconcevable étourderie d'Ambrogiuolo, qui lui a fait négliger de prendre une précaution de ce genre, il n'y a, dans la nouvelle de Boccace, aucune tentative de corruption, si petite soit-elle. Shakespeare, toujours fidèle au bon sens et à la logique, s'est écarté encore sur ce point de Boccace, pour se rapprocher du conteur anglais. Dans cette nouvelle, le séducteur se présente en pleins champs à sa future victime, de la part de son mari, et la salue par un gros baiser, familiarité que permettaient les usages du temps aux amis de la famille. Il est reçu dans la maison sur le pied d'un intime, et une fois installé, il songe aux moyens d'en arriver à son but. Ici se trouve un détail très-fin et singulièrement naturel : la femme s'aperçoit bien vite de son projet, et pour éviter qu'il puisse lui parler d'amour, elle s'arrange de manière à ne se trouver avec lui qu'aux heures des repas. Ce manége, qui empêche le séducteur d'en arriver seulement à son exorde, est bien inventé, très-conforme à la vérité, et tout à fait digne d'une honnête femme; malheureusement, Shakespeare n'a pu faire usage de ce détail, parce qu'il écrivait un drame, et que dans un drame il faut en arriver toujours à une scène qui fasse éclat et détermine une situation.

Le suborneur, adroitement éconduit par ce manége, s'avise alors d'un stratagème semblable à celui d'Ambrogiuolo et de Iachimo, à cette différence près qu'il se cache sous le lit au lieu de se fourrer dans un coffre; puis il sort de sa cachette et passe l'inspection de l'appartement. L'auteur anglais est trop chaste pour avoir conservé le détail du petit signe aux poils blonds comme l'or, si heureusement inventé pour la fausse conviction qu'il doit porter dans l'âme du mari abusé; mais en revanche il s'en rencontre un autre pur et charmant : la friperie dont s'empare Ambrogiuolo et le bracelet que vole Iachimo sont remplacés par une petite croix d'or, que la femme vertueuse portait sur son sein, et c'est sur la vue de ce joyau, emblème de religion et de vie morale, que le mari trompé se rend à la fausse évidence. Le choix de ce joyau nous semble singulièrement délicat, et il n'est pas douteux que Shakespeare aurait employé ce détail, s'il n'avait pas placé la scène de son drame à une époque où le christianisme sommeillait encore dans les langes de l'étable de Bethléem.

Le mari donne à un valet de confiance, nommé Georges, l'ordre de tuer sa maîtresse, puis il va rejoindre l'armée du roi Henri VI, pour défendre les droits des Lancastre contre les York. Ici se place le plus considérable des emprunts que Shakespeare a fait au vieux conteur. La scène entre Georges et sa maîtresse est la matière première de la scène entre Pisanio et Imogène. Pas plus qu'Imogène, la femme calomniée ne plaide pour sa vie; mais avec une véhémence passionnée composée à demi de désespoir, à demi de cette frénésie de chasteté qui fut propre à la barbarie germanique, elle présente sa gorge au couteau. « Se peut-il donc, dit-elle, que ma tendresse et mon aimante obéissance ne me méritent pas d'autre récompense de sa part que la mort? Cela ne peut être. Je sais que tu veux seulement éprouver avec quelle patience je pourrai supporter un ordre aussi injuste. Je te le jure ici, par ce corps étendu à terre et par ces mains levées au ciel, je ne cesserais de prier pour sa conservation; ce seraient là mes pires paroles, car le visage terrible de la mort semble aimable pour l'âme qui est innocente. — Eh bien! alors, préparez-vous, dit Georges, car, par le ciel! je ne plaisante pas. » — Alors, elle le pria d'arrêter un peu, et dit : « En est-il donc ainsi? Eh bien! en ce cas, pourquoi désirerais-je vivre, puisque j'ai perdu — et cela sans commettre offense — la faveur de celui que j'aimais si tendrement, et dont la vue faisait tout mon bonheur. Allons, tue-moi. Cependant, Georges, sois assez bon pour me faire la grâce de me recommander à lui par ces quelques mots. Dis-lui que j'embrasse volontiers la mort, car je lui devais ma vie (cependant pas autrement que par mon obéissance d'épouse) depuis le jour où je le nommai mon mari; mais que je nie absolument être coupable envers lui de la moindre faute, et qu'à cette heure de ma mort, je désire que le ciel fasse tomber sa vengeance sur moi, si je l'ai jamais offensé en pensée. Supplie-le de ne pas prononcer sur moi de mauvaises paroles, lorsque je serai morte, car, en bonne vérité, je n'en ai mérité aucune. Je prie que le ciel le bénisse ; je suis prête maintenant, frappe droit au cœur, et mets fin à la fois à ma vie et à mes douleurs. » Le lecteur n'aura aucune peine à reconnaître dans ce passage le ton et les paroles mêmes d'Imogène.

Georges, touché de compassion comme Pisanio, épargne la jeune femme, et lui conseille de se cacher sous un déguisement jusqu'à ce que la vérité soit connue. L'infortunée vit pendant quelque temps avec le prix de ses bijoux, mais il vient un jour où cette ressource lui fait défaut, et comme elle ne peut trouver nulle part à s'employer, à cause des troubles civils, elle prend la résolution de se laisser mourir de faim plutôt que de mendier. Elle cherche un coin solitaire, près d'York, et là, vit de racines et d'herbes crues pendant deux jours. En ce moment critique, passe le roi Édouard IV, revenant de France pour reprendre la guerre civile ; il aperçoit la jeune femme presque morte de faim, s'intéresse à son sort, et l'admet au nombre de ses pages. Elle assiste en cette qualité à la bataille de Barnet. Son mari servait dans les troupes du roi Henri VI, et, la bataille finie, elle parcourt le champ de carnage pour voir si elle ne le trouvera pas parmi les morts. Elle ne le trouva pas, car il était au nombre des prisonniers, comme elle l'apprit bientôt ; mais elle fit, en revanche, une trouvaille non moins précieuse, celle de son faux séducteur, laissé pour mort, et qui n'était qu'évanoui. Or quelle n'est pas sa surprise, lorsqu'elle reconnaît à son cou la petite croix d'or qu'elle avait perdue ! Elle enlève dextrement le bijou, fait transporter le blessé dans une hôtellerie, et puis lorsque celui-ci a repris connaissance, elle lui présente la croix d'or, et s'offre à la lui rendre ; mais il refuse assez noblement, il en faut convenir, en dévoilant à demi que ce bijou se rattache pour lui à un souvenir de honte. Alors la femme a recours au roi Édouard, lui demande de la venger d'une calomnie qui a détruit son bonheur et menacé sa vie, met en présence le calomniateur blessé et le mari prisonnier, confond l'un et pardonne à l'autre. Le lecteur est maintenant à même de juger comment Shakespeare a corrigé et purifié le récit de Boccace par le récit du conteur anglais.

Nous pouvons bien montrer les matériaux d'où cette pièce d'une originalité unique a été tirée, mais comment expliquer les méthodes par lesquelles ces matériaux ont été mis en œuvre, saisir les lois de l'architecture qui a présidé à la construction de cet édifice également composé de réalités et de rêves, faire entendre la musique qui, pareille aux mélodies enchantées d'Amphion ou d'Orphée, a porté l'un vers l'autre tous ces éléments si divers, histoires fabuleuses des temps celtiques, sensuelles anecdotes italiennes, morales aventures anglaises, scènes de la vie pastorale et sauvage, épisodes de la vie des cours, et qui les a fait se ranger à leur juste place avec une harmonie si prodigieusement délicate et une si enchanteresse symétrie? Comment la pensée d'une combinaison aussi inexplicable que celle d'où est sortie *Cymbeline* s'est-elle présentée à l'imagination de Shakespeare? C'est là le secret de son génie, et ce secret ne sera probablement jamais découvert. Mais chacun peut rêver à l'aise sur un thème qui est lui-même né tout entier du rêve, et présenter son hypothèse sans crainte d'être trop audacieux, car une pareille composition autorise, par son propre exemple, toutes les fantaisies de l'imagination. Il me semble que que cette pièce a dû sortir d'une source toute privée et avoir un but pour ainsi dire individuel. Il se sera passé, au temps de Shakespeare, dans le monde de l'aristocratie anglaise, quelque aventure pareille à celle de Posthumus, d'Imogène et de Iachimo. Un mariage d'amour entre deux personnes semblables par la condition, mais inégales par les rangs, aura fait le scandale et l'admiration de la société anglaise; et cette union désintéressée, mise en péril par les fourberies de quelque gentilnomme italien de l'époque, aura un jour réalisé ce vers délicieux du grand poëte dans une autre de ses rêveries, le *Midsummer's night dream :*

The course of true love never did run smooth.

Quelques critiques ont émis l'opinion que *la Tempête* avait dû être composée pour quelque mariage aristocratique ; ils se sont fondés, pour soutenir cette hypothèse, sur la scène des visions que Prospéro se plaît à faire passer sous les yeux des amants, et des bénédictions que tous les dieux de l'Olympe, évoqués par lui, répandent sur le couple heureux. Cette scène donne en effet à *la Tempête* quelque chose des caractères de ces somptuosités dramatiques, *masques* et *pageants* si fort à la mode sous Élisabeth et le roi Jacques Ier. Ne pourrait-on pas en dire autant de *Cymbeline*, et la scène des visions de Posthumus dans la prison ne donne-t-elle pas à ce drame le même caractère ? Seulement ici la fête dramatique, au lieu de célébrer un mariage, aurait eu pour but de célébrer une réconciliation, à laquelle s'intéressait la haute société anglaise, et mille détails qui nous charment par leur seule délicatesse, comme des festons et des arabesques auxquels nous ne voyons d'autre but que celui de nous amuser, auront été saisis comme de subtiles allusions par un public choisi et initié qui applaudissait dans les vers du poëte les fantômes de sentiments qui devaient rester muets en lui.

Le poëte a voulu mettre en scène une anecdote privée, ou peut-être il a accepté de la mettre en scène ; puis, comme il arrive toujours, le sujet, s'agrandissant dans son esprit, s'y sera présenté sous la forme d'une opposition entre l'Italie et l'Angleterre. Cette opposition, en effet, est le grand intérêt de *Cymbeline*, dès qu'on est arrivé (ce qui n'est pas facile) à se dégager des voluptés d'imagination dont cette pièce vous enivre. Deux races se dressent en présence, le monde de la barbarie septentrionale, et le monde de la civilisation méridionale. Shakespeare, en vrai patriote, a donné la préférence au premier. Mais son patriotisme est ici aussi exact qu'éclairé, et n'a rien de ces insupportables préjugés qui souvent déparent les œuvres des poëtes lorsqu'ils partagent les erreurs populaires ou cherchent le succès en flattant les vanités de leur nation. Les deux mondes opposés se présentent, en effet, dans l'histoire avec les caractères que Shakespeare leur attribue. Le seul reproche qu'on puisse lui faire, c'est de n'avoir montré, pour chacun de ces mondes, qu'une moitié de leurs caractères, la moitié noble pour les races du Nord, la mauvaise moitié pour les races du Midi. L'Italie et l'Angleterre furent bien telles qu'il les a représentées ; mais il y faut ajouter, pour l'Italie, une facilité de grandeur qui contre-balance sa politique tortueuse si souvent déloyale, et une véhémence passionnée qui lui tient lieu de sincérité et contre-balance sa fourberie ; il y faut ajouter, pour l'Angleterre, une brutalité qui contre-balance sa moralité, et un orgueil farouche, presque voisin parfois de l'insociabilité, qui contre-balance la profondeur sérieuse de ses sentiments. *Cymbeline* peut être considéré, à la rigueur, comme un véritable pamphlet poétique contre le caractère italien, et peut-être, pour le bien lire, est-il nécessaire de se reporter aux sentiments des Anglais de cette époque, qui avaient vu fondre si souvent sur eux tant d'orages sortis des forges secrètes de la politique italienne. L'Italie devait être, pour un Anglais du seizième siècle, un objet tout à la fois d'étonnement et d'horreur, d'amour et de haine, d'attrait et de mépris. Les poëtes dramatiques de cette époque nous révèlent, en tout cas, que l'Italie se présentait à leur imagination sous la double forme d'une mine inépuisable de sujets dramatiques et d'un repaire d'illustres brigands. Innombrables sont les drames que l'Italie a fournis aux contemporains de Shakespeare ; eh bien ! je n'en connais pas un seul qui ne montre la nature humaine sous son aspect le plus noir, et qui peigne autre chose que des vices aux fortes couleurs. Aucun de ces drames, depuis *Volpone* jusqu'à *la Duchesse de Malfi*, depuis *Vittoria Accorambona* jusqu'à cette pièce au titre intraduisible, *What a pity she is a whore*, n'a de place pour la plus petite vertu. Cependant, tous ces vieux poëtes ont su faire parler aux vertus les plus précieuses de l'homme le noble langage qui leur convient ; mais ils semblent n'avoir ce don que lorsqu'ils s'attaquent à d'autres sujets et à d'autres nations : dès qu'ils cherchent leur inspiration en Italie, toute franchise, toute naïveté, toute tendresse disparaissent, et leur imagination nous introduit dans un monde brûlant et empesté, où croissent seulement des plantes aux couleurs sombres et superbes comme celles qui distinguent les végétations vénéneuses et les robes tachetées des serpents dangereux. Le génie de Shakespeare était beaucoup trop haut, beaucoup trop vaste, beaucoup trop compréhensif pour se laisser aller à ces exagérations qui frisent les superstitions du vulgaire et qui sont toujours la marque d'une nature inférieure, ou plus forte que bien équilibrée ; aussi l'Italie qu'il nous peint dans *Cymbeline* est-elle une terre habitable et habitée par des hommes, et non pas le pays fertile en monstres que ses contemporains se sont plu à nous étaler ; néanmoins, une certaine réprobation très-fine et très-vive à la fois s'y laisse lire aisément, pour qui sait bien comprendre. Un autre grand poëte anglais avant lui, l'illustre et noble Edmond Spenser, l'avait précédé dans cette voie de réprobation, lorsque dans son poëme de la *Reine des Fées*, il décrivit les sensuelles manœuvres et les assauts charnels dont la fée italienne essaye d'enlacer et d'abattre le chevalier de la Chasteté.

Cymbeline dut être écrit environ vers 1609. C'est donc une des dernières, sinon la dernière production de Shakespeare. Nous avons dit en commençant que quand bien même la date de ce drame serait inconnue, on la retrouverait ai-

sément à la simple lecture, par la seule couleur du style
et la seule physionomie de la composition. *Cymbeline* ressemble, en effet, par tous ses caractères, à ces autres fruits
du suprême automne de son auteur, *la Tempête* et *le Conte
d'hiver*, les pièces les plus rares qu'il ait produites. Cette
épithète de *rares*, appliquée à ces pièces, a besoin d'être
expliquée : donnons donc le commentaire de cette expression ; aussi bien nous fournira-t-il en même temps une
conclusion. Nous ne voulons pas dire par là que ces pièces
sont supérieures à celles des périodes qui les ont précé-
dées ; mais nous disons hardiment qu'elles témoignent
d'un plus grand effort de génie. Shakespeare a eu des
inspirations autrement grandes dans ses pièces antérieures,
mais dans aucune il ne s'est montré artiste aussi accompli. Dans ces trois pièces, on voit apparaître un nouveau
système dramatique que le grand poëte n'a pas eu le
temps de pousser à bout, heureusement peut-être pour sa
gloire. Il était arrivé à Shakespeare ce qui est arrivé à
tous les grands artistes, à Michel-Ange, à Goethe, à
Beethoven : à mesure qu'il vieillissait, et que son génie
se débarrassait davantage de cette tyrannie des passions
dont la jeunesse l'avait enveloppé, les spectacles habi-
tuels de la nature et les sentiments généraux du cœur
ne lui suffisaient plus; il se plaisait à rêver un univers
nouveau, ou plutôt il se plaisait à peindre l'univers réel
des couleurs de ses rêves; il se sentait entraîné à pénétrer
toujours plus avant dans les profondeurs du cœur humain
pour y découvrir de plus secrets mobiles d'action, et
pour surprendre de plus près les passions à leur source
même. De là ces combinaisons si curieuses, si précieuses,
si rares, de réalité et d'idéal, de fantaisie et de logique,
de nature et de mensonge, qui ont pour noms *le Conte
d'hiver*, *Cymbeline*, *la Tempête*. C'est ce qu'il est possible
de concevoir de plus subtil et de plus fin, sans que la
conception poétique perde trop de sa substance et s'éva-
pore dans l'abstraction. Dans ces trois pièces nous avons l'é-

quilibre le plus parfait, mais aussi le plus fragile, que jamais poëte ait atteint dans les combinaisons de la nature et du rêve. Un pas de plus dans cette voie, et Shakespeare lui-même allait sortir de la nature. La mort arrivée avant l'heure empêcha le grand poëte de tomber dans ces abstractions colorées qu'on reproche à la vieillesse de Goethe, et à ces obscurités énigmatiques que l'on prétend trouver dans les derniers quatuors du grand Beethoven.

PERSONNAGES DU DRAME.

CYMBELINE, roi de Bretagne.

GUIDERIUS, \
ARVIRAGUS, / fils de CYMBELINE, cachés sous les noms de POLYDORE et de CADWAL, et supposés fils de MORGAN.

CLOTEN, fils de la REINE par un premier mari.

LÉONATUS POSTHUMUS, mari d'IMOGÈNE.

BELARIUS, Seigneur banni, déguisé sous le nom de MORGAN.

CORNÉLIUS, médecin.

PISANIO, serviteur de POSTHUMUS.

Deux capitaines bretons.

Deux gentilshommes bretons.

Un devin.

Deux geôliers bretons.

CAIUS LUCIUS, général des forces romaines.

IACHIMO, \
PHILARIO, / gentilshommes italiens.

Un capitaine romain.

Un gentilhomme français, \
Un gentilhomme espagnol, } amis de PHILARIO.
Un gentilhomme hollandais, /

LA REINE, femme de CYMBELINE.

IMOGÈNE, fille de CYMBELINE par une première femme.

HÉLÈNE, dame suivante d'IMOGÈNE.

Seigneurs, Dames, Sénateurs romains, Tribuns, Officiers, Soldats, Musiciens, un Messager, apparitions, gens des Suites.

Scène. — Tantôt en Bretagne, tantôt en Italie.

CYMBELINE[1].

ACTE I.

SCÈNE PREMIÈRE.

En Bretagne. — Le jardin du palais de Cymbeline.

Entrent DEUX GENTILSHOMMES.

Premier gentilhomme. — Vous ne rencontrez pas un homme qui ne fronce le sourcil : nos tempéraments n'obéissent pas plus docilement aux influences de l'air ambiant, que nos courtisans ne conforment docilement leur visage à la physionomie du roi.

Deuxième gentilhomme. — Mais que se passe-t-il?

Premier gentilhomme. — Sa fille, et l'héritière de son royaume, qu'il réservait au fils unique de sa femme (une veuve qu'il a récemment épousée), s'est éprise d'un pauvre mais digne gentilhomme : elle s'est mariée; son époux est banni, elle emprisonnée : tout est chagrin, mais au dehors seulement, quoique le roi, je le crois, soit sincèrement touché au cœur.

Second gentilhomme. — Le roi seul?

Premier gentilhomme. — Le prétendant aussi qui l'a

perdue : aussi la reine qui désirait beaucoup le mariage : mais quant aux courtisans, quoiqu'ils aient mis leurs visages à l'unisson de la physionomie du roi, il n'en est pas un seul qui ne soit joyeux dans son cœur de la chose contre laquelle ils grommellent.

Second gentilhomme. — Et pourquoi cela ?

Premier gentilhomme. — Celui qui a manqué la princesse est un être au-dessous même d'un mauvais renom ; et celui qui la possède (j'entends qui l'a épousée — hélas ! l'homme noble ! — et qui en conséquence est banni) est un être tel que si l'on cherchait son pareil à travers toutes les régions de la terre, il manquerait toujours quelque chose à celui qu'on lui comparerait : — je ne crois pas qu'aucun homme au monde possède une plus belle enveloppe, et soit riche intérieurement de plus beaux dons.

Second gentilhomme. — Votre éloge va loin.

Premier gentilhomme. — Ma louange reste encore au-dessous de son mérite, Seigneur ; je le rapetisse, plutôt que je ne lui fais juste et due mesure.

Second gentilhomme. — Quel est son nom, et quelle est sa naissance ?

Premier gentilhomme. — Je ne sais pas à fond ses origines : son père se nommait Sicilius, et conquit son renom contre les Romains sous les drapeaux de Cassibelan ; mais ses titres lui vinrent de Tenantius, qu'il servit avec une gloire et un succès dignes d'admiration, et c'est ainsi qu'il gagna le surnom de Leonatus : outre ce gentilhomme en question, il eut deux autres fils, qui moururent leurs épées à la main dans les guerres de leur temps ; par suite de quoi, leur père, qui alors était vieux et passionnément désireux de laisser une postérité, ressentit un tel chagrin qu'il en quitta ce monde ; et sa charmante femme, alors grosse du gentilhomme qui fait le sujet de notre conversation, expira après lui avoir donné naissance. Le roi prit l'enfant sous sa protection ; l'appela Leonatus Posthumus ; l'éleva, et le fit l'hôte de ses appartements intimes : il lui fit donner toute l'instruction que son temps le mettait à même de recevoir, instruction qu'il absorba comme nous absorbons l'air, — aussi vite acquise que présentée, — et qui lui permit dans son printemps même de porter une moisson : il vécut à la cour, — ce qu'il est rare de faire, — très-loué, très-aimé, modèle pour les plus jeunes, pour les plus mûrs miroir où ils pouvaient corriger leurs défauts; mis en face des plus graves, il présentait le spectacle d'un enfant qui conduirait des radoteurs : quant à la maîtresse pour laquelle il est maintenant banni, — son propre prix à elle proclame à quel point elle estimait sa personne et sa vertu; son choix permet de découvrir en toute vérité quel genre d'homme il est.

SECOND GENTILHOMME. — Je l'honore rien que sur votre rapport. Mais, dites-moi, je vous en prie, est-ce qu'elle est l'unique enfant du roi?

PREMIER GENTILHOMME. — Son unique enfant. Il avait deux fils; — si cela vaut la peine que vous l'appreniez, apprenez-le; — l'aîné avait trois ans, et le second était encore dans ses langes, lorsqu'ils furent volés dans la chambre de leur nourrice; et jusqu'à cette heure, on n'a jamais pu soupçonner où ils avaient été emportés.

SECOND GENTILHOMME. — Combien y a-t-il de temps de cela?

PREMIER GENTILHOMME. — Quelque vingt années.

SECOND GENTILHOMME. — Comment! les enfants d'un roi ont pu être ainsi enlevés? ils ont pu être si négligemment gardés! et la recherche a pu être assez peu active pour qu'on n'ait pas découvert trace d'eux!

PREMIER GENTILHOMME. — Quelque étrange que cela soit, ou quelque moquerie que mérite cette négligence, le fait n'en est pas moins certain, Seigneur.

SECOND GENTILHOMME. — Je vous crois parfaitement.

PREMIER GENTILHOMME. — Il nous faut nous retirer : voici venir le gentilhomme en question, la reine et la princesse. (*Ils sortent.*)

Entrent LA REINE, POSTHUMUS *et* IMOGÈNE.

LA REINE. — Non, soyez bien assurée, ma fille, que je

ne justifierai pas la mauvaise réputation de la plupart des belles-mères, et que je ne vous verrai pas d'un mauvais œil : vous êtes ma prisonnière, mais votre geôlier vous remettra les clefs qui verrouillent votre liberté. Quant à vous, Posthumus, aussitôt que je pourrai apaiser le roi offensé, je serai ouvertement votre avocat : mais vraiment, il est encore en proie au feu de la rage, et il serait bon que vous vous soumissiez à sa sentence avec toute la patience que votre sagesse peut vous conseiller.

Posthumus. — Plaise à Votre Altesse, je partirai d'ici aujourd'hui.

La reine. — Vous savez quel péril vous courrez : — je vais faire un tour dans le jardin, en me lamentant sur les souffrances des affections contrariées, bien que le roi ait ordonné qu'on ne vous laissât pas parler ensemble. (*Elle sort.*)

Imogène. — Oh, l'hypocrite courtoisie! Avec quelle finesse cette âme tyrannique peut chatouiller là même où elle blesse! — Mon très-cher époux, je redoute quelque peu la colère de mon père; mais, — le respect sacré que je lui dois mis à l'écart, — je ne redoute rien de ce que sa rage peut faire contre moi : il vous faut partir; et moi il me faudra rester ici pour soutenir à toute heure la fusillade de regards courroucés, sans consolation pour exister, si ce n'est la pensée qu'il se trouve dans le monde ce joyau que je pourrai contempler encore.

Posthumus. — Ma reine! ma maîtresse! Ô Dame, ne pleurez pas davantage, de crainte que je ne donne occasion d'être soupçonné de plus de sensibilité qu'il ne convient à un homme d'en avoir! Je resterai l'époux le plus loyal qui ait jamais engagé sa fidélité : ma résidence dans Rome sera chez un certain Philario, qui fut un ami de mon père et qui ne m'est connu que par correspondance : écrivez à cette adresse-là, ma reine, et mes yeux boiront les mots que vous m'enverrez quand bien même votre encre serait faite de fiel.

ACTE I, SCÈNE I. 27

Rentre LA REINE.

LA REINE. — Dépêchez-vous, je vous en prie : si le roi vient, je vais encourir son déplaisir en forte dose. (*A part.*) Cependant je vais faire en sorte de l'amener à se promener de ce côté : toutes les fois que je lui fais quelque tort, il ne manque jamais d'acheter mes injures pour s'en faire des amies; il paye mes offenses à un fort prix. (*Elle sort.*)

POSTHUMUS. — Quand nous mettrions à prendre congé l'un de l'autre aussi longtemps que nous avons encore à vivre, ce retard ne ferait qu'accroître notre désespoir d'avoir à nous séparer. Adieu!

IMOGÈNE. — Non, restez un peu plus : quand bien même vous ne partiriez que pour faire une promenade à cheval afin de prendre l'air, un tel adieu serait encore trop court. Regardez, mon bien-aimé; ce diamant était à ma mère : prenez-le, mon cher cœur; mais gardez-le jusqu'à ce que vous fassiez la cour à une autre femme, quand Imogène sera morte.

POSTHUMUS. — Comment! comment! une autre femme? Ô dieux bons, donnez-moi seulement celle que j'ai, et avant de me permettre d'en embrasser jamais une autre après elle, garrottez-moi des liens de la mort! — (*Plaçant la bague à son doigt.*) Reste, reste ici, tant que ce doigt aura sentiment de vie! Et vous, ma très-douce, ma très-belle, ainsi que j'ai fait échange de mon pauvre individu contre votre personne, à votre perte infinie, de même dans nos bagatelles de mince importance, je gagne encore sur vous : portez ceci, à ma considération; c'est une menotte d'amour; je vais la mettre à ce très-beau prisonnier. (*Il lui met un bracelet au bras.*)

IMOGÈNE. — Ô dieux! quand nous reverrons-nous?
POSTHUMUS. — Hélas, le roi!

Entrent CYMBELINE *et des* SEIGNEURS.

CYMBELINE. — Être très-vil, pars, hors d'ici, loin de ma vue! Si après cet ordre tu encombres la cour de ton indignité, tu es mort : fuis! tu es un poison pour mon sang.

Posthumus. — Les dieux vous protégent! et qu'ils bénissent les personnes vertueuses qui restent à la cour! Me voici parti. (*Il sort.*)

Imogène. — La mort ne peut avoir de douleur plus poignante que celle-là.

Cymbeline. — Ô créature déloyale qui devais renouveler ma jeunesse, tu m'as accablé sous le fardeau d'une vieillesse d'un siècle!

Imogène. — Je vous en conjure, Sire, ne vous faites point de mal en vous tourmentant : votre courroux me laisse insensible; un coup plus vif domine en moi toutes autres souffrances, toutes autres craintes.

Cymbeline. — Avez-vous perdu toute grâce? toute obéissance?

Imogène. — J'ai perdu toute espérance et je vis dans le désespoir; de cette façon, je puis dire que j'ai perdu toute grâce.

Cymbeline. — Toi qui aurais pu avoir le fils unique de ma reine!

Imogène. — Oh, bienheureuse suis-je de ne l'avoir pu! j'ai choisi un aigle, et j'ai refusé un busard.

Cymbeline. — Tu as pris un mendiant; aurais-tu voulu faire de mon trône un siége de bassesse?

Imogène. — Non, je lui ajoutais plutôt un lustre.

Cymbeline. — Ô vile que tu es!

Imogène. — Sire, c'est votre faute si j'ai aimé Posthumus : vous l'avez élevé comme mon compagnon de jeux, et c'est un homme qui est digne de toute femme; en m'épousant, on peut presque dire qu'il paye mon prix avec usure.

Cymbeline. — Comment! êtes-vous folle?

Imogène. — Presque, Sire : que le ciel me guérisse! Je voudrais être la fille d'un vacher, et que mon Leonatus fût le fils du berger notre voisin!

Cymbeline. — Ô sotte créature!

ACTE I, SCÈNE I.

Rentre LA REINE.

CYMBELINE. — Ils étaient encore ensemble : vous n'avez pas agi d'après notre ordre. Partez avec elle, et enfermez-la !

LA REINE. — Je fais appel à votre patience. — Paix, chère Dame ma fille, paix ! — Doux souverain, laissez-nous à nous-mêmes, et que votre sagesse mieux avisée vous donne quelque consolation.

CYMBELINE. — Non, qu'elle languisse lentement, à une goutte de sang par jour ; et lorsqu'elle sera vieille, qu'elle meure des suites de cette folie ! (*Sortent Cymbeline et les Seigneurs.*)

LA REINE. — Fi ! — Il vous faut céder : voici votre serviteur.

Entre PISANIO.

LA REINE. — Eh bien, Monsieur, quelles nouvelles ?

PISANIO. — Monseigneur votre fils a dégainé contre mon maître.

LA REINE. — Ah ! il n'est arrivé aucun accident, j'espère ?

PISANIO. — Il aurait pu en arriver un, si mon maître n'avait pas plutôt joué que combattu, et n'avait pas été dépourvu du stimulant de la colère : ils ont été séparés par des gentilshommes qui se trouvaient là.

LA REINE. — J'en suis très-heureuse.

IMOGÈNE. — Votre fils est l'ami de mon père, il prend son parti. Dégainer contre un exilé ! Oh, le brave Seigneur ! Je voudrais qu'ils fussent en Afrique face à face, et que j'y fusse moi-même avec une aiguille, afin de piquer celui qui tournerait le dos. Pourquoi avez-vous quitté votre maître ?

PISANIO. — C'est sur son ordre : il n'a pas voulu me permettre de le conduire jusqu'au port : il m'a laissé ces notes relatives aux ordres auxquels je devrai obéir, lorsqu'il vous plaira de m'employer.

LA REINE. — Cet homme a été votre fidèle serviteur : j'ose engager mon honneur qu'il continuera à rester te'.

Pisanio. — Je remercie humblement Votre Altesse.

La reine. — Je vous en prie, faisons un tour de promenade.

Imogène, *à Pisanio*. — D'ici à une demi-heure environ, venez me parler : vous devrez au moins aller voir embarquer mon Seigneur : pour le moment, laissez-moi. (*Ils sortent.*)

SCÈNE II.

En Bretagne. — Une place publique.

Entrent CLOTEN *et* deux seigneurs.

Premier seigneur. — Seigneur, je vous conseillerais de changer de chemise : la violence de l'action vous a fait fumer comme un sacrifice : lorsqu'un courant d'air sort, un autre courant d'air entre : il n'y en a pas dans l'atmosphère d'aussi salubre que celui que vous exhalez.

Cloten. — Si ma chemise était ensanglantée, je pourrais en changer. — L'ai-je blessé ?

Second seigneur, *à part*. — Non, sur ma foi ; pas même sa patience.

Premier seigneur. — S'il est blessé ! s'il n'est pas blessé, son corps est une carcasse perméable : c'est un carrefour pour l'acier, s'il n'est pas blessé.

Second seigneur, *à part*. — Son épée avait des dettes ; il est sorti par les derrières de la ville.

Cloten. — Le scélérat n'a pas voulu me tenir tête.

Second seigneur, *à part*. — Non, mais il a fui toujours en avant, en vous regardant en face.

Premier seigneur. — Vous tenir tête ! Vous avez suffisamment de terres à vous appartenant : mais il a ajouté à votre avoir ; il vous a cédé quelque peu de terrain.

Second seigneur, *à part*. — Autant de pouces que vous avez d'océans. — Ah, pantins que vous êtes !

Cloten. — Je voudrais qu'on ne nous eût pas séparés.

Second seigneur, *à part*. — Et moi aussi, jusqu'à ce

que vous eussiez pris sur le terrain la mesure du sot que vous êtes.

Cloten. — Et dire qu'elle a pu aimer ce garçon, et me refuser !

Second seigneur, *à part*. — Si c'est un péché de faire un noble choix, elle est damnée.

Premier seigneur. — Seigneur, comme je vous l'ai toujours dit, sa beauté et sa cervelle ne vont pas ensemble : c'est une bonne enseigne, mais je n'ai pu jamais apercevoir qu'un médiocre reflet de son esprit [2].

Second seigneur, *à part*. — Elle ne brille pas sur les sots de crainte que la réflection ne la blesse.

Cloten. — Venez, je vais me rendre dans mon appartement. Que je voudrais qu'il y eût eu un peu de mal de fait !

Second seigneur, *à part*. — Ce n'est pas mon souhait; à moins que cela n'eût amené la chute d'un âne, ce qui n'est pas un grand mal.

Cloten. — Voulez-vous venir avec nous?

Premier seigneur. — J'accompagnerai Votre Seigneurie.

Cloten. — Allons, venez, partons ensemble.

Second seigneur. — Bien, Monseigneur. (*Ils sortent.*)

SCÈNE III.

En Bretagne. — Un appartement dans le palais de Cymbeline.

Entrent IMOGÈNE *et* PISANIO.

Imogène. — Je voudrais que tu prisses racine sur les rivages du port, et que tu questionnasses tous les navires. S'il écrivait et que sa lettre ne me parvînt pas, cette perte me serait aussi sensible que pourrait l'être un pardon trop tard arrivé. Quel est le dernier mot qu'il t'a adressé ?

Pisanio. — Ce fut, *ma reine, ma reine!*

Imogène. — Et puis il a agité son mouchoir ?

Pisanio. — Et il l'a baisé, Madame.

Imogène. — Linge insensible, et plus heureux que moi par cette faveur ! Et ce fut là tout ?

Pisanio. — Non, Madame ; car aussi longtemps qu'il put se faire distinguer des autres par l'œil et l'oreille de votre serviteur ici présent, il se tint sur le pont, ne cessant d'agiter gant, mouchoir ou chapeau, selon que les mouvements et les transports de son esprit lui permettaient mieux d'exprimer avec quelle lenteur s'éloignait son âme, avec quelle rapidité au contraire courait son vaisseau.

Imogène. — Ton œil n'aurait pas dû cesser de le suivre avant de l'avoir vu aussi petit qu'une corneille ou moins.

Pisanio. — Madame, c'est ce que j'ai fait.

Imogène. — J'aurais rompu les nerfs de mes yeux, je les aurais fait craquer rien que pour le regarder, jusqu'à ce que l'éloignement l'eût fait paraître aussi mince que mon aiguille ; bien mieux, je l'aurais suivi du regard jusqu'à ce qu'il se fût fondu dans l'air, après avoir été réduit à la petitesse d'un moucheron ; puis j'aurais détourné mes yeux, et j'aurais pleuré. Mais, mon bon Pisanio, quand apprendrons-nous de ses nouvelles ?

Pisanio. — A sa première occasion favorable, soyez-en sûre, Madame.

Imogène. — Je n'ai pas pris mon congé de lui, mais j'avais encore une foule des plus jolies choses à dire. Avant que j'eusse pu lui dire comment je penserais à lui à certaines heures, avec telles ou telles pensées ; ou avant que j'eusse pu lui faire jurer que les femmes d'Italie ne trahiraient pas mon intérêt et son honneur ; ou avant que je lui eusse fait promettre de se réunir avec moi par ses prières, à six heures du matin, à midi, à minuit, car à ces heures-là je suis dans le ciel pour lui ; ou avant que j'eusse pu lui donner ce baiser de départ que je voulais enchâsser entre deux mots préservateurs des sortiléges, arrive mon père, et comme le souffle tyrannique du Nord, il a fait tomber tous nos bourgeons avant qu'ils fussent éclos.

Entre UNE DAME.

LA DAME. — La reine, Madame, désire la compagnie de Votre Altesse.

IMOGÈNE. — N'oubliez pas d'exécuter ces choses que je vous ai recommandées. — Je vais me rendre auprès de la reine.

PISANIO. — Vos ordres seront exécutés, Madame. (*Ils sortent.*)

SCÈNE IV.

ROME. — Un appartement dans la demeure de PHILARIO.

Entrent PHILARIO, IACHIMO, UN FRANÇAIS, UN HOLLANDAIS *et* UN ESPAGNOL.

IACHIMO. — Croyez-le, Seigneur, je l'ai vu en Bretagne : sa renommée était alors en croissance ; on s'attendait à le voir donner les preuves de mérite qui depuis lui ont conquis son nom : mais à cette époque j'aurais pu le contempler sans ressentir le moindre besoin de l'admirer, quand bien même le catalogue de ses qualités aurait été affiché à son côté, et que j'aurais eu facilité de le parcourir article par article.

PHILARIO. — Vous parlez d'une époque où il était moins qu'aujourd'hui pourvu de tout ce qui le rend au moral comme au physique un homme accompli.

LE FRANÇAIS. — Je l'ai vu en France : nous avions là bien des personnes qui pouvaient regarder le soleil d'un œil aussi ferme que lui.

IACHIMO. — Cette affaire de son mariage avec la fille de son roi, affaire qui le fait apprécier au taux du mérite de sa femme plutôt qu'au taux du sien, lui donne une renommée, je n'en doute pas, fort au-dessus de sa valeur.

LE FRANÇAIS. — Et puis son bannissement....

IACHIMO. — Oui, et l'approbation de ceux qui sous les couleurs de la princesse pleurent ce lamentable divorce sert merveilleusement à le grandir, ne fût-ce qu'en contribuant à fortifier son jugement à elle, jugement que sans cela on pourrait aisément mettre à bas, en l'amenant à s'apercevoir qu'elle a choisi un mendiant sans autres qualités. Mais comment se fait-il qu'il vienne séjourner avec vous? Comment est née votre connaissance?

Philario. — Son père et moi nous fûmes compagnons d'armes, et à ce père je fus souvent redevable de rien moins que de la vie. — Voici venir le Breton : qu'il soit reçu par vous comme doit l'être un étranger de sa qualité par des gentilshommes de votre éducation.

Entre POSTHUMUS.

Philario. — Je vous en prie tous, faites bonne connaissance avec ce gentilhomme, que je vous recommande comme un de mes nobles amis : à quel point montent ses mérites, je le laisserai lui-même vous en donner les preuves par la suite, au lieu de le louer à ses propres oreilles.

Le Français. — Seigneur, nous nous sommes connus à Orléans.

Posthumus. — Depuis lors j'ai toujours été votre débiteur pour vos courtoisies, courtoisies que je ne cesserai de vous payer sans pouvoir cependant m'acquitter.

Le Français. — Seigneur, vous appréciez trop haut mon pauvre service : je fus heureux de vous réconcilier mon compatriote et vous; c'eût été pitié que vous en fussiez venu aux prises avec la colère mortelle qui possédait alors chacun de vous, pour une occasion de si triviale et si légère nature.

Posthumus. — Je vous demande pardon, Seigneur; j'étais alors un jeune voyageur; j'évitais plus volontiers de me conduire d'après mes propres connaissances que de me laisser guider dans mes actions par l'expérience des autres : mais, d'après mon jugement aujourd'hui plus mûr (si je ne vous offense pas en vous disant qu'il est plus mûr), ma querelle n'était pas du tout légère.

Le Français. — Si, sur ma foi, elle était trop légère pour être soumise à l'arbitrage des épées, et par deux hommes qui, selon toute apparence, se seraient abîmés l'un l'autre, ou se seraient tués tous les deux.

Iachimo. — Pourrions-nous, sans manquer à la politesse, demander quel était le sujet de la querelle?

Le Français. — Sans inconvénient, je crois : ce fut une dispute en public, qui peut, sans donner crainte de s'attirer les réclamations de personne, être rapportée. C'était beaucoup une discussion comme celle qui fut soulevée la nuit dernière, lorsque nous nous mîmes tous à tour de rôle à chanter les louanges de nos maîtresses de nos divers pays : ce jour-là, ce gentilhomme soutenait (et cela sur la garantie de son sang) que sa maîtresse était plus belle, plus vertueuse, plus sage, plus chaste, plus constante, plus réservée, et moins accessible à la séduction qu'aucune des plus rares parmi nos Dames de France.

Iachimo. — Cette Dame n'est plus vivante aujourd'hui, ou bien l'opinion de ce gentilhomme, à l'heure qu'il est, doit être détruite.

Posthumus. — Elle conserve toujours sa vertu, et moi mon opinion.

Iachimo. — Vous ne devez pas lui donner le pas à ce point-là sur nos Dames d'Italie.

Posthumus. — Si j'étais provoqué au point où je le fus en France, je ne rabattrais rien de mon opinion, quand même je devrais passer pour en être superstitieusement idolâtre plutôt que pour en être amoureux.

Iachimo. — Si vous aviez dit, par une comparaison qui aurait conservé l'égalité, qu'elle était aussi belle et aussi bonne que nos Dames d'Italie, cette louange eût été encore trop belle et trop bonne pour n'importe quelle Dame de Bretagne. Si elle avait une supériorité aussi certaine sur d'autres que j'ai vues, que votre diamant que voici dépasse le lustre de la plupart de ceux que j'ai admirés, je serais bien forcé de croire qu'elle est au-dessus de beaucoup de femmes; mais je n'ai pas vu le plus précieux diamant qui existe, ni vous la plus précieuse Dame.

Posthumus. — Je l'ai louée au taux où je l'estime : ainsi fais-je de mon diamant.

Iachimo. — Et combien estimez-vous ce diamant ?

Posthumus. — Plus que le monde ne possède.

Iachimo. — Ou bien votre maîtresse sans pareille est morte, ou bien son prix est dépassé par celui d'une bagatelle.

Posthumus. — Vous vous trompez : l'un pourrait être vendu ou donné, si l'acheteur avait une fortune suffisante, ou si le mérite rehaussait suffisamment celui qui le recevrait en don ; l'autre n'est pas une chose qui puisse s'acheter, et n'est le don que des Dieux seuls.

Iachimo. — Et les Dieux vous ont fait ce don ?

Posthumus. — Et avec leur faveur je le conserverai.

Iachimo. — Vous pouvez en conserver le titre de possession ; mais, vous le savez, les oiseaux étrangers s'abattent sur les étang de leur voisinage. Votre bague peut vous être volée aussi ; ainsi, de vos deux objets inappréciables, l'un est fragile et l'autre peut se perdre ; un voleur rusé ou un courtisan accompli dans ce métier-là, pourrait essayer de s'emparer de l'un et de l'autre.

Posthumus. — Votre Italie ne contient pas de courtisan assez acccompli pour vaincre l'honneur de ma maîtresse, si en l'appelant fragile vous voulez faire allusion à la défense ou à la perte de son honneur Je ne doute pas que vous n'ayez abondance de voleurs ; néanmoins, je ne crains pas pour ma bague.

Philario. — Brisons là, gentilshommes.

Posthumus. — Seigneur, de tout mon cœur. Ce digne Signor, je l'en remercie, ne me traite pas comme un étranger ; nous sommes familiers dès la première entrevue.

Iachimo. — Avec cinq fois autant de conversation, je prendrais possession de votre belle maîtresse ; je la ferais reculer jusqu'à se rendre, si j'étais admis auprès d'elle et si j'avais l'occasion de devenir son ami.

Posthumus. — Non, non.

Iachimo. — J'engage sur cette conviction la moitié de

ma fortune contre votre diamant, gage qui dans mon opinion dépasse quelque peu sa valeur : mais je fais ce pari plutôt contre votre confiance que contre sa réputation ; et, de crainte de vous offenser, je vous dirai que j'oserais tenter l'épreuve contre toute Dame au monde.

Posthumus. — Votre persuasion téméraire vous abuse grandement ; et je ne doute pas que vous ne reçussiez ce dont vous rendrait digne votre entreprise.

Iachimo. — Quoi donc ?

Posthumus. — Un échec ; bien que votre entreprise, comme vous l'appelez, méritât davantage, — méritât un châtiment aussi.

Philario. — Gentilshommes, assez sur ce sujet : cette discussion s'est engagée trop soudainement ; qu'elle meure comme elle est née, et, je vous en prie, faites meilleure connaissance.

Iachimo. — Plût au ciel que j'eusse engagé ma fortune et celle de mon voisin sur la certitude dont j'ai parlé !

Posthumus. — Sur quelle Dame tomberait votre choix pour cette tentative ?

Iachimo. — Sur la vôtre, dont vous tenez la constance pour si sûre. Recommandez-moi à la cour où vit votre Dame, et je gage dix mille ducats contre votre bague, que, sans autre avantage que l'opportunité d'une seconde conférence, je vous rapporterai cet honneur que vous vous figurez si bien gardé.

Posthumus. — J'engagerai de l'or contre votre or : quant à ma bague, je la tiens pour aussi chère que mon doigt ; elle en est une partie.

Iachimo. — Vous avez peur, et vous n'en montrez que mieux en cela votre sagesse. Quand vous achèteriez de la chair de Dame à un million l'once, vous ne pourriez l'empêcher de se corrompre ; mais je vois que vous avez en vous quelque religion, puisque vous avez de la crainte (a).

Posthumus. — Ce n'est là chez vous qu'une manière

(a) Plaisanterie qui fait allusion à l'adage : la crainte de Dieu est le commencement de la sagesse.

de parler; vos pensées ont plus de gravité que vos paroles, j'espère.

Iachimo. — Je suis le maître de mes paroles, et j'entreprendrai ce que j'ai dit, je le jure.

Posthumus. — Vous le voulez? soit; après tout, cela consistera simplement à mettre mon diamant en dépôt jusqu'à votre retour. — Arrêtons des conventions entre nous : ma maîtresse surpasse en vertu l'énormité de vos indignes pensées : j'ose tenir ce pari contre vous; voici ma bague.

Philario. — Je ne veux pas de ce pari.

Iachimo. — Par les dieux, c'est chose faite. Si je ne vous apporte pas de preuve suffisante que j'ai joui de la plus délicieuse partie du corps de votre maîtresse, mes dix mille ducats sont à vous, ainsi que votre diamant: si j'échoue, et si je la quitte en la laissant en possession de cet honneur auquel vous avez confiance, elle votre joyau, cet autre joyau-ci, et mon or sont à vous; — pourvu toutefois que j'aie votre recommandation pour l'entretenir plus librement.

Posthumus. — J'accepte ces conventions; dressons les articles entre nous. Seulement vous aurez à répondre à ces deux conditions : si vous exécutez votre voyage, et que vous me fassiez bien positivement comprendre que vous l'avez conquise, je ne suis pas plus longtemps votre ennemi; elle n'est pas digne de notre différend : mais si elle n'est pas séduite, — vos discours ne donnant pas la preuve du contraire, — vous me répondrez avec votre épée, et de votre mauvaise opinion, et de la tentative que vous aurez faite contre sa chasteté.

Iachimo. — Votre main, affaire conclue : nous allons faire dresser ces conventions par conseil légal, et puis droit en Bretagne, afin que l'affaire ne se refroidisse pas et ne tombe pas dans l'eau. Je vais aller chercher mon or et faire dresser acte de nos deux enjeux.

Posthumus. — Accordé. (*Sortent Posthumus et Iachimo.*)

Le Français. — Cela tiendra-t-il, croyez-vous?

Philario. — Le seigneur Iachimo ne reculera pas. Je vous en prie, suivons-les. (*Ils sortent.*)

SCÈNE V.

En Bretagne. — Un appartement dans le palais de Cymbeline

Entrent la REINE, *des* Dames, *et* CORNÉLIUS.

La reine. — Pendant que la rosée est encore sur la terre, rassemblez ces fleurs; dépêchez-vous : qui en a la note?

Première dame. — Moi, Madame.

La reine. — Dépêchez-vous. (*Sortent les Dames.*) Maintenant, Monsieur le docteur, avez-vous apporté ces drogues?

Cornélius. — Oui, plaise à Votre Altesse : les voici, Madame (*il lui présente une petite boîte*) : mais je le déclare à Votre Grâce, si je puis vous adresser cette question sans offense, ma conscience m'oblige à vous demander pourquoi vous m'avez commandé ces mixtures d'un poison très-actif, mixtures qui sont les moyens d'amener une mort lente, mais qui quoique lente est certaine?

La reine. — Je m'étonne, docteur, que tu m'adresses une telle question. N'ai-je pas été longtemps ton élève? Ne m'as-tu pas appris à faire des parfums? à distiller? à faire des conserves? oui, et cela si bien que notre grand roi me câline souvent pour avoir de la confiserie de ma façon? Étant allée aussi loin dans cet art, — à moins que tu ne me juges diabolique, — n'est-il pas logique que je veuille pousser mes connaissances dans une autre province de la science? Je veux essayer la force de ces mixtures-ci sur des créatures qui ne valent pas la peine d'être pendues, — mais non sur aucune créature humaine, — afin d'éprouver leur vigueur, d'appliquer des antidotes à leur action, et par ce moyen d'arriver à me rendre compte de leurs vertus et de leurs effets divers.

Cornélius. — Par cette pratique, Votre Altesse ne fera que s'endurcir le cœur : en outre, l'opération de ces effets sera à la fois bruyante et infecte.

La reine. — Oh! ne t'inquiète pas. (*A part.*) Voici venir un grédin de flatteur ; j'essayerai d'abord ces poisons sur lui : car il tient pour son maître, et il est ennemi de mon fils.

Entre PISANIO.

La reine. — Eh bien, qu'y a-t-il, Pisanio ? Docteur, votre service pour l'heure est terminé ; vous pouvez aller à vos affaires.

Cornélius, *à part.* — Je vous soupçonne, Madame ; mais vous ne ferez aucun mal.

La reine, *à Pisanio.* — Écoute, un mot.

Cornélius, *à part.* — Je me défie d'elle. Elle s'imagine qu'elle tient en sa possession des poisons d'une lenteur étrange : je connais son âme, et je ne voudrais pas confier à une personne aussi méchante une drogue d'une aussi infernale nature. Celles qu'elle a entre les mains stupéfieront et engourdiront les sens pour un temps ; peut-être les essayera-t-elle d'abord sur des chats et des chiens, et puis ensuite sur des créatures d'un ordre plus élevé ; mais il n'y a aucun danger dans la mort apparente qu'elles amènent, et leur effet consiste tout simplement à mettre sous clef les esprits vitaux pendant un temps, pour qu'ils se redressent plus frais, quand ils se réveillent. Elle s'abuse en comptant sur un résultat qui se trouvera faux, et moi je n'en suis que plus loyal en étant ainsi déloyal avec elle.

La reine. — Je n'ai plus besoin de ton service, docteur, jusqu'à ce que je te fasse appeler de nouveau.

Cornélius. — Je prends humblement mon congé. (*Il sort.*)

La reine. — Elle pleure encore, dis-tu ? Ne penses-tu pas qu'avec le temps, elle séchera ses larmes, et laissera les conseils entrer dans son âme qu'aujourd'hui la folie possède toute entière ? Travaille à ce résultat : lorsque

ACTE I, SCÈNE V.

tu m'apporteras avis qu'elle aime mon fils, je te répondrai sur-le-champ que tu es désormais aussi grand que ton maître : plus grand même, car sa fortune est à cette heure complétement muette, et sa renommée est à l'agonie ; il ne peut ni revenir, ni continuer à rester où il est : changer de mode d'existence n'est pour lui qu'échanger une misère contre une autre ; et chaque jour qui se lève, se lève pour accomplir sur lui une journée de destruction. Qu'as-tu à attendre, en t'appuyant sur un individu qui penche, qui ne peut pas être relevé à nouveau, et qui n'a pas même assez d'amis pour lui servir d'étais ? (*La Reine laisse tomber la boîte : Pisanio la ramasse.*) Tu ramasses quelque chose que tu ne connais pas ; mais prends cela pour ta peine : c'est un remède que j'ai composé, et qui cinq fois a racheté le roi de la mort ; je ne connais pas de cordial pareil : — voyons, je t'en prie, prends-le, ce sera le gage du bien futur que je te destine. Montre à ta maîtresse dans quelle situation elle est placée, fais cela comme venant de toi-même. Songe quel changement d'avenir cela sera pour toi ; — songe aussi que tu conserves ta maîtresse, — et en outre mon fils prendra bonne note de toi : je pousserai le roi à te donner n'importe quel avancement qu'il te plaira, et puis moi-même, moi surtout, qui t'aurai poussé à cette œuvre méritoire, je suis engagée à récompenser dignement tes services. Appelle mes femmes : pense à mes paroles. (*Sort Pisanio.*) Un drôle matois et constant qu'on ne peut ébranler ; c'est l'agent de son maître, l'homme qui le rappelle à son souvenir pour qu'elle tienne ferme en faveur de son époux. Je lui ai donné une chose qui, s'il la prend, séparera Imogène de tout serviteur dévoué à son bien-aimé ; et quant à elle, si dans la suite elle ne change pas d'humeur, elle est bien sûre d'en tâter aussi.

Rentre PISANIO *avec* LES DAMES.

LA REINE. — Là, là ; bien travaillé, bien travaillé ; portez à mon cabinet les violettes, les primevères et les coucous. — Adieu, Pisanio ; réfléchis à mes paroles. (*Sortent la Reine et les Dames.*)

Pisanio. — Et ainsi ferai-je : mais lorsque je me montrerai déloyal envers mon bon Seigneur, je m'étranglerai moi-même : voilà tout ce que je ferai pour vous. (*Il sort.*)

SCÈNE VI.

Un autre appartement dans le palais.

Entre IMOGÈNE.

Imogène. — Un père cruel, et une hypocrite belle-mère ; un sot qui poursuit de son amour une Dame mariée dont l'époux est banni ; — oh ! cet époux ! ma suprême couronne de douleur ! et ces tourments répétés à son sujet ! Heureuse eussé-je été, si j'avais été volée comme mes deux frères ! mais l'aspiration la plus glorieuse est la plus certaine d'avoir un résultat misérable : bienheureux sont ceux-là, quelque médiocre que soit leur condition, qui possèdent les objets de leurs honnêtes vœux, et qui en tirent leur durable satisfaction. — Qui cela peut-il être ? Fi !

Entrent PISANIO *et* IACHIMO.

Pisanio. — Madame, un noble gentilhomme de Rome vient de la part de Monseigneur avec des lettres.

Iachimo. — Vous changez de couleur, Madame ? Le noble Léonatus est en sûreté et fait présenter ses plus tendres compliments à Votre Altesse. (*Il lui présente une lettre.*)

Imogène. — Je vous remercie, mon bon Seigneur : vous êtes le très-bienvenu.

Iachimo, *à part*. — Tout ce qui se voit d'elle, aux portes de sa personne, est d'une extrême beauté ! Si elle est pourvue d'une âme aussi rare que son corps, elle est le phénix d'Arabie, et j'ai perdu le pari. Hardiesse, sois mon amie ! audace, arme-moi de la tête aux pieds !

ACTE I, SCÈNE VI.

ou bien, comme le Parthe, il me faudra combattre en fuyant, ou plutôt fuir tout droit et sans me retourner.

Imogène, *lisant*. — « C'est un homme de très-noble marque, à qui je suis infiniment attaché pour ses bontés. Veuillez, en conséquence, laisser tomber sur lui un reflet de l'estime que vous gardez pour votre Léonatus. » Je n'en lirai pas davantage tout haut : mais mon cœur est échauffé jusque dans son centre par le reste de cette lettre, et il la reçoit avec reconnaissance. Vous êtes le bienvenu, noble Seigneur, autant que j'ai de mots pour vous le dire, et je m'efforcerai de vous le prouver par tous les moyens en mon pouvoir.

Iachimo. — Je vous remercie, très-belle Dame. — Eh quoi ! est-ce que les hommes sont fous ? La nature leur a donné des yeux pour voir cette voûte élevée du ciel et les riches produits de la terre et de la mer, des yeux qui peuvent faire la distinction entre les orbes enflammés au-dessus de nous et les cailloux, tous d'une égale insignifiance, déposés en nombre incalculable sur les plages, et avec des lunettes aussi précieuses nous ne pouvons pas faire la différence entre le beau et le laid ?

Imogène. — Qu'est-ce qui cause votre admiration ?

Iachimo. — Cela ne peut être la faute de l'œil ; car des singes et des babouins, placés entre deux telles créatures, viendraient pousser leurs cris de joie du côté de celle-ci, et mépriseraient l'autre par leurs grimaces : cela n'est pas non plus un défaut de jugement ; car dans le cas de cette beauté, des idiots prononceraient un sage verdict : ce n'est pas non plus le fait de l'appétit ; la souillonnerie mise en face de cette excellence sans tache, forcerait le désir à vomir à vide, au lieu de l'exciter à se satisfaire.

Imogène. — Que veut dire cela, je vous prie ?

Iachimo. — Le caprice repu, ce désir rassasié et cependant jamais satisfait, ce tonneau à la fois rempli et laissant couler son contenu, après avoir fait proie de l'agneau, soupire après la tripaille.

Imogène. — Qu'est-ce qui vous transporte ainsi, mon cher Seigneur ? Êtes-vous bien ?

IACHIMO. — Je vous remercie, Madame; bien. (*A Pisanio.*) Je vous en prie, Monsieur, invitez mon valet à rester là où je l'ai laissé : il est étranger et d'esprit simple.

PISANIO. — Je me disposais à aller lui souhaiter la bienvenue, Seigneur. (*Il sort.*)

IMOGÈNE. — Mon Seigneur continue-t-il d'être en bonne santé, je vous prie?

IACHIMO. — Sa santé est bonne, Madame.

IMOGÈNE. — Est-il disposé à la gaieté? j'espère que oui.

IACHIMO. — Extrêmement jovial : il n'y a pas un étranger qui soit aussi gai et qui ait autant d'entrain : on l'appelle le bon vivant Breton.

IMOGÈNE. — Lorsqu'il était ici, il inclinait à la tristesse, et souvent sans savoir pourquoi.

IACHIMO. — Je ne l'ai jamais vu triste. Il y a dans sa compagnie, un Français, un éminent Monsieur, qui, paraît-il, adore dans son pays une fille de la Gaule : c'est une vraie fournaise de soupirs; à ce spectacle le joyeux Breton, — votre époux, veux-je dire, — rit à pleins poumons, crie, « oh! les côtes me font mal, tant je ris en pensant qu'un homme qui sait par l'histoire, les récits du monde, sa propre expérience, ce qu'est la femme, ce qu'elle ne peut s'empêcher d'être, ce qu'elle doit être, consent à passer ses heures de liberté à languir après un esclavage assuré! »

IMOGÈNE. — Est-ce que Monseigneur parle ainsi?

IACHIMO. — Oui, Madame, et avec les yeux en larmes à force de rire : c'est un divertissement d'être présent alors et de l'entendre railler le Français. Mais les cieux savent que certains hommes sont fort à blâmer.

IMOGÈNE. — Mais non pas lui, j'espère.

IACHIMO. — Lui, non : mais cependant les prodigalités du ciel à son endroit pourraient être employées avec plus de reconnaissance. Les dons du ciel dans sa personne même sont grands; par vous, que je compte au nombre de ses dons, ils sont au-dessus de toute estimation. Au moment même où je suis forcé d'admirer, je suis forcé de m'apitoyer aussi.

Imogène. — Sur quoi vous apitoyez-vous, Seigneur?

Iachimo. — Je m'apitoie de tout mon cœur sur deux créatures.

Imogène. — Suis-je l'une d'elles, Seigneur? Vous me regardez : quel délabrement remarquez-vous en moi qui mérite votre pitié ?

Iachimo. — Lamentable! Eh quoi! se cacher du radieux soleil, et trouver joie dans une prison éclairée par une chandelle !

Imogène. — Je vous en prie, Seigneur, veuillez faire accorder vos réponses plus directement à mes demandes. Pourquoi vous apitoyez-vous sur moi?

Iachimo. — Parce que d'autres peuvent.... j'étais sur le point de dire jouir de votre.... mais c'est l'office des dieux de venger cela, et ce n'est pas le mien de le révéler.

Imogène. — Vous semblez connaître quelque chose sur moi, ou me concernant : je vous en prie, — puisque douter si les choses vont mal cause souvent plus de souffrance que d'être sûr qu'elles vont mal en effet; car les choses certaines, ou bien sont sans remède, ou bien connues à temps peuvent trouver leur remède, — découvrez-moi quel est ce secret que vous poussez en avant et puis que vous arrêtez court.

Iachimo. — Si j'avais cette joue pour y baigner mes lèvres, cette main dont l'attouchement, dont chaque attouchement forcerait à un serment de fidélité l'âme de celui qui le recevrait, si je possédais cet objet qui fait prisonnier le mobile regard de mon œil, rien qu'en le fixant sur lui; et si néanmoins — maudit que je serais — mes baisers étaient esclaves de lèvres aussi banales que les degrés qui conduisent au Capitole, si j'échangeais des étreintes avec des mains rendues calleuses par les étreintes menteuses de toutes les heures, — par le mensonge répété jusqu'à en être un travail, — si je me mirais dans des yeux vulgaires et sans lustre, pareils à la lumière fumeuse engendrée par un suif puant, il serait bien juste que tous les fléaux de l'enfer punissent à un moment donné une telle trahison.

IMOGÈNE. — Mon Seigneur, je le crains, a oublié la Bretagne.

IACHIMO. — Et lui-même. Ce n'est pas volontiers, et par penchant à l'indiscrétion que je vous révèle la bassesse de l'échange qu'il a fait; mais c'est la force de votre grâce qui, agissant sur ma langue comme un charme, tire ce secret des profondeurs muettes de ma conscience.

IMOGÈNE. — Je ne veux pas en entendre davantage.

IACHIMO. — Ô très-chère âme, votre sort frappe mon cœur d'une telle pitié que j'en suis malade! Une Dame si belle, et héritière d'un empire qui doublerait la valeur du plus grand roi, être associée à des créatures payées avec cette même pension qui sort de vos coffres! à de malsaines aventurières qui pour de l'or vont se risquer à toutes les infirmités que la corruption peut infliger à la nature! à des pestes qui empoisonneraient le poison même! Vengez-vous, ou celle qui vous enfanta n'était pas reine, et vous dégénérez de votre grande origine!

IMOGÈNE. — *Me venger!* comment pourrais-je me venger? Si ce que vous dites est vrai, — j'ai un cœur qui ne veut pas permettre à mes deux oreilles de l'abuser trop vite, — si ce que vous dites est vrai, comment pourrais-je me venger?

IACHIMO. — Comment! il vous ferait vivre comme une prêtresse de Diane, entre des draps froids, tandis qu'il se livre aux cabriolades de ses caprices changeants, à votre offense, aux dépens de votre bourse? Tirez-en vengeance! Je me dévoue à vos doux plaisirs; je suis plus noble que ce renégat de votre lit, et je resterai attaché à votre tendresse, toujours aussi discret que fidèle

IMOGÈNE. — Holà, Pisanio!

IACHIMO. — Laissez-moi inféoder mon dévouement sur vos lèvres.

IMOGÈNE. — Arrière! je condamne mes oreilles pour t'avoir si longtemps écouté. — Si tu étais un homme d'honneur, tu m'aurais fait cette révélation dans une fin vertueuse, non dans la fin aussi basse qu'inconcevable que tu recherches. Tu calomnies un gentilhomme qui est aussi loin des actions que tu lui prêtes que tu es loin de l'honneur; et tu sollicites ici une Dame qui vous dédaigne également, toi et le diable. — Holà, Pisanio! — Le roi, mon père, sera informé de la tentative. S'il trouve convenable qu'un impertinent étranger vienne dans sa cour proposer ses marchés comme dans un lieu de prostitution romain, et nous ouvrir son âme bestiale, il tient une cour dont il ne se soucie guère, et il possède une fille qu'il ne respecte pas du tout. — Holà, Pisanio!

Iachimo. — Ô heureux Leonatus! Je puis le dire : la foi que ta Dame te porte mérite ta confiance, et ta très-parfaite vertu mérite sa foi inébranlable. — Vivez longtemps heureuse, Dame du plus noble Seigneur que jamais nation se vanta de posséder, vous sa maîtresse qui êtes née seulement pour le plus noble! Accordez-moi votre pardon. J'ai parlé de la sorte pour savoir si votre confiance avait de profondes racines; je vais vous rendre votre mari tel qu'il était et tel qu'il est encore : c'est un homme des plus parfaites manières; un tel vertueux magicien qu'il enchante toutes les sociétés dans lesquelles il se trouve : la moitié des cœurs lui appartient.

Imogène. — Vous faites réparation.

Iachimo. — Il est au milieu des hommes comme un dieu descendu du ciel; il possède une sorte de dignité qui lui donne plus que l'apparence d'un mortel. Ne soyez pas courroucée, très-puissante princesse, si je me suis aventuré à vous éprouver par un faux rapport; mon expérience a confirmé en l'honorant le profond jugement que vous avez montré en choisissant un Seigneur si rare, qui, vous le saviez, est impeccable. C'est l'amour que j'ai pour lui qui m'a porté à vous vanner de la sorte; mais les Dieux vous ont faite à l'inverse de toutes les autres, sans paille. Je vous en prie, votre pardon.

Imogène. — Tout est bien, Seigneur : considérez ma puissance à la cour comme étant toute à votre service.

Iachimo. — Mes humbles remercîments. J'avais presque oublié d'importuner Votre Grâce d'une toute petite requête, qui a pourtant son importance, car elle concerne votre Seigneur, moi-même, et d'autres nobles amis, qui sommes associés dans l'affaire.

Imogène. — Quelle est-elle, je vous prie?

Iachimo. — Une douzaine de Romains de notre société, et votre époux, — la plus belle plume de notre aile, — se sont cotisés afin d'acheter un présent pour l'empereur, acquisition que moi, comme chargé d'affaires des autres, j'ai faite en France : elle se compose de pièces d'argenterie d'un goût rare, et de joyaux d'une forme riche et exquise ; leur valeur est grande, et je suis quelque peu désireux, à cause de ma qualité d'étranger, de les déposer en lieu sûr : vous plairait-il de les prendre sous votre protection?

Imogène. — Volontiers ; et j'engage mon honneur pour leur sécurité : puisque mon époux est intéressé à ces objets, je les garderai dans ma chambre à coucher.

Iachimo. — Ils sont dans un coffre surveillé par mes gens : je prendrai la hardiesse de vous les envoyer seulement pour cette nuit ; je dois m'embarquer demain.

Imogène. — Oh, non, non.

Iachimo. — Si, je vous en conjure ; sans cela, je manquerais à ma parole en retardant mon retour. Après avoir quitté la France, je ne traversai la mer que dans le dessein de voir Votre Grâce et pour remplir la promesse que j'avais faite de la voir.

Imogène. — Je vous remercie pour vos peines ; mais ne partez pas demain !

Iachimo. — Oh ! il le faut, Madame ; par conséquent, s'il vous plaît d'envoyer à votre Seigneur vos compliments par écrit, faites-le ce soir, je vous prie : j'ai dépassé le temps qui m'était accordé, circonstance importante pour notre présent qui doit être offert au jour voulu.

Imogène. — J'écrirai. Envoyez-moi votre coffre ; il sera gardé avec sûreté, et vous sera rendu fidèlement. Vous êtes le très-bienvenu. (*Ils sortent.*)

ACTE II.

SCÈNE PREMIÈRE.

En Bretagne. — La cour devant le palais de Cymbeline.

Entrent CLOTEN *et* deux seigneurs.

Cloten. — Jamais homme eut-il une chance pareille! au moment où ma boule allait baiser le but[1], la voilà qui est envoyée au diable par une boule adverse! J'avais cent livres engagées sur cette partie : et voilà un sagouin de fils de garce qui vient me faire des remontrances parce que je jure; comme si je lui empruntais les jurons que je profère, et si je n'étais pas libre de dépenser à mon gré la provision que j'en ai.

Premier seigneur. — Qu'a-t-il gagné à cela? Vous lui avez cassé la caboche avec votre boule.

Second seigneur, *à part.* — Si son esprit avait ressemblé à celui qui lui a cassé la tête, il n'en aurait plus un brin à cette heure.

Cloten. — Lorsqu'un gentilhomme a envie de jurer, n'est-il pas impertinent aux assistants, quels qu'ils soient, de couper la queue à ses jurons? Eh?

Second seigneur. — Oui, Monseigneur; (*à part*) ainsi que de leur couper les oreilles.

Cloten. — Ce chien, fils de putain! moi lui donner satisfaction? Que je voudrais qu'il eût été un homme de mon rang!

Second seigneur, *à part.* — Pour puer le sot comme vous.

Cloten. — Je ne suis vexé de rien sur la terre autant que de cette contrainte! la vérole soit d'elle! J'aimerais bien mieux n'être pas aussi noble que je le suis; ils n'osent pas se battre avec moi, parce que la reine est ma mère : le premier goujat de Jacquot venu peut se battre tant et aussi souvent que le cœur lui en dit, et moi, il me faut aller et venir comme un coq que personne ne peut attaquer sur un pied d'égalité.

Second seigneur, *à part*. — Vous êtes le coq, et le chapon aussi; et vous faites *cocorico*, coq, votre crête baissée.

Cloten. — Tu dis?

Second seigneur. — Je dis qu'il ne convient pas que Votre Seigneurie donne satisfaction à tout compagnon qu'elle offense.

Cloten. — Non, je sais cela : mais il convient que j'offense mes inférieurs.

Second seigneur. — Oui, cela convient à Votre Seigneurie seulement.

Cloten. — Eh bien, c'est ce que je dis.

Premier seigneur. — Avez-vous entendu parler d'un étranger qui est arrivé à la cour ce soir?

Cloten. — Un étranger, et je n'en sais rien!

Second seigneur, *à part*. — Il est un *étrange* compagnon lui-même, et il n'en sait rien.

Premier seigneur. — Il est arrivé un Italien, et à ce qu'on croit, un ami de Leonatus.

Cloten. — Leonatus! Un gredin banni; et cet individu en est un autre, quel qu'il soit. Qui vous a parlé de cet étranger?

Premier seigneur. — Un des pages de Votre Seigneurie.

Cloten. — Serait-il convenable que j'allasse lui faire visite? N'y aurait-il pas dérogation à cela?

Premier seigneur. — Vous ne pouvez déroger, Monseigneur.

Cloten. — Cela me serait difficile, je le crois.

Second seigneur, *à part*. — Vous êtes un sot garanti;

par conséquent vos actes, étant stupides, ne dérogent pas.

Cloten. — Allons, j'irai voir cet Italien; ce que j'ai perdu aux boules aujourd'hui, je le lui gagnerai ce soir. Allons, partons.

Second seigneur. — Je vais suivre Votre Seigneurie. (*Sortent Cloten et le premier Seigneur.*) Dire qu'une diablesse aussi rusée que sa mère a pu mettre au monde cet âne! une femme qui triomphe de tout avec sa tête; et voilà son fils qui est incapable de retenir que deux ôtés de vingt, reste dix-huit. Hélas! pauvre princesse, divine Imogène, que ne te faut-il pas endurer, placée entre un père gouverné par ta belle-mère, une belle-mère qui machine des complots à toute heure, et un amoureux plus haïssable encore que ne sont haïssables l'indigne expulsion de ton cher mari et l'acte horrible du divorce qu'il voudrait te porter à commettre! Puissent les cieux conserver inébranlables les remparts de ton précieux honneur! qu'ils préservent contre toute secousse ce temple, ta belle âme, afin que tu puisses te maintenir pour posséder un jour ton époux banni et ce grand royaume! (*Il sort.*)

SCÈNE II.

Une chambre à coucher dans le palais de Cymbeline. Un coffre est placé dans un coin.

IMOGÈNE *est au lit, lisant;* une Dame de compagnie *est de service dans sa chambre.*

Imogène. — Qui est là? est-ce Hélène, ma dame de compagnie?

La dame. — Oui, s'il vous plaît, Madame.

Imogène. — Quelle heure est-il?

La dame. — Près de minuit, Madame.

Imogène. — En ce cas, j'ai lu trois heures : mes yeux sont fatigués : plie la page à l'endroit où je me suis arrêtée : va te coucher : n'enlève pas le flambeau, laisse-le allumé ; et si tu peux te réveiller vers quatre heures, je t'en prie, appelle-moi. Le sommeil s'est entièrement emparé de moi. (*Sort la Dame.*) Je me remets à votre protection, ô Dieux ! des fées et des démons tentateurs de la nuit, préservez-moi, je vous en conjure ! (*Elle s'endort. Iachimo se glisse hors du coffre.*)

IACHIMO. — Les grillons chantent, et les sens surmenés de l'homme se refont dans le repos. C'est ainsi que notre Tarquin pressait doucement de ses pas les nattes de roseaux [2] avant de réveiller la chasteté qu'il blessa. — Ô Cythérée, de quelle beauté tu pares ta couche ! Frais lys, plus blanc que tes draps ! Ah si je pouvais te toucher ! un baiser seulement ! rien qu'un baiser ! Rubis sans pareils de ses lèvres, quelle douceur vous donnez au baiser qu'on vous prend ! — C'est son haleine qui parfume ainsi la chambre : la flamme du flambeau s'incline vers elle ; elle voudrait pénétrer à travers ses paupières pour y contempler les lumières encloses de ses yeux, maintenant fermées sous ces fenêtres blanches et azurées, veinées du bleu même du ciel. — Mais mon but est de passer cette chambre en revue : je vais tout prendre en note : — telles et telles peintures ; — ici la fenêtre : — voici comment son lit est décoré : — la tapisserie, les figures, sont ainsi et ainsi parbleu ; et le sujet qu'elle représente.... — Eh mais, quelques notes sur les particularités de son corps enrichiraient mon inventaire de preuves autrement sérieuses que les descriptions de dix mille misérables meubles. — Ô sommeil, singe de la mort, pèse lourdement sur elle, et donne-lui l'insensibilité d'une statue funèbre étendue comme la voilà dans une chapelle ! — Enlevons cela, enlevons cela ; — (*il enlève le bracelet d'Imogène*) aussi facile à détacher que le nœud gordien était dur à défaire ! Il est à moi ; et ce témoignage apparent agissant aussi fortement qu'agit le témoignage intime de la conscience suffira pour rendre fou son Seigneur. — Sur son sein gauche, un signe composé de cinq taches pareilles aux marques rouges qui se trouvent au fond d'une primevère : voici une garantie plus forte que la loi elle-même n'en pourrait produire au grand jamais : ce secret surpris le contraindra de croire que j'ai forcé la serrure et pris le trésor de son honneur. Assez. — A quelle fin ? pourquoi noterais-je par écrit ce qui est si bien gravé, imprimé dans ma mémoire ? Elle lisait il y a un instant l'histoire de Térée ; la page est pliée à l'endroit où Philomèle se rendit[3] ; j'ai assez de preuves : — dans le coffre derechef, et fermons-en l'ouverture. — Vite, vite, dragons de la nuit, afin que l'aurore puisse ouvrir l'œil du corbeau ! Je suis blotti au sein même de la crainte : bien qu'elle soit un ange du ciel, l'enfer est ici. (*L'horloge sonne.*) Une, deux, trois, — il est temps, il est temps ! (*Il rentre dans le coffre.*)

SCÈNE III.

Une antichambre attenante à l'appartement d'Imogène.

Entrent CLOTEN *et* des seigneurs.

Premier seigneur. — Votre Seigneurie est l'homme le plus patient quand il perd, le plus froid qui ait jamais retourné un as.

Cloten. — Perdre rendrait tout homme froid.

Premier seigneur. — Mais non pas patient à la noble façon de Votre Seigneurie. Vous êtes vraiment chaud et furieux, lorsque vous gagnez.

Cloten. — Gagner donnerait du courage à n'importe qui. Si je pouvais obtenir cette sotte Imogène, j'aurais de l'or en quantité suffisante. Il est presque matin, n'est-ce pas ?

Premier seigneur. — Il est jour, Monseigneur.

Cloten. — Je voudrais que cette musique arrivât : on me conseille de lui donner de la musique le matin ; on me dit que cela la pénétrera.

Entrent des musiciens.

Cloten. — Avancez ; jouez. Si vous pouvez la pénétrer

avec vos jeux de doigts, bon; nous essayerons aussi avec la langue : si rien de cela ne réussit, comme il lui plaira; mais moi je ne céderai jamais. Commencez par quelque chose d'excellemment bien inventé; continuez ensuite par un air d'une douceur merveilleuse sur des paroles d'une richesse admirable, — et puis — laissons-la réfléchir.

CHANSON.

Écoutez! écoutez! à la porte du ciel chante l'alouette,
Et Phœbus commence à se lever
Pour abreuver ses coursiers à ces eaux
Qui dorment dans les calices des fleurs;
Et les soucis clignotants commencent
A ouvrir leurs yeux d'or.
En même temps que toutes les jolies choses,
Ma douce Dame, levez-vous :
Levez-vous, levez-vous !

CLOTEN.—Là-dessus, partez. Si cela *pénètre*, je tiendrai votre musique pour ce qu'il y a de meilleur au monde : si cela ne *pénètre* pas, c'est qu'il y a un vice dans ses oreilles que des crins de cheval, des boyaux de chat, et une voix d'eunuque châtré par-dessus le marché ne guériront jamais. (*Sortent les musiciens.*)

SECOND SEIGNEUR. — Voici venir le roi.

CLOTEN. — Je suis heureux d'être debout si tard, car c'est la raison pour laquelle je suis debout si matin : il ne peut que donner son approbation paternelle à la galanterie que je viens de faire.

Entrent CYMBELINE *et* LA REINE.

CLOTEN. — Bonjour à Votre Majesté, ainsi qu'à ma gracieuse mère.

CYMBELINE. — Est-ce que vous faites ici faction à la porte de notre opiniâtre fille? ne sortira-t-elle pas?

CLOTEN. — Je l'ai attaquée avec de la musique, mais elle n'y accorde aucune attention.

ACTE II, SCÈNE III.

CYMBELINE. — L'exil de son favori est trop récent; elle ne l'a pas encore oublié : un peu de temps encore sera nécessaire pour effacer l'empreinte de son image, et alors elle est à vous.

LA REINE. — Vous êtes très-redevable au roi qui ne laisse passer aucune circonstance de nature à vous faire obtenir sa fille. Prenez sur vous de lui faire la cour selon les règles, et soyez toujours prêt à saisir les occasions ; que ses refus ne fassent qu'accroître votre zèle à la servir : ayez l'air d'exécuter comme par impulsion irrésistible ces devoirs que vous lui rendez; obéissez-lui en toute chose, excepté lorsque ses ordres auront pour but de vous congédier; là-dessus soyez insensible.

CLOTEN. — Insensible! non pas.

Entre UN MESSAGER.

LE MESSAGER. — Qu'il vous plaise, Sire, d'apprendre l'arrivée d'ambassadeurs de Rome; l'un d'eux est Caïus Lucius.

CYMBELINE. — Un noble personnage, bien qu'il vienne à cette heure dans un dessein de violence; mais ce n'est en rien sa faute : nous devons le recevoir comme il convient à la dignité de celui qui l'envoie; et quant à lui-même personnellement, les services passés qu'il nous a rendus nous invitent à le mieux accueillir encore. — Notre cher fils, lorsque vous aurez souhaité le bonjour à votre maîtresse, venez nous rejoindre, la reine et nous; nous aurons besoin de vous employer auprès de ce Romain. — Venez, notre reine. (*Sortent Cymbeline, la Reine, les Seigneurs et le messager.*)

CLOTEN. — Si elle est levée, je lui parlerai; sinon, qu'elle dorme encore et qu'elle rêve. — Avec votre permission, holà! (*Il frappe à la porte d'Imogène.*) Je sais que ses femmes sont avec elle : si je dorais la main de quelqu'une d'elles? C'est l'or qui achète entrée; souvent il l'obtient; oui certes, et souvent il amène les suivantes de Diane à se mentir à elles-mêmes, et à conduire leur biche à l'embuscade du braconnier; c'est l'or qui fait tuer l'honnête homme et qui sauve le voleur, qui quelquefois même fait pendre à la fois honnête homme et voleur. Qu'est-ce qu'il ne peut pas faire et défaire? Je vais prendre une de ses femmes pour avocat; car je n'entends pas trop bien l'affaire moi-même. — Avec votre permission. (*Il frappe.*)

Entre UNE DAME.

LA DAME. — Qui frappe ici?

CLOTEN. — Un gentilhomme.

LA DAME. — Et rien de plus?

CLOTEN. — Si, le fils d'une Dame noble aussi.

LA DAME. — C'est plus que ne peuvent se vanter d'être à bon titre quelques individus qui ont des tailleurs aussi chers que les vôtres. Que demande Votre Seigneurie?

CLOTEN. — La personne de votre maîtresse : est-elle prête?

LA DAME. — Oui, à garder sa chambre.

CLOTEN. — Voici de l'or pour vous; vendez-moi vos bons éloges.

LA DAME. — Qu'entendez-vous par là? ma bonne renommée? ou les rapports que je pourrai faire en bien sur vous? — La princesse!

Entre IMOGÈNE.

CLOTEN. — Bonjour, ma sœur très-belle; votre douce main. (*Sort la Dame.*)

IMOGÈNE. — Bonjour, Seigneur. Vous dépensez beaucoup trop de peine pour n'acheter que du trouble : les remerciments que j'ai à votre service se bornent à vous dire que je suis pauvre en remerciments et que je puis à peine en accorder.

CLOTEN. — Néanmoins, je vous jure que je vous aime toujours.

IMOGÈNE. — Si vous vous contentiez de le dire, cela ferait tout autant d'effet sur moi : mais si vous continuez à le jurer, votre récompense consistera toujours dans cette réponse que cela m'est égal.

Cloten. — Ce n'est pas une réponse.

Imogène. — Je ne parlerais pas, si je ne craignais que vous n'allassiez dire que je vous cède en restant silencieuse. Je vous en prie, laissez-moi tranquille : sur ma foi, je montrerai à vos plus courtoises prévenances la même discourtoisie que maintenant : quelqu'un d'une aussi grande intelligence que vous devrait apprendre à s'arrêter lorsqu'on lui enseigne à le faire.

Cloten. — Vous laisser dans votre folie, serait à moi une faute : je ne la ferai pas.

Imogène. — Les sots ne sont pas des fous.

Cloten. — M'appelez-vous sot ?

Imogène. — Puisque je suis folle, j'agis comme une folle : si vous voulez vous tenir en patience, je ne serai plus folle ; cela nous guérira tous deux. Je suis très-peinée, Seigneur, que vous me forciez d'oublier les manières d'une Dame au point de me servir de paroles si nettes : et apprenez, une fois pour toutes, que moi qui connais mon cœur, je vous déclare ici, sur la plus entière franchise, que je n'ai point souci de vous; et que je suis si près de manquer de charité, que je m'accuse moi-même de vous haïr, — chose que j'aurais mieux aimé vous laisser sentir que de m'en vanter.

Cloten. — Vous péchez contre l'obéissance que vous devez à votre père. Le contrat que vous alléguez avec ce bas misérable, — un individu élevé par le moyen d'aumônes, nourri des plats froids, des miettes de la cour, — n'est pas un contrat, du tout, du tout. Il est permis aux gens de condition inférieure, — et qui est de condition plus inférieure que lui ? — d'enchaîner leurs âmes dans des liens volontairement noués par eux, car cela n'a pour eux d'autres conséquences que les marmots et la misère; mais à vous cette liberté est interdite par l'héritage de la couronne, et vous ne devez pas en souiller le précieux éclat avec un vil esclave, un misérable à livrée, un individu qui est du drap dont on fait les écuyers, un panetier, et moins encore que cela.

Imogène. — Profane drôle ! quand bien même tu serais

le fils de Jupiter, si tu n'étais pas sous tous les autres rapports supérieur à ce que tu es, tu serais trop vil pour être son laquais : tu serais assez honoré, même aux yeux de l'envie, si, pour te récompenser dignement selon tes mérites, on te nommait bourreau en second dans son royaume ; et tu serais encore haï pour cette promotion-là.

Cloten. — Le brouillard du midi le pourrisse !

Imogène. — Il ne pourra jamais courir de plus mauvaise chance que d'être seulement nommé par toi. Son plus pauvre vêtement, pourvu qu'il ait seulement collé à son corps, est plus précieux pour moi que tous les cheveux de ta tête, quand bien même tous ces cheveux devraient se transformer en autant d'hommes tels que toi. — Holà, Pisanio !

Entre PISANIO.

Cloten. — *Son vêtement !* Le diable soit....

Imogène. — Va-t'en trouver immédiatement ma femme de chambre Dorothée....

Cloten. — *Son vêtement !*

Imogène. — Je suis hantée par un sot, effrayée par lui, et courroucée encore davantage. — Va dire à ma femme de chercher un joyau qui, par un trop mauvais hasard, a glissé de mon bras : il me venait de ton maître ; que je sois maudite, si je voudrais le perdre pour le revenu de n'importe quel roi de l'Europe. Je crois que je l'ai vu ce matin : je suis sûre que la dernière nuit il était à mon bras ; je l'avais baisé : j'espère qu'il n'est pas parti pour informer mon Seigneur que j'accorde mes baisers à autre chose qu'à lui.

Pisanio. — Il ne sera pas perdu.

Imogène. — Je l'espère bien : va, et cherche-le. (*Sort Pisanio.*)

Cloten. — Vous m'avez insulté : — *son plus pauvre vêtement !*

Imogène. — Oui, c'est ce que j'ai dit, Seigneur : si vous voulez m'intenter une action en justice pour cela, prenez des témoins.

Cloten. — Je vais en informer votre père.

Imogène. — Informez-en aussi votre mère : elle est ma bonne amie, et j'espère qu'elle n'en pensera que pis de moi. Là-dessus, je vous laisse, Seigneur, à votre pire mécontentement. (*Elle sort.*)

Cloten. — Je serai vengé : — *son plus pauvre vêtement !* — Bon. (*Il sort.*)

SCÈNE IV.

Rome. — Un appartement dans la demeure de Philario.

Entrent POSTHUMUS *et* PHILARIO.

Posthumus. — Ne craignez rien de pareil, Seigneur : je voudrais être aussi sûr de vaincre le roi, que je suis sûr que son honneur à elle lui restera sain et sauf.

Philario. — Quels moyens employez-vous pour vous réconcilier le roi?

Posthumus. — Aucun, si ce n'est attendre le changement du temps, me résigner à grelotter dans ce présent état d'hiver de ma fortune, et souhaiter que les jours plus chauds reviennent : c'est sur ces espérances bien exposées à la gelée que je compte pour m'acquitter envers votre affection et sur rien d'autre; si elles me manquent, je mourrai avec une grosse dette envers vous.

Philario. — Votre mérite et votre compagnie payent avec usure tout ce que je puis faire. A l'heure présente, votre roi a entendu parler du grand Auguste. Caïus Lucius remplira jusqu'au bout sa mission; et je pense que votre roi consentira au tribut, et enverra les arrérages, plutôt que de se résigner à revoir nos Romains dont le souvenir est encore frais dans la douleur de ses sujets.

Posthumus. — Je crois, — bien que je ne sois guère homme d'état, et que probablement je ne doive jamais l'être, — que cela engendrera une guerre; et vous entendrez dire que les légions qui sont maintenant en Gaule ont débarqué dans notre Bretagne exempte de craintes, plutôt que vous n'apprendrez qu'on a payé un tribut d'un seul denier. Nos compatriotes sont gens beaucoup mieux organisés qu'à l'époque où Jules César souriait de leur inhabileté, mais trouvait cependant que leur courage valait la peine qu'il fronçât le sourcil : leur discipline unie maintenant à leur courage fera connaître à ceux qui les mettront à l'épreuve qu'ils sont au nombre de ces peuples qui se perfectionnent en ce monde.

PHILARIO. — Voyez! Iachimo!

Entre IACHIMO.

POSTHUMUS. — Les cerfs les plus agiles vous auront sans doute mené sur terre, et les vents de tous les points cardinaux auront sans doute ensemble baisé vos voiles pour faire rapide votre navire.

PHILARIO. — Soyez le bienvenu, Seigneur.

POSTHUMUS. — J'espère que la brièveté de la réponse que vous avez reçue a causé la rapidité de votre retour.

IACHIMO. — Votre Dame est une des plus belles que j'aie jamais vues.

POSTHUMUS. — Et la plus vertueuse en outre ; sans quoi sa beauté pourrait à son aise se mettre à une fenêtre pour agacer les cœurs vicieux et agir vicieusement avec eux.

IACHIMO. — Voici des lettres pour vous.

POSTHUMUS. — La teneur en est bonne, je pense.

IACHIMO. — C'est très-probable.

PHILARIO. — Caïus Lucius était-il à la cour de Bretagne, lorsque vous y étiez?

IACHIMO. — Il y était attendu; mais il n'était pas encore arrivé.

POSTHUMUS. — Tout est bien encore. Ce diamant brille-t-il toujours selon son habitude? ou bien n'est-il pas devenu trop éteint pour que votre élégance le porte?

IACHIMO. — Si je l'avais perdu, j'en aurais perdu la valeur en or, voilà tout. Je ferais un voyage deux fois aussi lointain pour jouir d'une seconde nuit aussi délicieusement courte que celle que j'ai passée en Bretagne ; car la bague est gagnée.

Posthumus. — Le diamant est trop dur pour céder.

Iachimo. — Pas le moins du monde, puisque votre femme est si facile.

Posthumus. — Seigneur, ne vous faites pas une plaisanterie de votre défaite : j'espère que vous savez que nous ne pouvons pas continuer à être amis.

Iachimo. — Nous pouvons continuer à l'être, mon bon Seigneur, si vous tenez nos conventions. Si je ne vous rapportais pas la connaissance bien complète de votre maîtresse, j'accorde que nous devrions pousser les choses plus loin : mais je me déclare à cette heure le conquérant de son honneur en même temps que de votre bague, et je ne suis ni votre offenseur, ni le sien, puisque je n'ai agi que d'accord avec vos volontés à tous les deux.

Posthumus. — Si vous prouvez d'une manière évidente que vous avez tâté de sa couche, voici ma main, et voici ma bague : s'il en est autrement, l'indigne opinion que vous avez eue de son honneur sans tache conquiert ou perd votre épée ou la mienne, ou bien les laisse toutes les deux sans maîtres à la disposition du premier venu qui les trouvera.

Iachimo. — Seigneur, mes preuves portent tellement le visage de la vérité que lorsque je vous les donnerai, elles commenceront par vous forcer de croire : mon serment confirmera encore leur évidence ; mais, je n'en doute pas, ce serment vous me l'épargnerez, lorsque vous découvrirez que vous n'en avez pas besoin.

Posthumus. — Exposez vos preuves.

Iachimo. — En premier lieu, sa chambre à coucher, — où, je le confesse, je ne dormis point, mais où j'obtins une chose qui valait bien la peine de veiller, je vous en réponds, — est tendue d'une tapisserie en soie et argent ; le sujet qu'elle représente est celui de la fière Cléopatre allant à la rencontre de son Romain, et le Cydnus débordant sur ses rives, soit d'orgueil, soit sous le poids des barques : cet ouvrage est si merveilleusement exécuté, si riche, que la main-d'œuvre y lutte avec la valeur des matières ; je me demandai avec étonnement comment cet ouvrage pouvait avoir été poussé à ce point de perfection et de réalité, puisque la vie qui y palpitait était....

Posthumus. — C'est exact; mais vous avez pu entendre parler de cet ouvrage, ici même, par moi, ou bien par quelque autre.

Iachimo. — D'autres particularités justifieront la connaissance que j'ai d'elle.

Posthumus. — C'est ce qu'elles doivent faire en effet, sinon, vous portez atteinte à votre honneur.

Iachimo. — La cheminée est au sud de la chambre, et le manteau de cette cheminée représente la chaste Diane se baignant : je ne vis jamais figures qui parussent si capables de se révéler par la parole : le sculpteur fut une seconde nature, mais une nature muette; il la dépassa, le mouvement et le souffle étant exceptés.

Posthumus. — C'est encore là une chose que vous aurez pu recueillir de la bouche d'autrui, l'œuvre étant en effet très-renommée.

Iachimo. — Le plafond de la chambre est animé de chérubins dorés : les chenets, — je les avais oubliés, — sont deux Cupidons aveugles en argent, debout sur un pied, et prenant délicatement leurs points d'appui sur leurs flambeaux.

Posthumus. — Et ce sont là vos preuves contre son honneur ! Accordons que vous avez vu tout cela, — et donnons de justes louanges à la fidélité de votre mémoire, — la description de ce qui se trouve dans sa chambre ne peut vous faire gagner le pari que vous avez engagé.

Iachimo. — Eh bien, en ce cas, pâlissez, si cela vous est possible : je demande seulement la permission de faire prendre l'air à ce joyau : voyez! (*Il produit le bracelet.*) Et maintenant le voilà serré de nouveau : il doit être marié à votre diamant; je les garderai ensemble.

ACTE II, SCÈNE IV.

Posthumus. — Jupiter! — Accordez-moi de le contempler une fois encore : est-ce celui que je lui avais laissé?

Iachimo. — Celui-là même, Seigneur, — j'en remercie votre femme : elle le détacha de son bras; — je la vois encore; la gentillesse de son action annihilait son cadeau, et cependant l'enrichissait aussi : elle me le donna, et me dit qu'elle y tenait beaucoup autrefois.

Posthumus. — Peut-être l'a-t-elle détaché pour me le renvoyer.

Iachimo. — C'est là ce qu'elle vous écrit, n'est-ce pas?

Posthumus. — Oh, non, non, non, c'est vrai! Tenez, prenez aussi cette bague (*il lui remet la bague*); c'est un basilic pour mon œil, cela me tue de la regarder. — Admettons donc que l'honneur n'est jamais là où est la beauté, la vérité là où est la vraisemblance, l'amour là où il y a un autre homme : les serments des femmes ne les lient pas plus à ceux qui les reçoivent, qu'elles ne sont liées elles-mêmes à leurs vertus qui sont néant. Oh, fausse au delà de toute mesure!

Philario. — Ayez patience, Seigneur, et reprenez votre bague; elle n'est pas encore gagnée : il est probable qu'elle a perdu ce bracelet; ou qui sait si quelqu'une de ses femmes n'a pas été corrompue et ne le lui a pas volé?

Posthumus. — C'est très-vrai; et c'est ainsi, j'espère, qu'il l'a obtenu. — Rendez ma bague; — indiquez-moi quelque signe qu'elle ait sur le corps qui soit une preuve plus évidente que cet objet; car cela a été volé.

Iachimo. — Par Jupiter, c'est de son bras qu'il a passé dans mes mains.

Posthumus. — L'entendez-vous, il jure! il jure *par Jupiter!* Cela est vrai : — allons, gardez la bague; — cela est vrai; je suis sûr qu'elle n'a pas perdu ce bracelet : ses suivantes sont toutes femmes qui ont prêté serment de fidélité et qui sont honorables [4] : — elles, corrompues pour le voler! et par un étranger! — Non, il a joui d'elle; voilà le gage de reconnaissance de son incontinence;

c'est à ce prix bien cher qu'elle s'est acheté le nom de putain. — Tiens, prends ton salaire, et que tous les diables de l'enfer se partagent entre elle et toi !

Philario. — Seigneur, soyez patient ; ce n'est pas là une preuve suffisante pour enlever la croyance de quelqu'un bien persuadé de....

Posthumus. — Ne parlons plus de cela ; elle a été chevauchée par lui.

Iachimo. — Si vous tenez à d'autres preuves encore, — sous son sein (qui vaut bien la peine d'être pressé), se trouve un signe, justement fier de ce très-délicat logement : sur ma vie, je l'ai baisé, et, quoique je fusse pleinement rassasié, il me donna appétit de manger encore. Vous vous rappelez cette tache qu'elle a sur elle ?

Posthumus. — Oui, et cela confirme une autre tache, assez vaste pour remplir tout l'enfer, y fût-elle seule.

Iachimo. — Voulez-vous en entendre davantage ?

Posthumus. — Épargnez-vous votre arithmétique ; ne comptez pas vos récidives : une fois, et un million de fois !

Iachimo. — Je jurerai....

Posthumus. — Pas de serment. Si vous jurez que vous ne l'avez pas fait, vous mentez ; et je te tuerai, si tu nies que tu m'as fait cocu.

Iachimo. — Je ne nierai rien.

Posthumus. — Oh ! que ne l'ai-je ici pour la déchirer, membre à membre ! Mais j'irai là-bas, et je le ferai ; dans la cour ; devant son père : — je ferai quelque chose.... (*Il sort.*)

Philario. — Tout à fait incapable d'entendre raison dans l'état où il est ! — Vous avez gagné : suivons-le, et tâchons de détourner la fureur qu'il a contre lui-même en ce moment.

Iachimo. — De tout mon cœur. (*Ils sortent.*)

SCÈNE V.

Rome. — Un autre appartement dans la demeure de Philario.

Posthumus. — N'y a-t-il donc pas moyen que les hommes viennent au monde sans que les femmes fassent la moitié de la besogne ? Nous sommes tous bâtards, et cet homme très-honorable que je nommais mon père était je ne sais où lorsque je fus forgé. Quelque faux-monnayeur avec ses outils fit de moi une contre-façon de monnaie légale : cependant ma mère semblait la Diane de son époque, comme ma femme semble la merveille de la sienne. — Ô vengeance, vengeance ! — Souvent elle me restreignait dans mes plaisirs légitimes, et me priait de m'abstenir ; elle faisait cela avec une pudeur si rougissante, que cet aimable spectacle aurait vraiment échauffé le vieux Saturne ; aussi la croyais-je chaste comme la neige que le soleil n'a pas visitée. — Oh, de par tous les diables ! — Ce jaunâtre Iachimo, en une heure, — n'est-ce pas cela ? — ou moins peut-être, — dès la première entrevue ? — peut-être même, n'a-t-il pas parlé, mais comme un sanglier repu de glands, un sanglier allemand, a-t-il crié, *Oh!* et a-t-il grimpé ? peut-être n'a-t-il trouvé d'autre barrière que celle que lui a opposée l'objet qu'il désirait, cet objet qu'elle devait garder de toute attaque ? — Oh, si je pouvais découvrir en moi ce qui me vient de la femme ! car il n'y a pas chez l'homme d'inclination au vice qui, je l'affirme, ne vienne de la femme. Est-ce le mensonge ? cela est de la femme, soyez-en sûr ; la flatterie ? cela est encore d'elle ; la fourberie ? toujours d'elle ; la paillardise et les mauvaises pensées ? d'elle, d'elle ; la vengeance ? d'elle ; ambitions, convoitises, changeant orgueil, dédain, mignons désirs, médisances, versatilité, tous les défauts qu'on peut nommer, bien mieux, tous ceux que l'enfer connaît, lui appartiennent, parbleu, en tout ou en partie ; mais plutôt en tout qu'en partie : car elles ne sont pas constantes même envers le vice, mais elles sont toujours à échanger un vice vieux d'une minute, contre un vice qui n'est pas de moitié aussi vieux. Je veux écrire contre elles, les détester, les maudire : — et cependant il est bien plus habile à une solide haine de prier pour qu'elles agissent à leurs têtes : les diables eux-mêmes ne peuvent pas les châtier mieux qu'elles ne se châtient. (*Il sort* [5].)

ACTE III.

SCÈNE PREMIÈRE.

Une salle d'état dans le palais de CYMBELINE.

Entrent d'un côté, CYMBELINE, LA REINE, CLOTEN *et* DES SEIGNEURS; *de l'autre*, CAIUS LUCIUS *et les personnes de sa suite.*

CYMBELINE. — Maintenant, parle; que nous veut Auguste César?

LUCIUS. — Lorsque Jules César, — dont l'image vit encore dans le souvenir des hommes comme si elle était présente à leurs yeux, et qui sera éternellement pour leurs langues et leurs oreilles matière à parler et à écouter, — vint dans cette Bretagne et la conquit, Cassibelan, ton oncle, — tout aussi fameux par les louanges de César que par les exploits qui les lui méritèrent, — accorda à Rome un tribut annuel de trois mille livres, tribut que dans ces derniers temps tu t'es abstenu d'acquitter.

LA REINE. — Et que, pour couper court à cet étonnement, il s'abstiendra d'acquitter toujours.

Cloten. — Il y aura bien des Césars, avant qu'on revoie un autre Jules. La Bretagne s'appartient à elle-même, et nous ne voulons rien payer pour porter nos propres nez.

La reine. — Cette occasion qu'ils trouvèrent de nous imposer tribut, nous la retrouvons aujourd'hui pour le refuser. — Sire, mon Suzerain, rappelez-vous les rois vos ancêtres; songez en même temps aux défenses naturelles de votre île qui, pareille au parc de Neptune, se dresse entourée d'une ceinture et d'une palissade d'eaux rugissantes et de rochers infranchissables, protégée par des sables qui ne livreront pas passage aux vaisseaux de vos ennemis, mais qui les avaleront jusqu'au bout de leurs mâts. César fit ici une manière de conquête; mais ce n'est pas ici qu'il prononça sa vanterie, « je suis venu, j'ai vu, et j'ai vaincu : » il fut repoussé de nos côtes, deux fois battu avec honte, — la première qui l'eût jamais atteinte, — et ses vaisseaux, — pauvres joujoux inexpérimentés ! — secoués comme des coquilles d'œufs sur les vagues de nos terribles mers, furent aisément brisés contre nos rochers : en réjouissance de quoi, l'illustre Cassibelan, qui fut un jour sur le point, — ô trompeuse fortune ! — de s'emparer de l'épée de César[1], fit resplendir de feux de joie la ville de Lud, et étinceler de courage les Bretons[2].

Cloten. — Allons donc, il n'y a plus de tribut à payer: notre royaume est plus fort qu'il ne l'était à cette époque; et comme je le disais, il n'y a plus de Césars comme celui-là : d'autres peuvent avoir des nez crochus comme lui, mais quant à avoir des bras capables de frapper des coups aussi droits, non.

Cymbeline. — Mon fils, laissez votre mère achever.

Cloten. — Nous en avons encore beaucoup parmi nous qui ont le poignet aussi fort que Cassibelan : je ne dirai pas que j'en suis un; cependant j'ai une main. Pourquoi un tribut? Pourquoi payerions-nous tribut? Si César peut nous cacher le soleil avec une couverture, ou mettre la lune dans sa poche, nous lui payerons tribut pour avoir de la lumière; sinon, plus de tribut, je vous en prie, Seigneur.

Cymbeline. — Vous devez savoir que nous fûmes libres jusqu'au jour où les injurieux Romains nous arrachèrent ce tribut. L'ambition de César qui s'était tellement gonflée qu'elle atteignait presque aux confins du monde, sans prétexte aucun, vint ici nous imposer le joug, joug qu'il convient de secouer à un peuple guerrier, et nous nous flattons d'en être un. Rapportez donc à César que c'est là ce que nous sommes en train de faire. Notre ancêtre fut ce Mulmutius qui établit nos lois dont l'épée de César a beaucoup trop mutilé l'autorité, et dont le rétablissement avec toutes leurs franchises sera, en vertu du pouvoir que nous exerçons, l'acte méritoire de notre règne, quand bien même Rome devrait en être irritée ; — il fit nos lois, ce Mulmutius, qui, le premier en Bretagne, ceignit ses tempes d'une couronne d'or, et prit le titre de roi.[3]

Lucius. — Je suis désolé, Cymbeline, d'avoir à te déclarer l'inimitié de César Auguste, — de César qui a plus de rois pour serviteurs, que tu n'as d'officiers de ta maison : reçois donc cette déclaration : au nom de César, je proclame contre toi la guerre et la ruine : attends-toi à un orage irrésistible. — Ce défi porté, je te présente mes remercîments pour ce qui me concerne.

Cymbeline. — Tu es le bienvenu, Caïus. Ton César me fit chevalier ; je passai sous lui une grande partie de ma jeunesse ; par lui j'acquis cet honneur qu'il veut me reprendre aujourd'hui par violence, et que je saurai défendre à outrance. Je suis parfaitement informé que les Pannoniens et les Dalmates sont maintenant en armes pour défendre leurs libertés ; si les Bretons ne savaient pas lire le sens d'un tel exemple, il faudrait qu'ils fussent bien froids : César ne les trouvera pas tels.

Lucius. — Laissons parler les faits.

Cloten. — Sa Majesté vous souhaite la bienvenue. Amusez-vous un jour ou deux avec nous, ou même plus longtemps : si vous nous cherchez ensuite sur d'autres conditions, vous nous trouverez au milieu de notre ceinture d'eau salée : si vous nous en chassez, elle est à vous ; si vous succombez dans cette aventure, nos corbeaux, grâce à vous, n'en seront que plus gras, et voilà tout.

Lucius. — Bien, Seigneur.

Cymbeline. — Je connais les intentions de votre maître, il connaît les miennes : tout ce qui reste après cela, c'est, soyez le bienvenu. (*Ils sortent.*)

SCÈNE II.

Un autre appartement dans le palais.

Entre PISANIO *avec une lettre.*

Pisanio. — Comment! d'adultère? Pourquoi n'avez-vous pas écrit quel est le monstre qui l'accuse? Leonatus! mon maître! quel poison étrange a pénétré dans ton oreille! Quel fourbe Italien, — aussi empoisonneur de langue que de main, — a persuadé ton oreille trop complaisante? Déloyale! non : elle est punie pour sa fidélité, et elle soutient plus encore avec la force d'une déesse qu'avec la force d'une épouse, des assauts qui réduiraient toute autre vertu. Ô mon maître! ton âme comparée à la sienne est à cette heure aussi basse, qu'était basse ta fortune comparée à sa fortune. Comment! que je l'assassine? Voilà ce que tu m'ordonnes au nom de l'affection, de la foi que mes serments ont enchaînées à ton obéissance? — Moi, elle? — Son sang? — Si c'est là ce qu'on appelle rendre un bon service, qu'on ne me tienne jamais pour bon serviteur. Quelle figure ai-je donc pour paraître dépourvu d'humanité au degré que supposerait cette action? (*Lisant.*) « Fais cela : la lettre que je lui ai envoyée t'en fournira l'opportunité par l'ordre qu'elle-même te donnera. » Ô papier damné! noir comme l'encre qui te couvre! Ô chiffon insensible, peux-tu bien être le complaisant[4] d'un tel acte, et cependant conserver extérieurement cette virginale blancheur? Ah! la voici qui vient. — Je vais paraître ignorant de l'ordre que j'ai reçu.

Entre IMOGÈNE.

Imogène. — Quoi de nouveau, Pisanio ?
Pisanio. — Madame, voici une lettre de Monseigneur.
Imogène. — De qui ? de ton Seigneur ? lequel est mon Seigneur ! de Leonatus ! Oh ! savant, en vérité, serait l'astronome qui connaîtrait les étoiles, comme je connais son écriture ; tout l'avenir lui serait ouvert. Ô vous, Dieux bons, faites que ce qui est ici contenu embaume d'amour, de la santé de mon Seigneur, de son contentement, — non pas cependant que nous soyons séparés, je tiens au contraire à ce que cela l'afflige ; certains chagrins sont des médecines salutaires, et celui-là en est une, car il empêche l'amour de s'altérer ; — de son contentement donc, en toutes choses, sauf celle-là ! — Bonne cire, avec ta permission : — soyez bénies, abeilles qui formez ces serrures de secrets ! Les amants et les hommes qui sont liés par de dangereux engagements ne prient point de la même manière ; quoique vous jetiez les débiteurs en prison, vous scellez cependant les tablettes du jeune Cupidon. — De bonnes nouvelles, ô Dieux ! (*Elle lit.*) « La justice, et le courroux de votre père, s'il me surprenait dans son royaume, ne pourraient pousser si loin envers moi la cruauté, que vous ne pussiez me ressusciter par vos yeux, ô vous la plus chère des créatures. Sachez que je suis en Cambrie, à Milford-Haven ; suivez le conseil que vous dictera votre amour en recevant cet avis. Là-dessus, il vous souhaite tout bonheur ; celui qui reste fidèle à son serment et qui, toujours croissant en amour, se dit votre Leonatus Posthumus. » — Oh, un cheval avec des ailes ! Entends-tu, Pisanio ? Il est à Milford-Haven : lis, et dis-moi à quelle distance est cette localité. Si une personne poursuivant des affaires vulgaires peut atteindre à ce lieu en une semaine, pourquoi moi ne pourrais-je pas y glisser en un jour ? — Fidèle Pisanio, qui aspires comme moi à voir ton Seigneur : — qui aspires, — oh retranchons-en, — mais non pas comme moi ; — qui aspires cependant, mais d'une manière plus faible : —

on, non pas comme moi; car mon impatience à moi est au-dessus et au-dessus.... — parle et parle vite, — un conseiller d'amour devrait encombrer de ses paroles le tuyau de l'oreille à y étouffer l'ouïe, — dis-moi combien il y a d'ici à ce bienheureux Milford : en chemin, tu m'apprendras comment le pays de Galles a été assez heureux pour mériter un tel port : mais d'abord, et avant tout, dis-moi comment nous pouvons nous esquiver d'ici, et quelle excuse nous pourrons trouver pour expliquer l'emploi de notre temps entre notre départ et notre retour : — mais avant tout, comment partir d'ici : après tout, pourquoi chercher d'avance des excuses, et quelle nécessité même d'en chercher jamais une ? nous parlerons de cela plus tard. Parle, je t'en prie, combien pouvons-nous parcourir de vingtaines de milles d'une heure à une autre?

Pisanio. — Une vingtaine entre un soleil et un autre, est une étape assez forte pour vous, Madame, et même beaucoup trop forte, beaucoup trop.

Imogène. — Vraiment, quelqu'un qui se rendrait à son exécution ne pourrait pas marcher plus lentement, ami : j'ai entendu parler de parieurs aux courses, dont les chevaux se sont montrés plus rapides que le sable faisant office d'horloge: — mais cela est enfantillage : — vas, invite ma dame de compagnie à feindre une maladie; qu'elle dise qu'il lui faut se rendre chez son père : et procure-moi sur-le-champ un habit de cheval, qui ne soit pas plus riche qu'il ne conviendrait à la femme d'un franklin [5].

Pisanio. — Madame, vous devriez d'abord bien considérer....

Imogène. — Je vois tout droit devant moi, ami : quant à ce qui se trouve à droite, à gauche, ou à ce qui doit s'ensuivre, un tel brouillard recouvre tout cela que mes yeux ne peuvent le percer. Partons, je t'en prie; fais ce que je t'ai recommandé: il n'y a rien de plus à dire; il n'y a d'autre route à prendre que la route de Milford.
(*Ils sortent.*)

SCÈNE III.

Le pays de GALLES. — *Une contrée montagneuse.*

Sortent d'une grotte, BELARIUS, ARVIRAGUS *et* GUIDERIUS.

BELARIUS. — Voilà un jour superbe, un jour à ne pas garder la maison, pour des gens dont le toit est aussi bas que le nôtre! Baissez-vous, enfants : cette porte vous apprend comment vous devez adorer le ciel, et vous courber pour une pieuse prière du matin : les portes des monarques ont des arches si hautes, que les géants aux allures fanfaronnes peuvent les traverser, en gardant leurs turbans impies sur leurs têtes, sans adresser le bonjour au soleil. — Salut, beau ciel! Nous habitons dans le roc, et cependant nous n'avons pas pour toi un cœur aussi fermé que les hommes qui mènent une vie plus pompeuse.

GUIDERIUS. — Ciel, salut!

ARVIRAGUS. — Ciel, salut!

BELARIUS. — Maintenant à notre chasse dans les montagnes : escaladez-moi cette colline là-bas, vos jambes sont jeunes; moi je battrai ces plaines. Lorsque d'en haut vous m'apercevrez de la taille d'un corbeau, considérez que c'est la place qui amoindrit ou qui met en pleine évidence; alors vous pourrez ruminer tous les récits que je vous ai faits sur les cours, les princes, les intrigues de la guerre : là le service rendu n'est pas un service parce qu'il est exécuté, mais parce qu'il est accepté pour tel : en comparant de la sorte, nous tirons un profit de toutes les choses que nous voyons, et souvent, nous découvrons, à notre grande consolation, que l'escarbot avec ses ailes dans son étui est plus en sécurité que l'aigle à la vaste envergure. Oh! cette vie est plus noble que celle qui se résigne aux échecs, plus riche que celle qui tire son oisiveté d'un salaire de corruption, plus fière que celle qui se pavane dans des vêtements de soie non payés : ces gens-là peuvent bien obtenir le coup de chapeau du marchand qui fait leur élégance, mais en même temps ils restent couchés sur ses livres : il n'est pas de vie comparable à la nôtre.

Guiderius. — Vous parlez d'après votre expérience : mais nous, pauvres oiseaux sans plumes, nous n'avons jamais dans notre vol perdu le nid de vue, et nous ignorons de quelle nature est l'air loin de notre logis. Peut-être cette vie est-elle la meilleure, si la vie au sein du repos est la meilleure ; elle vous est d'autant plus douce que vous en avez connu une plus âpre ; elle est en harmonie parfaite avec votre vieillesse aux membres roidis ; mais pour nous, elle est une cellule d'ignorance, un voyage dans un lit, la prison d'un débiteur qui n'ose pas enjamber la limite prescrite.

Arviragus. — De quoi parlerons-nous quand nous serons vieux comme vous ? Lorsque nous entendrons le vent et la pluie fouetter le sombre Décembre, comment dans cette grotte froide ferons-nous passer par nos discours les heures glacées ? Nous n'avons rien vu : nous sommes comme des bêtes ; subtils comme le renard pour trouver la proie ; belliqueux comme le loup pour notre pâture : notre valeur consiste à chasser ce qui fuit ; comme l'oiseau emprisonné, nous faisons un chœur de notre cage, et nous chantons notre esclavage avec l'entrain de la liberté.

Belarius. — Comme vous parlez ! Ah, si vous connaissiez les mœurs des cités, et si vous les connaissiez pour les avoir senties ! Si vous connaissiez les artifices de la cour, qu'il est aussi difficile de quitter qu'il est difficile de s'y maintenir : le faîte ne peut en être escaladé que par une chute certaine, ou bien il est si glissant que la crainte de tomber fait autant souffrir que la chute ! Si vous connaissiez le travail de la guerre, fatigue qui semble avoir pour seul but de chercher le danger au nom de la gloire et de l'honneur ; mais cette espérance expire dans la recherche même, et celui qui la poursuit attrape aussi souvent une épitaphe infâme que l'inscription d'un bel exploit. Combien de fois le mal n'est-il pas la récompense du bien accompli ! et ce qui est pis, combien de fois ne faut-il pas faire la révérence à la censure ! Ô mes enfants, le monde peut lire une telle histoire dans ma personne : mon corps porte les marques des épées romaines, et j'étais renommé autrefois parmi les plus illustres : Cymbeline m'aimait, et lorsqu'un soldat faisait le sujet d'une conversation, mon nom n'était pas loin ; alors j'étais comme un arbre dont les rameaux s'inclinent sous la charge de leurs fruits ; mais en une seule nuit, une tempête, ou un vol, — appelez cela comme vous voudrez, — secoua mes fruits mûrs, abattit jusqu'à mes feuilles, et me laissa nu exposé aux rigueurs de l'hiver.

GUIDERIUS. — Ô faveur incertaine !

BELARIUS. — Toute ma faute, comme je vous l'ai dit souvent, consistait en ceci, — que deux scélérats dont les faux serments prévalurent sur mon parfait honneur, jurèrent à Cymbeline que j'étais confédéré avec les Romains : mon bannissement s'ensuivit, et pendant ces vingt années, ce rocher et ces domaines ont été mon univers ; j'y ai vécu en honnête liberté ; j'y ai payé plus de pieuses dettes envers le ciel que je n'avais fait pendant toute ma vie précédente. — Mais, allez, aux montagnes ! ce que nous disons là n'est pas langage de chasseurs.— Celui qui tuera la première pièce de gibier sera le roi du festin ; les deux autres le serviront, et nous ne craindrons pas le poison qui menace souvent dans de plus hauts parages. Je vous retrouverai dans les vallées. (*Sortent Guiderius et Arviragus.*) Comme il est difficile de cacher les étincelles de la nature ! Ces jeunes gens se doutent peu qu'ils sont les fils du roi, et Cymbeline ne rêve guère qu'ils sont vivants. Ils croient qu'ils sont mes enfants, et quoiqu'ils soient élevés pauvrement dans cette grotte qui leur tient la tête basse, leurs pensées vont atteindre les plafonds des palais ; la nature les pousse à prendre les choses même simples et vulgaires d'une façon princière qui laisse bien loin les manières des autres. Ce Polydore, l'héritier de la Bretagne et de Cymbeline, que le roi son père appelait Guiderius, — par Jupiter ! lorsque je suis assis sur mon escabeau à trois pieds, et que je lui raconte mes exploits guerriers, toute son âme se précipite dans mon récit. Si je dis, « c'est ainsi que tomba mon ennemi ; c'est ainsi que je mis le pied sur son cou, » immédiatement son sang princier monte à sa joue, la sueur l'inonde, il roidit ses jeunes nerfs, et il prend la posture qui peut traduire mes paroles par l'action. Le frère cadet, autrefois Arviragus, maintenant Cadwal, dans une attitude semblable, frappe de vie mon récit, et montre bien mieux encore son propre sentiment. — Écoutons ! le gibier est lancé ! — Ô Cymbeline ! le ciel et ma conscience savent que tu m'as injustement banni : c'est pourquoi j'enlevai ces enfants, lorsqu'ils n'étaient âgés que de trois et de deux ans, dans la pensée de te priver de postérité comme tu m'avais privé de mes terres. Euriphile, tu fus leur nourrice ; ils te prenaient pour leur mère, et chaque jour ils vont honorer ton tombeau : moi-même, Belarius, qui me nomme aujourd'hui Morgan, ils me prennent pour leur père selon la nature. — Le gibier est lancé ! (*Il sort.*)

SCÈNE IV.

Le pays de GALLES. — Près de MILFORD-HAVEN.

Entrent PISANIO *et* IMOGÈNE.

IMOGÈNE. — Lorsque nous sommes descendus de cheval, tu m'avais dit que le lieu était tout proche ; — jamais ma mère ne désira me voir pour la première fois, comme je désire maintenant.... Pisanio ! ami ! où est Posthumus ? Qu'as-tu donc dans l'âme pour tressaillir ainsi ? Pourquoi ce soupir s'échappe-t-il du fond de ta poitrine ? Un personnage peint qui aurait ton visage de l'heure présente serait pris pour le portrait d'un homme perplexe à en être incapable de s'expliquer : prends une contenance qui exprime moins la crainte, sans quoi la frayeur va finir par terrasser mes sens plus fermes. Qu'y a-t-il ?

Pourquoi me présentes-tu ce papier avec un regard mauvais ? Si ce sont des nouvelles de beau temps, annonce-les par un sourire ; si ce sont des nouvelles de mauvais temps, tu n'as qu'à conserver cette physionomie. — L'écriture de mon mari ! cette damnée empoisonneuse Italie l'aura fait tomber dans quelque piége, et il est maintenant dans quelque passe difficile. — Parle, ami ; tes paroles pourront atténuer quelque chose d'excessif qui se trouve peut-être dans cette lettre, et dont la lecture serait pour moi la mort.

Pisanio. — Lisez, je vous en prie, et vous verrez que je suis, moi misérable, l'être le plus dédaigné de la fortune.

Imogène, *lisant*. — « Ta maîtresse, Pisanio, a joué la catin dans mon lit : les preuves en sont enfoncées dans mon cœur qui en saigne. Je ne parle pas sur de faibles conjectures, mais sur des preuves aussi fortes que ma douleur, et aussi certaines que la vengeance que j'attends. Ce rôle de vengeur, tu dois le jouer pour moi, Pisanio, si tu n'as pas souillé ta fidélité en favorisant la brèche qu'elle a faite à la sienne. Enlève-lui la vie de tes propres mains : je t'en fournirai l'opportunité à Milford-Haven ; elle a reçu une lettre de moi dans ce but ; si tu crains de frapper et de me donner la preuve certaine que c'est chose faite, tu es le complaisant de son déshonneur, et tu m'es déloyal à son exemple. »

Pisanio. — Qu'ai-je besoin de tirer mon épée ? cette lettre lui a déjà coupé la gorge. — Non, c'est le résultat de la calomnie dont le tranchant est plus affilé que celui de l'épée, dont la langue dépasse en venin tous les serpents du Nil, dont le souffle porté en poste sur tous les vents, répand le mensonge à tous les coins du monde ; rois, reines, états, vierges, matrones, — secrets de la tombe même où elle trouve moyen de se glisser, cette vipère de la calomnie souille tout. — Eh bien, Madame, comment vous sentez-vous ?

Imogène. — Fausse à son lit ! Qu'est-ce que c'est qu'être fausse ? est-ce y rester étendue sans dormir et en pensant à lui ? est-ce pleurer d'un tour du cadran à

ACTE III, SCÈNE IV.

l'autre? et si la fatigue contraint enfin la nature, est-ce dormir d'un sommeil interrompu par un rêve effrayant qui le concerne, et me réveiller en criant? est-ce là ce qui s'appelle être fausse à son lit? est-ce cela?

PISANIO. — Hélas, bonne Dame !

IMOGÈNE. — Moi, fausse ? j'en prends à témoin ta conscience. — Iachimo, tu l'accusas d'incontinence ; à ce moment-là tu me fis l'effet d'être un scélérat ; maintenant il me semble que ton visage était suffisamment honnête. Quelque geai femelle d'Italie toute composée d'artifices l'aura séduit. Je suis un vêtement suranné, passé de mode, et comme je suis de trop riche étoffe pour être pendue aux murailles, je dois être découpée[6] : — qu'on me mette en pièces ! Oh ! les serments des hommes sont les vrais traîtres des femmes ! Ô mon époux, grâce à ta mauvaise action, tous les vertueux dehors seront désormais regardés comme des vêtements mis par scélératesse, séparables de celui qui les présente, et seulement affichés comme une amorce pour séduire les femmes.

PISANIO. — Bonne Madame, écoutez-moi.

IMOGÈNE. — Lorsque Énée eut été faux, bien des hommes honnêtes, à son époque, furent tenus pour faux comme lui : les pleurs de Sinon décrièrent plus d'une sainte larme, et privèrent de pitié plus d'un malheur bien réel : de même, toi Posthumus, tu seras le levain qui aigrira la réputation de tous les hommes de nobles mœurs ; les vaillants et les vertueux seront, à cause de ta grande erreur, tenus pour faux et parjures. — Allons, mon ami, sois honnête : exécute le commandement de ton maître : lorsque tu le verras, rends un peu témoignage à mon obéissance : regarde ! je tire moi-même l'épée : prends-la, et frappe l'innocent palais de mon amour, mon cœur : ne crains pas ; il est vide de toutes choses, sauf de douleur : ton maître n'y est plus, ton maître qui en était la vraie richesse : exécute ses ordres, frappe. Tu peux bien être vaillant dans une meilleure cause ; mais à cette heure tu parais couard.

Pisanio. — Loin de moi, vil instrument! tu ne damneras pas ma main.

Imogène. — Mais quoi, je dois mourir; si ce n'est pas par le fait de ta main, tu n'es pas le serviteur de ton maître : et contre le meurtre de soi-même, il y a des défenses si divines qu'elles paralysent ma faible main. Allons, voici mon cœur : — il y a quelque chose devant : — doucement, doucement! nous ne voulons pas de défense; obéissante comme le fourreau. (*Elle enlève des papiers de son sein.*) Qu'est-ce que cela? Les épîtres du loyal Leonatus changées en autant d'écrits hérétiques? Arrière, arrière, corruptrices de ma foi, vous ne servirez plus de cuirasse à mon cœur! C'est ainsi que de pauvres folles peuvent croire à de faux docteurs. Bien que ceux qui sont trahis sentent la trahison avec une douleur poignante, une douleur pire encore cependant attend le traître; et toi, Posthumus, qui soulevas ma désobéissance contre le roi mon père, et qui me fis mépriser les instances des princes, mes égaux, tu t'apercevras par la suite que ce que je fis n'était pas un acte d'occurrence ordinaire, mais une détermination très-rare : et je souffre moi-même en pensant combien ta mémoire te torturera de mon souvenir, lorsque tu seras rassasié de celle dont tu te repais maintenant. — Dépêche-toi, je t'en prie : l'agneau supplie le boucher : où est ton couteau? tu es trop lent à accomplir l'ordre de ton maître, lorsque je désire moi-même qu'il soit exécuté.

Pisanio. — Ô gracieuse Dame, depuis que j'ai reçu cet ordre, je n'ai pas fermé l'œil d'une minute.

Imogène. — Exécute-le, et puis va-t'en au lit.

Pisanio. — Avant de faire cela, je me tiendrai éveillé à m'en rendre aveugle.

Imogène. — Pourquoi, en ce cas, as-tu entrepris de l'exécuter? Pourquoi me tromper en me faisant faire tant de milles sous un faux prétexte? pourquoi ce lieu? mon voyage et le tien? la fatigue de nos chevaux? à quoi bon cette occasion qui t'invite? à quoi bon troubler de mon absence la cour où je ne me propose pas de revenir jamais? Pourquoi venir si loin pour détendre ton arc, lorsque tu as pris position, et que la biche vouée à tes coups est là devant toi?

Pisanio. — Rien que pour gagner du temps, afin de m'exempter d'un si détestable office; grâce à ces délais, je me suis avisé d'un expédient. Ma bonne Dame, écoutez-moi avec patience.

Imogène. — Parle à en fatiguer ta langue; expose ce que tu as à dire : je viens d'entendre que je suis une catin, et mon oreille ainsi frappée par cette menteuse injure, ne peut recevoir ni plus grande blessure, ni remède qui guérisse celle-là : mais parle.

Pisanio. — Eh bien, Madame, j'étais persuadé que vous ne voudriez pas revenir à la cour.

Imogène. — C'est très-probable puisque tu m'amenais ici pour me tuer.

Pisanio. — Ce n'est pas cela non plus : mais si je pouvais être aussi sage qu'honnête, mon projet tournerait à bien. Il est impossible que mon maître ne soit pas trompé : quelque scélérat, oui, et un scélérat consommé dans son art, vous a fait à tous deux cette maudite injure.

Imogène. — Quelque courtisane romaine.

Pisanio. — Non; sur ma vie. Je lui donnerai avis que vous êtes morte, et je lui enverrai quelque signe sanglant que c'est la vérité; car j'ai reçu l'ordre de faire ainsi : on vous trouvera disparue de la cour, et cela confirmera parfaitement mon dire.

Imogène. — Mais, mon garçon, comment ferai-je pendant ce temps-là? où logerai-je? comment vivrai-je? et quelle joie aurai-je dans ma vie, quand je serai morte pour mon époux?

Pisanio. — Si vous voulez retourner à la cour....

Imogène. — Pas de cour, pas de père; plus de tracas nouveaux avec cet insupportable, noble, nul, imbécile Cloten, dont les sollicitations d'amour ont été pour moi aussi terribles qu'un siége!

Pisanio. — Si vous ne retournez pas à la cour, alors vous ne pouvez pas habiter en Bretagne.

Imogène. — Où, en ce cas? Est-ce que le soleil ne brille qu'en Bretagne? N'y a-t-il qu'en Bretagne des jours et des nuits? Dans le volume du monde notre Bretagne apparaît comme si elle en faisait partie sans y être incluse; un nid de cygne dans un immense étang : pense, je t'en prie, qu'il y a des vivants ailleurs qu'en Bretagne.

Pisanio. — Je suis très-joyeux que vous pensiez à un autre pays. L'ambassadeur de Rome, Lucius, vient demain à Milford-Haven : maintenant, si vous pouviez vous faire une âme aussi impénétrable que votre fortune est sombre, et déguiser seulement ce qui ne peut être encore découvert sans danger pour vous, une carrière heureuse et pleine de promesses s'ouvrirait devant vous : oui, peut-être même vivriez-vous près de la résidence de Posthumus, ou à tout le moins assez voisine pour que la rumeur vous apprît d'heure en heure comment il vit réellement, si vous ne pouviez pas suivre de vos propres yeux ses actions.

Imogène. — Oh, les moyens d'exécution! Quoiqu'il y ait péril pour ma pudeur dans ce projet, elle ne court pas risque de mort, et je m'y hasarderais.

Pisanio. — Eh bien alors, voici le plan. Vous devrez oublier que vous êtes une femme, échanger le commandement contre l'obéissance; la timidité et la délicatesse qui sont les compagnes inséparables de toutes les femmes, ou, pour parler avec plus de vérité, qui sont l'être charmant de la femme elle-même, vous devrez les remplacer par un courage téméraire; être prompte aux quolibets, vive aux reparties, impertinente, et querelleuse comme la belette; bien plus encore, vous devrez oublier ce très-rare trésor de vos joues, au point de l'exposer, — oh! que c'est dur, mais, hélas! il n'y a pas de remède! — aux voraces morsures de Titan, l'embrasseur universel, et oublier aussi vos élégances laborieuses et recherchées par lesquelles vous vous attiriez le courroux de la grande Junon.

Imogène. — Allons, sois bref : je vois clair dans ton plan, et je suis déjà presque un homme.

Pisanio. — Pour commencer, prenez-en l'aspect. En prévision de la chose, je me suis déjà pourvu, — tout cela est dans mon sac de voyage, — d'un pourpoint, d'un haut-de-chausses, d'un chapeau, de toutes les différentes pièces d'un costume d'homme. Voulez-vous vous en revêtir, et, imitant avec autant de perfection que vous le pourrez les manières d'un jeune homme de votre âge, vous présenter devant le noble Lucius, solliciter ses services, lui dire quels sont vos talents, — qu'il appréciera bien vite s'il a l'oreille musicale ; — incontestablement, il vous accueillera avec joie ; car il est plein d'honneur, et d'une piété qui double cet honneur. Quant à vos moyens d'existence à l'étranger, disposez de moi qui suis riche, et je ne vous laisserai pas manquer de ressources ni maintenant, ni par la suite.

Imogène. — Tu es tout l'appui que les Dieux veulent me laisser. Je t'en prie, partons : il y a bien d'autres choses à considérer ; mais nous les exécuterons à mesure que l'occasion propice nous le permettra : j'affronte cette entreprise avec l'audace d'un soldat, et je la soutiendrai avec le courage d'un prince. Partons, je t'en prie.

Pisanio. — Bien, Madame, nous devons nous séparer sur un court adieu, de crainte que si on remarque mon absence, je ne sois soupçonné d'avoir favorisé votre évasion de la cour. Ma noble maîtresse, prenez cette boîte ; elle me vient de la reine ; son contenu est précieux : si vous êtes malade sur mer, ou que vous ayez des douleurs d'estomac sur terre, une goutte de cet élixir chassera toute indisposition. — Cherchons quelque endroit écarté, et costumez-vous pour votre rôle d'homme : — puissent les dieux vous mener à bon port !

Imogène. — *Amen :* je te remercie. (*Ils sortent.*)

SCÈNE V.

En Bretagne. — Un appartement dans le palais de Cymbeline.

Entrent CYMBELINE, LA REINE, CLOTEN, LUCIUS,
et DES SEIGNEURS.

Cymbeline. — Je ne vais pas plus loin ; et maintenant, adieu.

Lucius. — Merci, royal Sire. Mon empereur a écrit ; il me faut partir d'ici, et je suis fort chagrin d'avoir à rapporter que vous êtes l'ennemi de mon maître.

Cymbeline. — Nos sujets, Seigneur, ne veulent pas supporter son joug, et il paraîtrait peu royal à nous certainement de nous montrer moins jaloux qu'eux-mêmes des prérogatives de la souveraineté.

Lucius. — Fort bien, Sire ; je réclame maintenant de votre courtoisie une escorte qui me conduise jusqu'à Milford-Haven. — Madame, que toutes les joies arrivent à Votre Grâce, — ainsi qu'à vous, Seigneur !

Cymbeline. — Messeigneurs, cette charge vous incombe ; n'omettez aucun des honneurs qui lui sont dus. — Maintenant, adieu, noble Lucius.

Lucius. — Votre main, Monseigneur.

Cloten. — Recevez-la, à cette heure, comme celle d'un ami ; mais à partir d'aujourd'hui, je l'emploierai comme votre ennemie.

Lucius. — Seigneur, les événements ont encore à décider quel sera le vainqueur : heureuse santé !

Cymbeline. — Ne quittez pas le noble Lucius avant qu'il ait passé la Severne, mes bons Seigneurs. — Parfait bonheur ! (*Sortent Lucius et les Seigneurs.*)

La reine. — Il s'en va en fronçant le sourcil ; mais cela nous fait honneur de lui en avoir donné cause.

Cloten. — Tout est pour le mieux ; de cette façon, vos vaillants Bretons ont l'accomplissement de leurs désirs.

ACTE III, SCENE V.

Cymbeline. — Lucius a déjà écrit à l'empereur quelle tournure les choses prenaient ici. Il nous convient donc de préparer à temps nos chariots et nos cavaliers : les forces qu'il a déjà en Gaule seront bien vite rassemblées et dirigées sur la Bretagne pour cette guerre.

La reine. — Il n'y a pas à s'endormir ; il faut nous mettre en mesure promptement et vigoureusement.

Cymbeline. — Nous nous attendions si bien que les choses se passeraient ainsi que nous avons pris nos avances. Mais mon aimable reine, où est notre fille? elle n'a pas paru devant le Romain, et elle n'est pas venue nous rendre ses devoirs de chaque jour : elle nous fait l'effet d'avoir à notre égard plus de malice que de respect : nous avons déjà fait cette remarque. — Mandez-la devant nous, car nous avons supporté trop débonnairement sa conduite. (*Sort un serviteur.*)

La reine. — Royal Sire, depuis l'exil de Posthumus, sa vie a été très-retirée : il faut attendre du temps la guérison, Monseigneur. Je conjure Votre Majesté de lui épargner les paroles dures : c'est une Dame si sensible aux reproches, que les paroles sont pour elle des coups, et les coups la mort.

Rentre le serviteur.

Cymbeline. — Où est-elle, Monsieur? Comment justifie-t-elle ses mépris?

Le serviteur. — Ne vous en déplaise, Sire, tous ses appartements sont fermés à clef, et le plus fort tapage que nous puissions faire n'obtient aucune réponse.

La reine. — Monseigneur, la dernière fois que je suis allée la voir, elle m'a priée de l'excuser, si elle gardait la chambre ; sans cette indisposition qui la retient, elle n'aurait pas manqué de venir vous rendre les devoirs qu'elle est tenue de vous offrir chaque jour : voilà ce qu'elle m'avait chargée de vous dire ; mais la grande cour qu'il nous a fallu tenir a mis ma mémoire en faute.

Cymbeline. — Ses portes fermées à clef? et on ne l'a

pas vue dans ces dernières heures ? Fassent les cieux que mes craintes soient fausses ! (*Il sort.*)

La reine. — Mon fils, suivez le roi, entendez-vous.

Cloten. — Cet homme de sa confiance, Pisanio, son vieux serviteur, je ne l'ai pas vu de ces deux derniers jours.

La reine. — Allez, voyez vous-même. (*Sort Cloten.*) Pisanio, toi qui tiens si fort pour Posthumus ! — Il a reçu de moi une drogue : je prie les Dieux que son absence vienne de ce qu'il l'a avalée; car il croit que c'est une chose très-précieuse. Mais quant à elle, où est-elle allée ? Peut-être le désespoir l'a-t-il saisie ? ou bien, ailée par la ferveur de son amour, peut-être s'est-elle envolée vers son désiré Posthumus ? Elle est allée soit à la mort, soit au déshonneur, et je puis tirer bon profit pour mon but de l'une ou de l'autre circonstance. Elle de moins, je dispose de la couronne de Bretagne.

Rentre CLOTEN.

La reine. — Eh bien, mon fils ?

Cloten. — Elle s'est enfuie, c'est certain. Entrez, et apaisez le roi, il est en rage; personne n'ose l'approcher.

La reine. — Tant mieux : puisse cette nuit ne pas lui permettre de voir le jour de demain ! (*Elle sort.*)

Cloten. — Je l'aime et je la hais, car elle est belle et royale : toutes les qualités dignes d'amour, elle les a plus exquises qu'aucune Dame, que toutes les Dames, qu'aucune femme; elle a ce qu'il y a de mieux dans chacune, et composée de parties de toutes, elle les dépasse toutes, et c'est pourquoi je l'aime : mais en me dédaignant et en portant ses faveurs sur le bas Posthumus, elle fait tellement tort à son jugement que tout ce qu'elle a de rare en disparaît : cela étant, je conclurai en la haïssant, bien mieux, en me vengeant d'elle. Car lorsque les sots seront....

Entre PISANIO.

Cloten. — Qui est ici ? Ah ! ah ! est-ce que vous êtes

là à manœuvrer, maraud? Approchez : ah! précieux entremetteur! Scélérat, où est ta maîtresse? Réponds d'un seul mot, ou bien tu vas aller tout droit trouver la compagnie des diables!

Pisanio. — Oh! mon bon Seigneur!

Cloten. — Où est ta maîtresse? ou par Jupiter, je ne le demanderai pas une fois encore! Discret scélérat, ton cœur me livrera ce secret, ou je t'arracherai le cœur pour l'y trouver. Est-elle avec Posthumus? ce Posthumus dont la masse énorme de bassesse ne pourrait rendre une once d'honneur!

Pisanio. — Hélas, Monseigneur, comment pourrait-elle être avec lui? Depuis quand est-elle absente? Il est à Rome.

Cloten. — Où est-elle, Monsieur? Avancez davantage : plus de réponses boiteuses : dites-moi nettement ce qu'elle est devenue.

Pisanio. — Oh! mon tout digne Seigneur!

Cloten. — Mon tout digne scélérat! Révèle-moi sur-le-champ où est ta maîtresse, d'un seul mot, — plus de *digne Seigneur*, — parle, ou ton silence est ta condamnation et ta mort immédiates.

Pisanio. — En ce cas, Seigneur, ce papier contient le résumé de tout ce que je sais touchant sa fuite. (*Il lui présente une lettre.*)

Cloten. — Voyons cela : — je la poursuivrai jusqu'au trône même d'Auguste.

Pisanio, *à part*. — Il me faut faire cela, ou périr. Elle est assez loin, et tout ce que ce papier lui apprendra, pourra bien le faire mettre en route, mais ne lui fera courir, à elle, aucun danger.

Cloten. — Hum!

Pisanio, *à part*. — J'écrirai à mon Seigneur qu'elle est morte. Ô Imogène, puisses-tu saine et sauve errer à l'aventure, saine et sauve revenir!

Cloten. — Maraud, cette lettre est-elle vraie?

Pisanio. — Autant que je sache, Seigneur.

Cloten. — C'est l'écriture de Posthumus; je la connais.

— Maraud, si tu voulais bien ne pas être un scélérat, mais être pour moi un loyal serviteur, remplir avec une sérieuse exactitude tous les offices dont j'aurais besoin de te charger, — autrement dit accomplir directement et franchement n'importe quelle scélératesse que je t'ordonnerais, — je te regarderais comme un honnête homme ; mes ressources ne te feraient pas défaut pour tes besoins, ni ma voix pour ton avancement.

Pisanio. — Bien, mon bon Seigneur ?

Cloten. — Veux-tu me servir ? — Puisque tu as pu rester attaché constamment et patiemment à la fortune indigente de ce mendiant de Posthumus, il ne se peut pas que la reconnaissance ne fasse de toi mon zélé serviteur. Veux-tu me servir ?

Pisanio. — Oui, Seigneur.

Cloten. — Donne-moi ta main ; voici ma bourse. As-tu en ta possession quelques-uns des vêtements de ton dernier maître ?

Pisanio. — Oui, Monseigneur ; j'ai à mon logement le vêtement même qu'il portait le jour où il prit congé de ma Dame et maîtresse.

Cloten. — Le premier service que tu me rendras sera d'aller me chercher ce vêtement et de me le porter ici : que ce soit ton premier service ; va.

Pisanio. — Oui, Monseigneur. (*Il sort.*)

Cloten. — *Te rencontrer à Milford-Haven !* J'ai oublié de lui demander une chose ; je tâcherai d'y penser tout à l'heure : — c'est là, là même, que je te tuerai, scélérat de Posthumus ! — Je voudrais que ces vêtements fussent apportés. Elle a dit une fois, — je vomis à cette heure le fiel que cela m'a mis au cœur, — qu'elle tenait le simple vêtement de Posthumus en plus de respect que ma noble personne toute entière, avec toutes les qualités dont elle est ornée. Je me saisirai d'elle avec ce vêtement sur mon dos : d'abord, je le tuerai, lui, et cela sous ses yeux, à elle ; par là, elle verra ma valeur, ce qui sera un tourment pour son mépris. Lui une fois à terre, quand j'aurai fini d'insulter son cadavre, et que j'aurai satisfait ma luxure (chose que j'exécuterai comme je le dis sous les habits qu'elle a loués si fort, afin de la vexer), je vous la reconduis vers la cour, et je lui fais faire la route à pied. Elle prenait un malin plaisir à me mépriser, je prendrai un malin plaisir à me venger.

Rentre PISANIO *avec les vêtements.*

Cloten. — Sont-ce là les vêtements?

Pisanio. — Oui, mon noble Seigneur.

Cloten. — Combien y a-t-il de temps qu'elle est partie pour Milford-Haven?

Pisanio. — C'est à peine si elle peut y être rendue.

Cloten. — Porte ces hardes dans ma chambre; c'est la seconde chose que je te commande; la troisième, c'est d'être un muet volontaire sur mon dessein. Sois seulement bon serviteur, et un bon avancement ne te manquera pas. — Ma vengeance est maintenant à Milford: que n'ai-je des ailes pour la poursuivre! — Va, et sois loyal. (*Il sort.*)

Pisanio. — Tu me recommandes ce qui serait ma perte: car être loyal envers toi serait me montrer déloyal, — ce que je ne serai jamais, — envers celui qui est la loyauté même. — Cours à Milford pour n'y pas trouver celle que tu poursuis. — Tombez, tombez sur elle, bénédictions du ciel! — Puisse la diligence de ce sot être retardée par des traverses, et que sa fatigue soit sa seule récompense! (*Il sort.*)

SCÈNE VI.

Le pays de Galles. — Devant la grotte de Belarius.

Entre IMOGÈNE *en habits de garçon.*

Imogène. — Je vois que la vie d'un homme est une vie pénible: je me suis fatiguée, et deux nuits de suite la terre m'a servi de lit. Je serais malade, n'était que ma résolution me soutient. Milford, lorsque du haut de la montagne, Pisanio te montra à mes yeux, tu étais cependant à portée de la vue. Ô Jupiter, je crois que les asiles fuient devant les misérables, ceux-là, au moins, où ils pourraient trouver secours. Deux mendiants m'ont dit que je ne pouvais me tromper de chemin : mentent-ils donc aussi les pauvres gens sur qui pèse l'affliction, eux qui savent quel châtiment ou quelle épreuve est la misère? Certes, ce n'est pas étonnant, lorsque les gens riches disent si rarement la vérité : pécher dans l'abondance est plus coupable que mentir dans le besoin, et la fausseté est plus criminelle chez les rois que chez les mendiants. Mon cher Seigneur! tu es, toi, un de ces hommes faux : maintenant que ma pensée se porte sur toi, ma faim est passée; cependant, il n'y a pas une minute, j'étais sur le point de succomber sous le besoin de nourriture. — Mais qu'est-ce que je vois là-bas? Il y a un sentier qui y mène : c'est quelque repaire sauvage. Je ferais mieux de ne pas appeler : je n'ose pas appeler : cependant la faim, avant d'anéantir la nature, commence par la rendre vaillante. L'abondance et la paix engendrent les lâches : nécessité est toujours mère de courage. — Holà! y a-t-il quelqu'un ici? Si c'est quelqu'un de civilisé, qu'il parle; si c'est quelqu'un de sauvage, qu'il prenne ou demande ce qu'il voudra en échange de ma nourriture. — Holà! — Pas de réponse? En ce cas, je vais entrer. Il est bon que je tire mon épée; si mon ennemi craint une épée seulement autant que moi, il osera à peine y jeter les yeux. Donnez-moi un tel ennemi, ô cieux bons! (*Elle entre dans la grotte.*)

Entrent BELARIUS, GUIDERIUS *et* ARVIRAGUS.

BELARIUS. — Vous, Polydore, qui vous êtes montré le meilleur batteur de buissons, vous êtes roi du festin : Cadwal et moi, nous jouerons le cuisinier et le serviteur; c'est notre convention : l'effort de l'industrie dépérirait et mourrait bientôt, sans la nécessité qui le stimule. Venez; nos appétits feront paraître savoureux ce qui est grossier : la fatigue peut ronfler sur un lit de cail loux, alors que l'inerte indolence trouve dur l'oreiller de duvet. — Maintenant, que la paix soit ici, pauvre maison qui te gardes toi-même !

Guiderius. — Je suis moulu de fatigue.

Arviragus. — Je suis affaibli par le travail, mais robuste d'appétit.

Guiderius. — Il y a des vivres froids dans la grotte ; nous allons paître là-dessus, jusqu'à ce que nous ayons fait cuire le gibier que nous avons tué.

Belarius, *regardant dans la grotte*. — Arrêtez, n'entrez pas. N'était que cet être mange nos victuailles, je croirais qu'il y a ici une fée.

Guiderius. — Qu'est-ce, Seigneur ?

Belarius. — Un ange, par Jupiter ! ou sinon, une merveille terrestre ! Contemplez la nature divine sous la forme et à l'âge d'un jeune garçon !

Rentre IMOGÈNE.

Imogène. — Mes bons maîtres, ne me faites pas de mal : j'ai appelé avant d'entrer, et je croyais pouvoir mendier ou acheter ce que j'ai pris : en bonne vérité, je n'ai rien volé ; et je n'aurais rien volé, quand bien même j'aurais trouvé le plancher jonché d'or. Voici de l'argent pour ma nourriture : je l'aurais laissé sur la table aussitôt mon repas terminé, et je serais parti en faisant des prières pour celui qui avait fourni à mes besoins.

Guiderius. — De l'argent, jeune homme ?

Arviragus. — Que tout l'or et tout l'argent se changent plutôt en boue ! car cela n'est apprécié à un taux plus élevé que de ceux qui adorent les dieux de la boue.

Imogène. — Je vois que vous êtes en colère : sachez-le, si vous me tuez pour ma faute, je serais mort en m'abstenant de la commettre.

Belarius. — Où allez-vous ?

Imogène. — A Milford-Haven.

Belarius. — Quel est votre nom ?

Imogène. — Fidèle, Monsieur. J'ai un parent qui se dirige sur l'Italie ; il s'est embarqué à Milford ; j'allais le rejoindre, lorsque presque mort de faim, j'ai dû commettre cette offense à votre égard.

Belarius. — Je t'en prie, beau jeune homme, ne nous crois pas des rustres, et ne juge pas de l'humanité de nos âmes sur notre habitation sauvage. Vous êtes le bien rencontré ! Il est presque nuit : vous ferez meilleure chère avant de partir, et nous vous remercierons de rester et de la manger. — Enfants, souhaitez-lui la bienvenue.

Guiderius. — Si vous étiez femme, jeune homme, je vous ferais une cour pressante rien que pour être votre valet : — en bonne honnêteté, je vous le dis comme je le ferais.

Arviragus. — Pour moi, je suis très-heureux qu'il soit homme : je l'aimerai comme mon frère : et la bienvenue que je souhaiterais à mon frère après une longue absence, je vous la souhaite : — vous êtes le très-bienvenu ! Soyez d'humeur gaie, car vous êtes tombé parmi des amis.

Imogène. — Parmi des amis en effet, si des frères.... (*A part*.) Ah ! plût au ciel qu'ils eussent été les fils de mon père ! alors mon prix aurait été moindre, et il y aurait eu plus d'égalité entre nous, Posthumus.

Belarius. — Quelque chagrin le torture.

Guiderius. — Oh ! que je voudrais l'en délivrer !

Arviragus. — Et moi aussi, quel que soit ce chagrin, quelque fatigue que cela me coûtât, quelque danger que cela me fît courir ! Dieux !

Belarius. — Écoutez, enfants. (*Il leur chuchote à l'oreille.*)

Imogène. — Des grands dont la cour ne serait pas plus étendue que cette grotte, qui se serviraient eux-mêmes, et qui, laissant de côté le creux hommage des multitudes inconstantes, s'en tiendraient aux vertus dont les assureraient leurs consciences, ne pourraient éclipser ces deux frères. Pardonnez-moi, ô Dieux ! mais puisque Leonatus est faux, je changerais volontiers de sexe pour être leur compagnon.

Belarius. — Il en sera ainsi. Enfants, nous allons

apprêter notre gibier. — Entre, beau jeune homme : la conversation à jeun est fatigante ; lorsque nous aurons soupé, nous te prierons poliment de nous raconter de ton histoire ce que tu voudras nous en dire.

Guiderius. — Entrez, je vous en prie.

Arviragus. — La nuit est moins bienvenue pour le hibou, le matin moins bienvenu pour l'alouette, que vous ne l'êtes pour nous.

Imogène. — Merci, Monsieur.

Arviragus. — Je vous en prie, entrez. (*Ils sortent.*)

SCÈNE VII.

Rome. — Une place publique.

Entrent deux sénateurs *et des* tribuns.

Premier sénateur. — Voici la teneur de l'édit de l'empereur : puisque l'armée ordinaire est maintenant occupée contre les Pannoniens et les Dalmates, et que les légions maintenant en Gaule sont trop faibles pour entreprendre la guerre contre les Bretons révoltés, nous sommes invités à stimuler pour cette affaire le zèle de la noblesse. Il crée Lucius proconsul, et c'est à vous, tribuns, qu'il remet ses pouvoirs absolus pour la levée immédiate des recrues. Longue vie à César !

Premier tribun. — Est-ce que Lucius est général des forces ?

Second sénateur. — Oui.

Premier tribun. — Il est maintenant en Gaule ?

Premier sénateur. — Avec ces légions dont j'ai parlé, et que vos recrues sont destinées à renforcer : les termes de votre commission vous en diront le chiffre, et vous indiqueront l'époque où elles doivent être envoyées.

Premier tribun. — Nous nous acquitterons de notre devoir. (*Ils sortent.*)

ACTE IV.

SCÈNE PREMIÈRE.

En Bretagne. — Le pays de Galles. — La forêt près de la grotte de Belarius.

Entre CLOTEN.

Cloten. — Me voici près de la place où ils devaient se rencontrer, si Pisanio m'a dressé exactement son itinéraire. Comme ses habits me chaussent bien ! Et pourquoi sa maîtresse qui fut faite par celui qui fit le tailleur ne me chausserait-elle pas bien aussi ? d'autant mieux, — pardon du mot, — qu'on dit qu'une femme vous chausse, pour dire qu'on serait aise de la posséder (*a*). Je m'en vais en conséquence me mettre à l'œuvre. — J'ose me le déclarer à moi-même, — car il n'y a pas de vaine gloire pour un homme à conférer avec son miroir dans sa propre chambre, — les lignes de mon corps sont aussi bien dessinées que celles du sien ; je ne suis pas moins jeune, je suis plus fort, je ne lui suis pas inférieur par la fortune, j'ai sur lui l'avantage des circonstances, je lui suis supérieur par la naissance, je suis aussi expérimenté que lui dans la guerre générale, et je suis plus remarquable dans les combats singuliers : et cependant cette créature sans discernement l'aime au mépris de moi.

(*a*) Il y a là une espèce d'équivoque qui porte sur les différentes significations du mot *fit*, convenable et accès. La phrase traduite littéralement serait celle-ci : « Eh pourquoi sa maîtresse ne me conviendrait-elle pas ? D'autant mieux, — pardon du mot, — qu'on dit que la convenance d'une femme arrive par accès. »

Ce que c'est que la nature humaine ! Posthumus, la tête qui se dresse maintenant sur tes épaules sera tombée d'ici à une heure ; ta maîtresse sera violée, tes vêtements mis en pièces sous tes yeux : et tout cela fait, je la ramènerai à son père à coups de pied. Peut-être sera-t-il bien un peu courroucé de ce traitement légèrement brutal ; mais ma mère, qui sait gouverner sa mauvaise humeur, fera tourner tout cela à ma louange. Mon cheval est attaché en lieu sûr : dehors, mon épée, et pour un cruel dessein ! Fortune, fais-les tomber sous ma main ! C'est la description même qui m'a été donnée de leur lieu de rendez-vous, et ce garçon n'oserait pas me tromper. (*Il sort.*)

SCÈNE II.

Devant la grotte de BELARIUS.

Sortent de la grotte BELARIUS, GUIDERIUS, ARVIRAGUS *et* IMOGÈNE.

BELARIUS, *à Imogène*. — Vous n'êtes pas bien : restez ici dans la grotte ; nous vous retrouverons après la chasse.

ARVIRAGUS, *à Imogène*. — Frère, reste ici : ne sommes-nous pas des frères ?

IMOGÈNE. — Oui, comme l'homme devrait être le frère de l'homme ; mais une argile diffère d'une autre par la dignité, et cependant leurs poussières sont égales. Je suis très-malade.

GUIDERIUS. — Allez chasser ; je resterai avec lui.

IMOGÈNE. — Je ne suis pas si malade que cela, — cependant je ne suis pas bien ; mais je ne suis pas un citadin efféminé, comme ceux qui ont l'air de mourir avant d'être malades : ainsi, je vous en prie, laissez-moi ; ne renoncez pas à votre course journalière ; rompre avec ses habitudes, c'est rompre avec tout. Je suis malade ; mais vous ne pourriez me guérir en restant avec moi : la société n'est pas un soulagement pour quelqu'un qui n'est pas en dispositions sociables : je ne suis pas d'ailleurs très-malade, puisque je puis raisonner de mon mal. Je vous en prie, laissez-moi ici en toute confiance : je ne volerai personne que moi-même, et si je meurs, le larcin sera bien misérable.

Guiderius. — Je t'aime ; je l'ai dit : je t'aime d'un amour aussi grand, aussi profond que celui dont j'aime mon père.

Bélarius. — Eh bien ! qu'est-ce à dire? qu'est-ce à dire?

Arviragus. — Si c'est un péché de parler ainsi, Seigneur, eh bien, je partage la faute de mon bon frère ! Je ne sais pas pourquoi j'aime ce jeune homme, et je vous ai entendu dire que la raison de l'amour est sans raison ; mais si la bière était à la porte, et qu'on me demandât qui doit mourir, je dirais, « mon père, non ce jeune homme. »

Bélarius, *à part*. — Ô noble élan ! ô dignité de la nature ! grandeur native ! les lâches sont les pères de lâches, et les êtres vils engendrent des êtres vils : la nature a farine et son, matière méprisable et matière précieuse. Je ne suis pas leur père ; cependant qui peut être celui-ci qui accomplit un miracle même, se faire aimer avant moi ? (*Haut.*) Il est la neuvième heure du matin.

Arviragus. — Frère, adieu.

Imogène. — Je vous souhaite bonne chasse.

Arviragus. — Et à vous bonne santé. — S'il vous plaît, Seigneur.

Imogène, *à part*. — Ce sont de bonnes créatures. Dieux, quels mensonges j'ai entendus ! Nos courtisans disent que tout est sauvage sauf la cour : ô expérience, comme tu réfutes les opinions reçues ! Les mers impérieuses nourrissent des monstres ; les pauvres rivières leurs tributaires nous donnent pour nos tables des poissons aussi délicats que les leurs. Je suis toujours malade, malade au cœur : — Pisanio, je vais prendre un peu de ta drogue. (*Elle avale quelques gouttes de l'élixir.*)

Guiderius. — Je n'ai pas pu le décider à parler : il m'a dit qu'il était noble mais malheureux, déshonnêtement frappé, mais cependant honnête.

Arviragus. — C'est ce qu'il m'a répondu à moi aussi :

cependant il m'a dit que par la suite je pourrai en savoir davantage.

Belarius. — En campagne! en campagne! (*A Imogène.*) Nous vous laissons pour le moment; rentrez et reposez-vous.

Arviragus. — Nous ne serons pas longtemps absents.

Belarius. — Je vous en prie, n'allez pas être malade; car il faut que vous nous teniez lieu de ménagère.

Imogène. — En bonne ou mauvaise santé, je vous reste attaché.

Belarius. — Et pour toujours. (*Imogène entre dans la grotte.*) Quoique dans la détresse, ce jeune homme paraît avoir eu de nobles ancêtres.

Arviragus. — Avec quelle voix d'ange il chante!

Guiderius. — Et son élégante cuisine! il a découpé nos racines comme des dessins, et assaisonné notre potage, comme si Junon eût été malade et qu'il fût son infirmier.

Arviragus. — Noblement il associe un sourire avec un soupir, si bien qu'on dirait que le soupir n'est ce qu'il est que par regret de ne pas être un sourire, et que le sourire raille le soupir de s'échapper d'un temple aussi divin pour aller se mêler aux vents qu'invectivent les matelots.

Guiderius. — Je remarque que le chagrin et la patience, également implantés en lui, mêlent ensemble leurs racines.

Arviragus. — Grandis, patience! et que ce sureau infect, le chagrin, débarrasse de ses racines frappées de mort la vigne croissante!

Belarius. — Il est grand matin. Allons, partons. — Qui est ici?

Entre CLOTEN.

Cloten. — Je ne puis trouver ces fugitifs : ce scélérat s'est moqué de moi : — je suis anéanti de fatigue.

Belarius. — *Ces fugitifs!* n'est-ce pas de nous qu'il veut parler? Je le reconnais à peu près; c'est Cloten, le fils de la reine. Je crains quelque embûche. Voilà bien des années que je ne l'ai vu, et cependant je le reconnais. — Nous sommes mis hors la loi. — Partons vite!

GUIDERIUS. — Ce n'est après tout qu'un homme : vous et mon frère, allez reconnaître s'il a près d'ici des compagnons : allez, je vous en prie; laissez-moi seul avec lui. (*Sortent Belarius et Arviragus.*)

CLOTEN. — Doucement! — Qui êtes-vous, vous qui fuyez ainsi devant moi? quelques scélérats des montagnes? J'ai entendu parler de gens de cette sorte. — Quel esclave es-tu?

GUIDERIUS. — Je ne fis jamais une action plus digne d'un esclave, qu'en répondant à ce mot *esclave* autrement que par un coup.

CLOTEN. — Tu es un larron, un violateur des lois, un scélérat : rends-toi, voleur!

GUIDERIUS. — A qui? à toi? Qui es-tu? N'ai-je pas un bras du volume du tien? un cœur du même volume? Tes paroles, je l'accorde, ont plus de volume que les miennes, car je ne porte pas mon poignard dans ma bouche. Dis-moi qui tu es, pour qu'il me faille me rendre à toi?

CLOTEN. — Bas manant que tu es, est-ce que tu ne connais pas qui je suis à mes habits?

GUIDERIUS. — Non, gredin, pas plus que je ne connais ton tailleur qui est ton vrai grand-père; il fit ces habits qui, à ce qu'il paraît, te font à leur tour.

CLOTEN. — Incroyable valet, ce n'est pas mon tailleur qui les a faits.

GUIDERIUS. — Hors d'ici alors, et va remercier l'homme qui te les donna. Tu es quelque sot; il me répugne de te rosser.

CLOTEN. — Injurieux voleur, apprends seulement mon nom, et tremble.

GUIDERIUS. — Quel est ton nom?

CLOTEN. — Cloten, manant!

GUIDERIUS. — Et toi, double manant, en admettant que Cloten soit ton nom, il ne peut me faire trembler : si c'était crapaud, vipère, araignée, il pourrait plus sûrement m'émouvoir.

CLOTEN. — Tu sauras, pour ta plus extrême terreur,

oui, et pour ta complète confusion, que je suis le fils de la reine.

GUIDERIUS. — J'en suis fâché : ton apparence n'est pas aussi noble que ta naissance.

CLOTEN. — Tu n'as pas peur ?

GUIDERIUS. — Ceux que je respecte, ceux-là je les crains, — ce sont les sages : quant aux sots, je ris d'eux, je ne les crains pas.

CLOTEN. — Meurs donc : lorsque je t'aurai tué de ma propre main, je poursuivrai ceux qui viennent de s'enfuir tout à l'heure, et je placerai vos têtes sur les portes de la ville de Lud : rends-toi, rustre montagnard ! (*Ils sortent en combattant.*)

Rentrent BELARIUS *et* ARVIRAGUS.

BELARIUS. — Il n'y a aucune escorte aux environs.

ARVIRAGUS. — Pas la moindre : à coup sûr vous vous serez mépris.

BELARIUS. — Je ne saurais dire : — il y a longtemps que je ne l'ai vu, mais le temps n'a nullement modifié les traits qu'il avait alors ; les éclats de cette voix, cette façon de parler par saccades lui étaient propres : je crois fermement que c'était Cloten lui-même.

ARVIRAGUS. — Nous les avons laissés en cet endroit : je souhaite que mon frère se soit bien tiré d'affaire avec lui, puisque vous dites qu'il est si cruel.

BELARIUS. — Lorsqu'il était à peine formé, je veux dire arrivé à l'âge d'homme, il n'avait aucun sentiment des menaces du danger ; car le défaut de jugement est souvent l'antidote de la crainte. — Mais, vois, — ton frère.

Rentre GUIDERIUS *avec la tête de* CLOTEN.

GUIDERIUS. — Ce Cloten était un sot, une vraie bourse vide, sans argent aucun : Hercule lui-même n'aurait pas pu lui faire sauter la cervelle, car il n'en avait pas : néanmoins, si je n'avais pas fait ce que j'ai fait, le sot porterait ma tête à cette heure comme je porte la sienne.

BELARIUS. — Qu'est-ce que tu as fait là !

Guidérius. — Je le sais parfaitement ce que j'ai fait : j'ai coupé la tête d'un certain Cloten, fils de la reine, d'après ses propres dires, lequel m'avait appelé traître montagnard, et avait juré qu'il nous prendrait tous avec sa seule main, qu'il changerait nos têtes de la place où elles sont encore, — loués en soient les Dieux ! — et les planterait sur les murs de la ville de Lud.

Belarius. — Nous sommes tous perdus !

Guidérius. — Pourquoi, noble père ? qu'avons-nous à perdre, sinon ce qu'il jurait de nous enlever, nos existences ? La loi ne nous protége pas : pourquoi alors serions-nous assez délicats pour laisser un arrogant morceau de chair nous menacer, faire à la fois les rôles de juge et de bourreau, tout cela de sa seule autorité, parce que nous craignons la loi ? Quelle escorte avez-vous découverte aux environs ?

Belarius. — Nous n'avons pas aperçu une seule âme, mais le bon sens dit qu'assurément il devait avoir quelques personnes d'escorte. Quoique son humeur ne fût que changement, — et changement de mal en pire encore, — il n'y a pas de frénésie, de complète folie, qui ait pu le faire délirer au point de l'amener seul ici. Il est possible qu'on ait dit à la cour que des gens répondant à notre signalement logeaient ici dans une grotte, chassaient ici, menaient la vie de proscrits, et à l'occasion pourraient entreprendre quelque coup audacieux : en apprenant ce fait, peut-être aura-t-il eu un accès de fureur, — cela lui ressemblerait, — et aura-t-il juré de venir nous empoigner ; mais il est improbable qu'il soit venu seul pour exécuter une chose semblable, ou que les personnes de la cour l'aient laissé faire : notre crainte a donc de bons fondements, si nous craignons que ce corps n'ait une queue plus dangereuse que la tête.

Arviragus. — Qu'il en arrive comme les dieux l'ont d'avance décrété : quelque chose qui advienne, mon frère a bien fait.

Belarius. — Je n'avais pas de cœur à la chasse aujourd'hui : la maladie de ce jeune Fidèle me faisait paraître mon chemin long.

Guiderius. — Je lui ai coupé la tête avec sa propre épée qu'il dirigeait contre mon cou : je vais la jeter dans la crique qui est derrière le rocher ; qu'elle aille à la mer, et dise aux poissons qu'il est Cloten, le fils de la reine : voilà comment je m'en soucie. (*Il sort.*)

Belarius. — Je crains que cela ne soit vengé : plût au ciel que tu ne l'eusses pas fait, Polydore, quoique la valeur t'aille bien.

Arviragus. — Plût au ciel que je l'eusse fait, et que la vengeance me poursuivît seul ! — Polydore, je t'aime comme un frère ; mais je te porte grande envie pour m'avoir frustré de cette action : je voudrais que toutes les vengeances avec lesquelles la force humaine peut se mesurer vinssent nous trouver et nous missent à l'épreuve.

Belarius. — Bien, c'est chose faite : — nous ne chasserons pas davantage aujourd'hui, et nous n'irons pas chercher le danger là où il n'y a pas profit. Je t'en prie, à notre rocher : faites les cuisiniers, toi et Fidèle ; j'attendrai que le trop bouillant Polydore soit revenu, et je l'amènerai dîner immédiatement.

Arviragus. — Pauvre Fidèle malade ! je vais le rejoindre de bien bon cœur : pour rendre la couleur à ses joues, je ferais saigner toute une paroisse de Clotens comme celui-là, et je me louerais pour ma charité. (*Il sort.*)

Belarius. — Ô toi, Déesse, divine Nature, comme tu fais apparaître ton blason dans ces deux enfants princiers ! Ils sont aussi doux que les zéphyrs qui courbent la violette sans agiter sa tête odorante, et cependant, dès que leur sang royal bouillonne, aussi violents que le plus irrésistible des vents qui, saisissant par la cime le pin de la montagne, le force à s'incliner jusque dans la vallée. Il est merveilleux de voir comment un obscur instinct leur a fait trouver cette royauté sans étude, cet honneur sans leçons, cette politesse sans imitation d'autrui, cette valeur qui pousse d'elle-même en eux, mais y porte une moisson comme si elle y avait été semée ! — Il est cependant bien inquiétant de savoir ce que nous présageait la présence de Cloten en ces lieux, ou ce que nous amènera sa mort.

Rentre GUIDERIUS.

GUIDERIUS. — Où est mon frère? J'ai envoyé dans le courant la sotte caboche de Cloten en ambassade à sa mère; je garde son corps pour otage jusqu'à son retour. (*Musique solennelle.*)

BELARIUS. — Mon instrument d'inspiration(*a*)! Écoute, Polydore, il résonne! mais à quel propos Cadwal le fait-il retentir à cette heure? Écoutons!

GUIDERIUS. — Est-ce qu'il est au logis?

BELARIUS. — Il vient d'y rentrer à l'instant même.

GUIDERIUS. — A quel propos fait-il cela? Depuis la mort de ma très-chère mère, cet instrument n'avait pas parlé. Toutes les choses solennelles devraient correspondre à des accidents solennels. Quel en est le sujet? des triomphes pour rien, et des lamentations pour des bagatelles, sont joies de singes et chagrins d'enfants. Est-ce que Cadwal est fou?

BELARIUS. — Regarde, le voici qui vient et qui nous apporte entre ses bras la cruelle explication de cette musique que nous blâmions!

Rentre ARVIRAGUS, *portant dans ses bras* IMOGÈNE, *qui paraît comme morte.*

ARVIRAGUS. — Il est mort, l'oiseau que nous aimions tant. J'aurais mieux aimé passer d'un coup de mes seize ans à soixante, échanger mon âge alerte contre l'âge de la béquille, que d'avoir vu cela.

GUIDERIUS. — Ô lys très-beau et très-pur! porté entre

(*a*) *My ingenious instrument. Ingenious*, habile, élevé, noble, d'art, de savoir. Ces deux mots pourraient donc se traduire fort exactement par *mon instrument de musique*, mais il est probable qu'ils expriment une nuance de pensée de plus, et que Belarius veut caractériser par cette épithète d'*ingenious*, son aide d'inspiration, l'auxiliaire de ses rêveries, l'instrument qui les stimule, les berce et les accompagne.

les bras de mon frère, tu n'es pas de moitié aussi gracieux que lorsque tu te soutenais toi-même.

Belarius. — Ô mélancolie! qui jamais a pu plonger jusqu'à ton fond? qui jamais a sondé ton limon pour montrer la côte où ton lent petit navire pourrait le plus aisément s'abriter? — Ô bienheureuse créature! Jupiter sait quel homme tu aurais pu devenir; mais moi je sais, enfant très-rare, que tu es mort de mélancolie! — En quel état l'avez-vous trouvé?

Arviragus. — Roide comme vous le voyez : souriant ainsi, comme si quelque mouche avait chatouillé son sommeil de manière à le faire rire, et non comme si le dard de la mort l'avait percé; sa joue droite reposant sur un coussin.

Guiderius. — Où ça?

Arviragus. — Sur le plancher, les bras ainsi croisés : je croyais qu'il dormait, et j'ai retiré de mes pieds mes souliers ferrés dont la pesanteur faisait trop retentir mes pas.

Guiderius. — En effet, on dirait qu'il dort seulement; s'il nous a quittés, il fera de sa fosse un lit : les fées féminines hanteront sa tombe, et les vers ne s'en approcheront pas.

Arviragus. — Tout le long de l'été, tant que je vivrai ici, Fidèle, je parfumerai ta triste tombe des plus belles fleurs : il ne te manquera ni la fleur qui ressemble à ton visage, la pâle primevère, ni la jacinthe azurée comme tes veines, ni la feuille de l'églantine qui, sans vouloir lui faire tort, n'égalait pas en parfums ton haleine : le rouge-gorge avec son bec charitable, — ô bec qui fais cruellement honte à ces riches héritiers qui laissent leurs pères sans monument! — t'apporterait lui-même tout cela pour t'en couvrir; oui, et lorsque les fleurs seraient passées, il t'apporterait aussi des fourrures de mousse pour protéger ton corps contre l'hiver[1].

Guiderius. — Cesse, je t'en prie, et ne joue plus avec des paroles bonnes pour une fillette sur une circonstance si sérieuse. Ensevelissons-le, et que notre admiration ne retarde pas le payement de ce qui est maintenant une dette réclamée par la tombe.

Arviragus. — Dis, où le déposerons-nous?

Guiderius. — A côté de la bonne Euriphile, notre mère.

Arviragus. — Soit : Polydore, quoique nos voix aient maintenant acquis le son rauque de la virilité, chantons-lui nos adieux, comme nous l'avons fait autrefois pour notre mère : servons-nous de la même mélodie et des mêmes paroles, sauf que nous échangerons le nom d'Euriphile en celui de Fidèle.

Guiderius. — Cadwal, je ne puis chanter ; je pleurerai, et je répéterai les paroles avec toi : car des mélodies douloureuses hors de ton sont pires que des prêtres et des temples qui mentent.

Arviragus. — Nous réciterons le chant alors.

Belarius. — Les grands chagrins, je le vois, guérissent des moindres ; car Cloten est tout à fait oublié. C'était le fils d'une reine, enfants : quoiqu'il fût venu ici comme notre ennemi, souvenez-vous qu'il en a été bien puni. Bien que les puissants et les petits, également condamnés à pourrir, ne soient qu'une même poussière, cependant le respect (cet ange du monde) établit une distinction de place entre le haut et le bas. Notre ennemi était prince, ensevelissez-le donc comme un prince, quoique vous lui ayez arraché la vie comme étant notre ennemi.

Guiderius. — Apportez-le ici, je vous prie : le corps de Thersite vaut celui d'Ajax, lorsque tous deux sont morts.

Arviragus. — Si vous voulez aller le chercher, nous réciterons pendant ce temps-là notre chant funèbre. — Frère, commence. (*Sort Belarius.*)

Guiderius. — Mais, Cadwal, nous devons placer sa tête du côté de l'orient : notre père a ses raisons pour cette cérémonie.

Arviragus. — C'est vrai.

Guiderius. — Viens, en ce cas, et changeons-le de place.

Arviragus. — Ainsi. — Commence.

CHANT FUNÈBRE.

GUIDERIUS :

Ne redoute plus la chaleur du soleil,
Ni les colères de l'hiver furieux ;
Tu as accompli ta tâche terrestre,
Tu as fait retour dans ta patrie et reçu tes gages :
Les beaux jeunes gens et les belles jeunes filles, tous,
Doivent comme les ramoneurs aller à la poussière.

ARVIRAGUS :

Ne crains plus le courroux du puissant,
Tu es à l'abri des coups du tyran ;
N'aie plus souci du vêtement et de la nourriture ;
Pour toi le roseau est comme le chêne :
Le roi, le savant, le médecin, tous,
Doivent subir ton sort, aller à la poussière.

GUIDERIUS :

Ne crains plus le jet de l'éclair,

ARVIRAGUS :

Ni la pierre du tonnerre redoutée de tous ;

GUIDERIUS :

Ne crains plus la calomnie, la censure téméraire ;

ARVIRAGUS :

Tu en as fini avec la joie et les pleurs.

ARVIRAGUS *et* GUIDERIUS *ensemble :*

Tous les jeunes amants, tous les amants doivent
Aller où tu vas, retourner à la poussière.

GUIDERIUS :

Que nul enchanteur ne te fasse de mal !

ARVIRAGUS :

Que nulle sorcellerie ne jette un charme sur toi !

GUIDERIUS :

Que les fantômes sans sépulture te respectent !

ARVIRAGUS :

Que rien de mauvais ne s'approche de toi !

ARVIRAGUS *et* GUIDERIUS *ensemble :*

Que ta dissolution soit paisible,
Et que renommé soit ton tombeau !

Rentre BELARIUS *avec le corps de* CLOTEN.

GUIDERIUS. — Nous avons terminé nos obsèques : allons, couchez-le à terre.

BELARIUS. — Voici quelques fleurs ; mais vers minuit j'en porterai davantage : les herbes qui ont sur elles la fraîche rosée de la nuit sont celles qui conviennent le mieux pour en parsemer un tombeau. — Là, sur leurs visages. — Vous étiez comme des fleurs, et maintenant vous voilà desséchés : ainsi en sera-t-il de ces herbettes que nous semons sur vous. — Allons, partons : éloignons-nous pour prier à genoux. La terre qui leur donna naissance les a repris : leurs plaisirs ici-bas sont passés comme leurs peines. (*Sortent Belarius, Guiderius et Arviragus.*)

IMOGÈNE, *se réveillant*. — Oui, Monsieur, à Milford-Haven ; quelle est la route ? Je vous remercie. — Par ce buisson là-bas ? — Je vous en prie, combien y a-t-il d'ici ? — Cieux bons ! peut-il bien y avoir encore six milles ? — J'ai voyagé toute la nuit : sur ma foi, je vais me coucher et dormir. (*Voyant le cadavre de Cloten.*) Mais doucement ! pas de camarade de lit. — Ô Dieux et Déesses, ces fleurs sont l'image des plaisirs du monde, et cet homme ensanglanté est l'image de leurs peines. J'espère que je rêve ; car je me figurais que j'habitais une grotte comme celle-là, et que j'apprêtais les repas d'honnêtes créatures : mais il n'en est pas ainsi ; ce n'était qu'une de ces visions sorties de rien, ne s'appliquant à rien, que le cerveau forme de fumées : nos yeux même sont quelquefois comme nos jugements, aveugles. Sur ma bonne foi, je tremble encore de crainte : mais s'il reste encore dans le ciel une goutte de pitié aussi petite que l'œil d'un roitelet, ô Dieux redoutés, accordez-m'en une partie ! Le rêve me tient encore ; même éveillée, il existe en dehors de moi aussi bien qu'en dedans de moi ; il est senti, non imaginé ! Un homme sans tête ! — Les vêtements de Posthumus ! Je reconnais la forme de sa jambe : voici sa main ; voici son pied de Mercure ; sa cuisse de Mars ; ses bras d'Hercule ; mais sa face de Jupiter.... Au meurtre dans le ciel ! — Qu'est-ce à dire ? — Enlevée ! — Pisanio, que toutes les malédictions qu'Hécube désespérée lança contre les Grecs, avec les miennes par-dessus le marché, soient lancées contre toi ! Tu as conspiré avec ce démon sans pareil de Cloten, et tu as ici assassiné mon Seigneur. — Que lire et écrire soient désormais tenus pour trahisons ! — Ce damné Pisanio, avec ses lettres forgées, — ce damné Pisanio a coupé le grand mât du plus brave vaisseau de ce monde ! — Ô Posthumus ! hélas ! où est ta tête ? où est-elle ? Hélas ! où est-elle ? Pisanio aurait bien pu te poignarder au cœur, et laisser la tête où elle était. — Comment cela a-t-il pu se faire ? Est-ce Pisanio ? C'est lui et Cloten : la malice d'une part, le lucre de l'autre ont opéré ici ce spectacle de douleur. Oh, c'est évident, évident ! La drogue qu'il m'a donnée, qu'il disait si précieuse, et qui devait me servir de cordial, ne l'ai-je pas trouvée meurtrière pour mes sens ? Cela confirme mon opinion : c'est l'acte de Pisanio et de Cloten : oh ! — Colore de ton sang ma pâle joue, afin que je paraisse plus horrible encore à ceux que j'aurai chance de rencontrer : oh, mon Seigneur, mon Seigneur ! (*Elle s'évanouit.*)

Entrent LUCIUS, un capitaine *et d'autres* officiers, *et* un devin.

Le capitaine. — Les légions qui tenaient garnison en Gaule ont, selon vos ordres, traversé la mer ; elles vous attendent ici à Milford-Haven avec vos vaisseaux : elles sont prêtes à agir.

Lucius. — Mais quelles nouvelles de Rome?

Le capitaine. — Le Sénat a remué les voisins des frontières et les gentilshommes d'Italie, ardents volontaires dont le courage promet un noble service ; ils viennent sous la conduite du hardi Iachimo, le frère du gouverneur de Sienne².

Lucius. — Quand les attendez-vous?

Le capitaine. — Au premier vent favorable.

Lucius. — Cette promptitude nous donne de belles espérances. Ordonnez qu'on passe la revue des troupes ici présentes ; invitez les capitaines à s'en occuper. — Maintenant, Messire, qu'avez-vous rêvé récemment sur cette guerre?

Le devin. — La nuit dernière, les dieux m'ont envoyé une vision ; — j'avais jeûné et prié pour qu'ils me révélassent leurs volontés ; — la voici : — j'ai vu l'oiseau de Jupiter, l'aigle romain, étendant ses ailes depuis le moite midi jusqu'à cette partie-ci de l'occident; là, il s'est évanoui dans l'éclat du soleil : cela présage, — si mes péchés ne troublent pas ma divination, — succès aux armées romaines.

Lucius. — Faites souvent de tels rêves, et qu'ils ne soient jamais faux. — Doucement, holà! quel est ce tronc sans tête? La ruine dit que le bâtiment fut beau. — Qu'est-ce là! un page! — Est-il mort, ou dort-il sur ce corps? Il est mort plus probablement; car la nature a horreur de se coucher avec un cadavre, ou de dormir sur un mort. — Voyons le visage de l'enfant.

Le capitaine. — Il est vivant, Monseigneur.

Lucius. — En ce cas, il nous apprendra ce que c'est que ce corps. — Jeune homme, informe-nous de tes aventures, car il me semble qu'elles demandent à se faire connaître. Quel est cet homme dont tu fais ton sanglant oreiller? Et quel était celui qui s'est permis de mutiler cette belle image que la noble nature avait faite? Quel intérêt as-tu dans ce triste accident? Comment cela s'est-il fait? Quel est cet homme? Qui es-tu?

Imogène. — Je ne suis rien, ou si je suis quelque chose,

mieux vaudrait n'être rien. Cet homme était mon maître, un très-vaillant et vertueux Breton qui a été tué ici par les montagnards. Hélas! il n'y a plus de tels maîtres : je puis errer de l'orient à l'occident, demander partout du service, essayer des milliers de maîtres, tous bons, les servir loyalement, jamais plus je n'en trouverai un pareil.

Lucius. — Hélas, bon jeune homme ! tes plaintes ne me touchent pas moins que la vue du sang de ton maître : dis-moi son nom, mon bon ami.

Imogène. — Richard du Champ. (*A part.*) Si je ne fais pas ce mensonge à mauvaise intention, quoique les Dieux l'entendent, j'espère qu'ils me le pardonneront. — Vous demandez, Seigneur?

Lucius. — Ton nom?

Imogène. — Fidèle, Seigneur.

Lucius. — Tu justifies tout à fait ce nom-là : ton nom s'accorde à merveille avec ta fidélité, ta fidélité avec ton nom. Veux-tu chercher fortune auprès de moi? Je ne te dirai pas que tu trouveras un maître aussi remarquable; mais à coup sûr tu ne seras pas moins aimé. Des lettres de l'empereur de Rome, à moi remises par un consul, ne te recommanderaient pas plus sûrement auprès de moi que ta propre noblesse : viens avec moi.

Imogène. — Je vous suivrai, Seigneur. Mais d'abord, s'il plaît aux dieux, je vais dérober mon Seigneur aux mouches, et le déposer dans une fosse aussi profonde que ces pauvres outils-ci (*montrant ses doigts*) pourront la creuser : puis lorsque j'aurai fait à sa tombe une couverture de feuilles et d'herbes, et récité, par deux fois, les quelques prières que je sais dire, je pleurerai et je sangloterai; et quittant ainsi son service, je vous suivrai, s'il vous plaît de me prendre à vos gages.

Lucius. — Oui, bon jeune homme, et je serai plutôt ton père que ton maître. — Mes amis, l'enfant nous a enseigné nos devoirs d'humanité; cherchons la plus jolie place fleurie que nous pourrons trouver, et creusons-lui un tombeau avec nos piques et nos pertuisanes : allons, enlevez-le sur vos bras. — Enfant, c'est toi qui le recommandes à nos soins, et il sera enterré comme des soldats peuvent le faire. Sois gai; essuie tes yeux : il est des chutes qui nous servent à nous relever plus heureux. (*Ils sortent.*)

SCÈNE III.

En Bretagne. — Un appartement dans le palais de Cymbeline.

Entrent CYMBELINE, des seigneurs, PISANIO, *et des gens de la suite.*

Cymbeline. — Retournez-y, et venez me dire comment elle se trouve? (*Sort un assistant.*) Une fièvre causée par l'absence de son fils, un délire qui met sa vie en danger : — cieux, de quels coups redoublés vous m'accablez en même temps! Imogène, la plus grande de mes consolations, disparue; ma reine, au lit, dans un état désespéré, et cela au moment où des guerres terribles me menacent; son fils qui serait si nécessaire pour le moment, parti : tout cela me frappe à m'enlever tout espoir de bonheur! — Mais quant à toi, camarade, qui nécessairement dois savoir où elle est allée et qui fais si bien l'ignorant, nous t'arracherons la vérité par de cruelles tortures.

Pisanio. — Sire, ma vie est à vous, et je la remets humblement à votre volonté : mais quant à ce qui est de ma maîtresse, je ne sais pas où elle est, pourquoi elle est partie, ni quand elle se propose de revenir. Je conjure Votre Altesse de me considérer comme son loyal serviteur.

Premier seigneur. — Mon bon Suzerain, le jour où l'on a découvert que la princesse était absente, il était ici : j'oserais jurer qu'il est sincère, et qu'il accomplira loyalement tous ses devoirs de soumission. Pour ce qui est de Cloten, on le cherche avec toute la diligence imaginable, et sans aucun doute on le trouvera.

Cymbeline. — C'est un moment plein de tracas. — (*A Pisanio.*) Nous voulons bien vous lâcher pour l'heure;

mais nos soupçons n'en continuent pas moins à se porter sur vous.

Premier seigneur. — Plaise à Votre Majesté, les légions romaines, toutes venues des Gaules, ont débarqué sur vos côtes, avec un renfort de gentilshommes romains envoyé par le Sénat.

Cymbeline. — Ah! que j'aurais besoin des conseils de mon fils et de la reine! tant d'affaires me font tourner la tête.

Premier seigneur. — Mon bon Suzerain, les forces qui sont à votre disposition sont plus que suffisantes pour affronter celles qui vous sont annoncées : qu'il en vienne d'autres, vous êtes prêt à les affronter aussi : tout ce que réclame la situation, c'est de mettre en mouvement ces forces, qui ne demandent qu'à marcher.

Cymbeline. — Je vous remercie. Retirons-nous, et prenons les circonstances comme elles nous arrivent. Nous ne craignons pas les ennuis qui peuvent nous venir d'Italie; mais nous gémissons sur ce qui se passe ici. — Partons! (*Tous sortent excepté Pisanio.*)

Pisanio. — Je n'ai pas reçu de lettres de mon maître, depuis que je lui ai écrit qu'Imogène était tuée : c'est étrange : je n'entends pas davantage parler de ma maîtresse qui m'avait promis de me faire passer souvent des nouvelles : je ne sais pas non plus ce qui est arrivé à Cloten ; mais je suis dans l'inquiétude de tous ces côtés à la fois : — les cieux peuvent encore y pourvoir. Je suis honnête dans les choses où je mens; je ne suis pas sincère afin d'être sincère : les guerres actuelles prouveront aux yeux même du roi que j'aime mon pays, ou j'y périrai. Laissons éclaircir par le temps tous les autres doutes : la fortune conduit au port bien des barques sans pilote. (*Il sort.*)

SCÈNE IV.

Le pays de Galles. — Devant la grotte de BELARIUS.

Entrent BELARIUS, GUIDERIUS *et* ARVIRAGUS.

Guiderius. — Le tapage est grand autour de nous.
Belarius. — Éloignons-nous-en.
Arviragus. — Quel plaisir, Seigneur, trouvons-nous dans la vie, pour la soustraire ainsi à toute action et à toute aventure?
Guiderius. — Et d'ailleurs quel espoir avons-nous en nous cachant? De cette façon les Romains ou bien nous tueront comme Bretons, ou bien nous accepteront comme des révoltés barbares, fils ingrats de leur patrie, et nous tueront après s'être servis de nous.
Belarius. — Mes fils, nous monterons plus haut sur les montagnes; là nous nous mettrons en sûreté. Il ne faut pas songer à nous joindre au parti du roi : la mort récente de Cloten, — nos personnes n'étant ni connues, ni enregistrées sur les rôles de l'armée, — pourrait bien nous valoir un interrogatoire pour nous faire dire où nous avons vécu, interrogatoire qui finirait par nous arracher l'aveu de notre action, dont le châtiment serait la mort par la torture.
Guiderius. — Seigneur, c'est là une supposition qui en temps pareil vous fait peu d'honneur, et qui ne nous satisfait pas.
Arviragus. — Il n'est guère probable que les Bretons, entendant de si près le hennissement des chevaux romains, contemplant les feux de campements de leurs ennemis, ayant les yeux et les oreilles si fort occupés, aillent perdre leur temps à nous remarquer et à se demander d'où nous venons.
Belarius. — Oh! je suis connu de beaucoup de gens dans l'armée, et vous le voyez, les nombreuses années n'avaient pu effacer Cloten de ma mémoire, quoiqu'il fût enfant lorsque je l'avais vu. D'ailleurs le roi n'a mérité

ni mon service, ni vos dévouements, à vous que mon exil a condamnés au manque d'éducation, à la certitude de toujours mener cette vie dure, qu'il a privés des douceurs que vous promettait votre naissance, pour faire de vous à jamais les esclaves hâlés des étés brûlants, les esclaves grelottants de l'hiver.

Guiderius. — Plutôt que de vivre ainsi, mieux vaut cesser de vivre. A l'armée, Seigneur, je vous en prie : mon frère et moi, nous ne sommes pas connus, et quant à vous, on y pense si peu, et vous êtes d'ailleurs si changé qu'on ne vous questionnera certainement pas.

Arviragus. — J'irai, par ce soleil qui brille là-haut ! Quelle chose cela est d'être obligé de me dire que je n'ai jamais vu mourir un homme ! que c'est à peine si j'ai jamais contemplé de sang, excepté celui de lièvres poltrons, de boucs lascifs, et de gibiers ! que je n'ai jamais chevauché d'autre cheval qu'un seul qui ne connaissait d'autre cavalier que moi, cavalier qui jamais ne porta éperon ou fer à son talon ! J'ai honte de regarder le divin soleil, de recevoir le bienfait de ses rayons bénis, en restant si longtemps un pauvre inconnu.

Guiderius. — Par les cieux, j'irai. Si vous voulez me donner votre bénédiction, et me permettre de partir, j'en prendrai plus de soin de moi, Seigneur ; mais si vous me refusez, eh bien ! que le hasard se serve des mains des Romains pour faire tomber sur moi le sort dont votre refus me menacera !

Arviragus. — J'en dis autant. *Amen.*

Belarius. — Puisque vous tenez vos existences à si peu de prix, je n'ai aucune raison de conserver ma vieille personne pour de nouveaux soucis. Je suis à vous, mes garçons ! Si le sort veut que vous mouriez dans les guerres de votre patrie, mon lit est là aussi, enfants, et je m'y coucherai : conduisez-moi, conduisez-moi ! (*A part.*) Le temps leur semble long ; leur sang se trouve humilié de ne pouvoir jaillir et montrer qu'ils sont princes. (*Ils sortent.*)

ACTE V.

SCÈNE PREMIÈRE.

En Bretagne. — Une campagne entre les camps Breton et Romain.

Entre POSTHUMUS *avec un mouchoir sanglant.*

Posthumus. — Oui, linge sanglant, je te conserverai, car j'ai souhaité que tu fusses teint de cette couleur. Ô vous, maris, si chacun de vous prenait une telle résolution, combien massacreraient des femmes bien meilleures qu'eux-mêmes, pour le plus petit écart! — Ô Pisanio! les bons serviteurs n'exécutent pas tous les ordres; on n'est tenu qu'à exécuter ceux qui sont justes. — Ô Dieux! si vous aviez tiré vengeance de mes fautes, je n'aurais jamais vécu pour accomplir cette action : vous auriez sauvé la noble Imogène pour le repentir, et vous m'auriez frappé, moi misérable, bien plus digne de votre vengeance. Mais hélas! il en est que vous enlevez d'ici pour de petites fautes; c'est par amour, c'est afin qu'ils ne puissent plus pécher : à d'autres vous permettez de faire succéder le crime au crime, chaque nouveau forfait pire que le précédent, et puis vous les remplissez de terreur à leur sujet pour le plus grand bien de leurs âmes. Mais Imogène est à vous maintenant : faites vos divines volontés, et rendez-moi heureux de vous obéir! — On m'a conduit ici dans les rangs de la noblesse italienne, et pour combattre contre le royaume de ma Dame : c'est assez que j'aie tué ta maîtresse, ô Bretagne; paix! je ne te ferai pas de blessure. En conséquence, cieux bons, écoutez patiemment mon dessein : — je vais me dépouiller de ces vêtements italiens, et m'habiller comme un paysan breton : sous ces habits je combattrai contre le parti avec lequel je suis venu; et ainsi, Imogène, je mourrai pour toi, pour toi dont le souvenir fait de ma vie une mort qui se renouvelle avec chacun de mes souffles; et ainsi, inconnu, ni plaint, ni haï, je me présenterai à la face du péril. Je ferai voir aux hommes qu'il y a plus de valeur en moi que n'en montrent mes habits. Dieux, faites passer en moi la vigueur des Leonati ! Pour faire honte à la coutume du monde, je veux commencer la mode de cette devise, — « moins au dehors, plus au dedans. » (*Il sort.*)

SCÈNE II.

Même lieu.

Entrent d'un côté LUCIUS, IMOGÈNE, IACHIMO, *et l'armée romaine; de l'autre l'armée bretonne;* LEONATUS POSTHUMUS *la suit sous l'aspect d'un pauvre soldat. Ils traversent le théâtre et sortent. Alarmes. Puis entrent en combattant* IACHIMO *et* POSTHUMUS; *ce dernier triomphe de* IACHIMO *et le désarme, puis il le laisse.*

IACHIMO. — Le sentiment de mon crime pèse sur mon cœur, et m'enlève toute virilité : j'ai calomnié une Dame, la princesse de cette contrée, et l'air de ce pays m'affaiblit par vengeance; sans cela, est-ce que ce rustre, rebut même de la nature, m'aurait vaincu dans ma profession des armes? Chevaleries et honneurs, portés comme je porte les miens, ne sont que des titres de mépris. Bretons, si vos nobles sont autant au-dessus de ce lourdaud, qu'il est au-dessus de nos Seigneurs, alors il y a entre vous et nous cette différence, que nous sommes à peine des hommes et que vous êtes des Dieux. (*Il sort.*)

La bataille continue; les Bretons fuient; CYMBELINE *est*

pris; alors entrent, s'élançant à sa rescousse, BELARIUS, GUIDERIUS *et* ARVIRAGUS.

BELARIUS. — Arrêtez, arrêtez! Nous avons l'avantage du terrain; le défilé est gardé : rien ne nous oblige à prendre la fuite, si ce n'est la lâcheté de nos craintes.

GUIDÉRIUS *et* ARVIRAGUS. — Arrêtez, arrêtez! et combattons!

Rentre POSTHUMUS *qui seconde les Bretons; ils délivrent* CYMBELINE, *et sortent. Puis rentrent* LUCIUS, IMOGÈNE *et* IACHIMO.

LUCIUS. — Retire-toi des troupes, enfant, et sauve-toi; car les amis tuent les amis, et le désordre est tel qu'on dirait une guerre à colin-maillard.

IACHIMO. — C'est le fait de leurs nouveaux renforts.

LUCIUS. — C'est une journée qui a singulièrement changé; reprenons l'avantage bien vite, ou fuyons. (*Ils sortent.*)

SCÈNE III.

Une autre partie du champ de bataille.

Entrent POSTHUMUS *et* UN SEIGNEUR BRETON.

LE SEIGNEUR. — Viens-tu de l'endroit où ils ont fait la résistance?

POSTHUMUS. — J'en viens; mais vous, il me semble, vous venez du côté des fuyards.

LE SEIGNEUR. — Oui.

POSTHUMUS. — Il n'y a pas à vous en blâmer, Seigneur, car tout était perdu si les cieux n'avaient pas combattu : le roi lui-même était coupé de ses ailes, et son armée était en déroute; des Bretons on ne voyait que les dos, tous fuyaient à travers un étroit défilé; l'ennemi plein d'ardeur, tirant la langue à force de tuer, ayant plus de besogne à faire que d'outils pour l'exécuter, frappait ceux-ci mortellement, ceux-là légèrement, tandis que d'autres se laissaient tomber à terre par simple frayeur; si bien que l'étroit défilé était obstrué de morts blessés par derrière, ou de lâches qui vivaient pour mourir après un déshonneur prolongé.

Le Seigneur. — Où était ce défilé?

Postumus. — Tout près du champ de bataille, en forme de tranchée, et fortifié de remparts de gazon, avantage qu'a saisi un vieux soldat, et un brave soldat, je vous en réponds; celui-là a bien mérité de vivre aussi vieux qu'en témoigne sa barbe blanche pour rendre ce service à son pays. Suivi de deux bambins, — gars plus faits pour jouer aux barres que pour accomplir un tel carnage, porteurs de visages faits pour des masques, ou pour mieux dire plus blancs que ceux qui se protégent du masque par pudeur ou par précaution contre le soleil, — il s'est ouvert le passage à travers le défilé, criant à ceux qui fuyaient : « Ce sont nos daims et non pas nos hommes de Bretagne qui meurent en fuyant : allez au séjour des ténèbres, âmes qui fuyez! Arrêtez, ou bien nous serons pour vous des Romains, et nous vous donnerons comme à des bêtes cette mort que vous fuyez comme des bêtes, et que vous pourriez éviter, en vous retournant et en la regardant en face avec résolution : arrêtez, arrêtez! » Ces trois hommes, fermes comme trois mille, et en valant autant que trois mille dans cette action, — car trois combattants sont un front d'armée dans une position où les autres ne peuvent pas agir, — secondés par l'avantage de la situation, et plus encore par le sortilége de leur noblesse qui aurait été capable de transformer un fuseau en lance, rendirent l'étincelle aux yeux éteints d'effroi; la honte s'éveille chez les uns, chez les autres le courage, si bien que ceux qui n'avaient été lâches que par imitation — oh! c'est à la guerre un crime maudit que de donner le premier un tel exemple! — se retournèrent, et parcourant du regard le chemin qu'ils avaient fait, commencèrent à rugir comme les lions devant les piques des chasseurs. Alors les poursuivants ont commencé par s'arrêter, puis ils ont reculé; puis est arrivée une débâcle, une épaisse confusion : les voilà qui s'enfuient comme des poulets par le chemin où ils s'étaient abattus comme des aigles, et qu'ils refont captifs les mêmes pas qu'ils avaient faits vainqueurs : et maintenant nos lâches, — pareils à des débris de provisions dans un dur voyage, — commencent à devenir des auxiliaires d'existence pour ceux qu'assiége le péril ; trouvant ouverte la porte de derrière de cœurs qui n'étaient plus gardés, oh ciel, comme ils frappent ! les uns ceux qui étaient déjà morts, les autres les mourants, quelques-uns leurs amis qui avaient été portés en avant par les premières vagues : tout à l'heure, dix étaient chassés par un seul ; maintenant chacun de ces dix devient l'égorgeur de vingt : les mêmes gens qui aimaient mieux mourir que de résister sont devenus les terreurs mortelles du champ de bataille [1].

Le Seigneur. — Voilà une étrange aventure ! un étroit défilé, un vieillard et deux enfants !

Posthumus. — Parbleu ! ne vous en étonnez pas : mais vous êtes fait plutôt pour vous étonner des choses que vous entendez dire que pour en accomplir aucune. Voulez-vous rimer là-dessus, et en faire le sujet d'une épigramme ? En voici une :

Deux enfants, un vieillard double enfant, un étroit chemin,
Sauvèrent le Breton, perdirent le Romain.

Le Seigneur. — Voyons, ne vous mettez pas en colère, Monsieur.

Posthumus. — Hélas ! et pourquoi serais-je en colère ? Je consens bien volontiers à être l'ami de quiconque fuit son ennemi ; car s'il agit conformément à sa nature, je sais qu'il fuira bien vite aussi mon amitié. Vous m'avez mis en veine d'épigrammes [2].

Le Seigneur. — Adieu ; vous êtes en colère. (*Il sort.*)

Posthumus. — Le voilà qui fuit encore ? — Et c'est un Seigneur ! Oh, noble bassesse ! se trouver sur le champ de bataille et me demander, quelles nouvelles ? Combien aujourd'hui auraient donné leurs honneurs pour sauver leurs carcasses! combien auraient joué des talons volontiers pour ce faire, et qui cependant sont morts! Et moi ensorcelé dans mon malheur, je n'ai pu apercevoir la mort là même où je l'entendais gémir ; je n'ai pu la sentir là même où elle frappait : il est étrange que ce monstre, hideux comme il l'est, possède le privilége de se cacher dans les coupes brillantes, les doux lits, les flatteuses paroles, et qu'il compte bien d'autres ministres que nous qui tenons ses poignards à la guerre. — Mais bon, je la trouverai ; j'étais tout à l'heure du parti des Bretons, maintenant je ne suis plus Breton, et je retourne au parti avec lequel je suis venu : je ne veux plus combattre, mais je me rendrai au premier goujat qui me touchera l'épaule. Grand est le carnage qu'ont fait ici les Romains, et grand doit être aussi le carnage par lequel les Bretons y ont répondu ; pour moi, ma rançon est la mort ; je suis venu pour rendre mon souffle sous les coups de l'un et de l'autre parti : je ne veux ni conserver ma vie en ces lieux, ni la rapporter ailleurs, mais la terminer par un moyen quelconque au nom d'Imogène.

Entrent DEUX CAPITAINES BRETONS *et des soldats.*

PREMIER CAPITAINE. — Le grand Jupiter soit loué! Lucius est pris : on croit que le vieillard et ses fils étaient des anges.

SECOND CAPITAINE. — Il y avait un quatrième individu, en habits de campagnard, qui a fait front à l'ennemi avec eux.

PREMIER CAPITAINE. — C'est ce qu'on rapporte ; mais on ne peut retrouver aucun d'eux. — Halte! qui est là ?

POSTHUMUS. — Un Romain, qui ne serait pas maintenant ici à languir, s'il avait été secondé.

SECOND CAPITAINE. — Emparons-nous de lui ; un chien! Il ne retournera pas à Rome une seule jambe de Romain pour dire quels sont les corbeaux qui les auront becquetés ici : il se targue de ses services comme si c'était quelqu'un de marque : conduisons-le au roi.

Entre CYMBELINE *suivi par* BELARIUS, GUIDERIUS, ARVIRAGUS, PISANIO *et les captifs romains.* Les capitaines *présentent* POSTHUMUS *à* CYMBELINE *qui le remet à* un geôlier. *Après quoi tous sortent.*

SCÈNE IV.

En Bretagne. — Une prison.

Entrent POSTHUMUS *et* deux geôliers.

Premier geôlier. — On ne vous volera pas à cette heure ; vous voilà fermé à verrous : maintenant broutez selon que vous trouverez pâturage.

Second geôlier. — Ou que l'appétit vous en dira. (*Sortent les geôliers.*)

Posthumus. — Sois le bienvenu, esclavage ! car tu es, je le crois, une route qui conduit à la liberté : après tout, je suis en meilleure condition que celui qui a la goutte, puisqu'il aimerait mieux gémir sous ses souffrances à perpétuité, que d'être guéri par ce sûr médecin, la mort, clef qui ouvre ces portes. Ô ma conscience, tu es plus enchaînée que mes jambes et mes poignets ! ô Dieux bons, accordez-moi l'instrument du repentir pour m'ouvrir ce verrou-là, et puis que je sois libre à jamais ! Est-ce assez d'être affligé ? c'est ainsi que les enfants apaisent leurs pères selon la nature ; plus remplis de clémence sont les Dieux. Me faut-il me repentir ? je ne puis mieux le faire que dans ces chaînes désirées plutôt que portées avec contrainte : pour vous payer ma dette, ô Dieux, si ma vie doit être le prix capital de mon affranchissement, n'épargnez rien de moi, prenez-moi tout entier. Je sais que vous êtes plus cléments que des hommes vils qui prennent à leurs créanciers ruinés un tiers, un sixième, un dixième, et les laissent se relever de leur naufrage : tel n'est pas mon désir : pour compenser la précieuse existence d'Imogène, prenez la mienne ; quoiqu'elle ne soit pas aussi précieuse, cependant c'est une

ACTE V, SCÈNE IV.

existence; vous l'avez frappée à votre coin : entre les hommes on ne pèse pas toutes les pièces de monnaie; acceptez les miennes pour leur empreinte, quoiqu'elles soient légères d'autant mieux qu'elles sont votre propriété : et ainsi, puissances suprêmes, s'il vous plait d'écouter cette requête, prenez ma vie, et brisez ces froides entraves. — Ô Imogène! je te parlerai au sein du silence. (*Il s'endort.*)

Musique solennelle. Entrent comme dans une vision, SICILIUS LEONATUS, *père de* POSTHUMUS, *vieillard sous des habits de guerrier, conduisant par la main une respectable* MATRONE, *sa femme, mère de* POSTHUMUS; *de la musique les précède. Puis, précédés par une autre musique, viennent les deux jeunes* LEONATI, *frères de* POSTHUMUS, *avec les blessures dont ils moururent à la guerre. Ils entourent* POSTHUMUS *endormi.*

SICILIUS :

Pas plus longtemps, maître du tonnerre,
Ne fais tomber ton dépit sur ces mouches, les mortels;
Querelle Mars, gronde Junon,
Elle qui te reproche tes adultères et s'en venge.
Mon pauvre enfant dont je ne vis jamais le visage,
A-t-il agi autrement que bien?
Je mourus pendant qu'il attendait dans le sein de sa mère
Le terme marqué par la loi de nature :
Si, comme les hommes le disent, tu es le père de l'orphelin,
Tu aurais dû être le sien et le protéger de ton égide
Contre les blessures cruelles de cette terre.

LA MÈRE :

Lucine ne me prêta point son aide,
Mais m'enleva au milieu de mes souffrances;
Et c'est ainsi que Posthumus, arraché de mon sein,
Vint en pleurant parmi ses ennemis,
Créature digne de compassion!

SICILIUS :

Ainsi qu'elle avait fait pour ses ancêtres, la grande nature
Donna à sa substance une forme si belle,
Qu'il mérita les louanges du monde,
Comme héritier du grand Sicilius.

PREMIER FRÈRE :

Lorsqu'une fois il atteignit l'âge d'homme,
Où était-il en Bretagne
Celui qu'on pouvait lui comparer?
Ou qui était digne de paraître un désirable objet
Aux yeux d'Imogène, qui sut mieux que tous
Estimer sa valeur?

LA MÈRE :

Pourquoi donc le raillâtes-vous par un mariage,
Pour être exilé, et chassé
De la demeure des Leonati, et banni
Loin de celle qui lui était si chère,
La douce Imogène?

SICILIUS :

Pourquoi souffrîtes-vous que Iachimo,
Fils immoral de l'Italie,
Souillât son noble cœur et son cerveau
D'une inutile jalousie?
Pourquoi permîtes-vous qu'il devînt la dupe et la risée
De la scélératesse de l'autre?

SECOND FRÈRE :

C'est pour lui que nous avons quitté nos demeures de
 bienheureuse paix,
Nos parents et nous deux,
Nous deux qui, en combattant dans la cause de notre
 contrée,
Tombâmes bravement et fûmes tués
Pour maintenir avec honneur
Notre féauté et le droit de Tenantius.

ACTE V, SCÈNE IV.

Premier frère :

Du même valeureux service Posthumus
S'est acquitté envers Cymbeline.
Ô Jupiter, toi roi des dieux,
Pourquoi as-tu ainsi ajourné
Les faveurs dues à ses mérites,
Et les as-tu toutes changées en douleurs?

Sicilius :

Ouvre ta fenêtre de cristal, regarde en bas,
Et ne fais pas plus longtemps tomber sur une vaillante
  race
Tes âpres et puissantes injures.

La mère :

Jupiter, puisque notre fils est vertueux,
Délivre-le de ses misères.

Sicilius :

Regarde en dehors de ton palais de marbre; secours-le!
Ou nous, pauvres mânes, nous accuserons
Ta divinité devant le radieux synode des autres Dieux.

Second frère :

Secours-le, Jupiter! ou nous formons appel contre toi,
Et nous récusons ta justice.

JUPITER *descend au milieu du tonnerre et des éclairs,
assis sur un aigle; il lance une foudre. Les fantômes
tombent à genoux.*

Jupiter :

Assez, esprits infimes des basses régions,
N'offensez plus notre ouïe; chut! Comment osez-vous,
  fantômes,
Accuser le Tonitruant, dont la foudre, vous le savez,
Pointée dans le ciel, s'abat sur toutes les terres rebelles?
Pauvres ombres de l'Élysée, partez, et reposez-vous

Sur vos lits de fleurs qui ne se dessèchent jamais :
N'ayez aucun souci des accidents des mortels ;
Ce soin ne vous appartient pas, il est à nous, vous le
    savez.
Je traverse celui que j'aime le mieux, afin que mes dons
Soient reçus avec d'autant plus de bonheur qu'ils sont
    plus retardés.
Soyez rassurés : votre fils est abattu, mais notre divi-
    nité le relèvera.
Ses joies s'apprêtent, son temps d'épreuves va finir par
    un heureux dénoûment.
Notre étoile Jupitérienne présidait à sa naissance,
Et il fut marié dans notre temple. — Relevez-vous et
    disparaissez ! —
Il sera le Seigneur de Madame Imogène,
Et son affliction présente lui prépare un plus grand bon-
    heur futur.
Placez sur sa poitrine ces tablettes ; là
Notre bon plaisir a écrit tous ses destins :
Et maintenant, qu'un semblable carillon
N'exprime plus votre impatience, ou bien vous exciteriez
    la mienne.
Monte, mon aigle, à mon palais de cristal. (*Il remonte.*)

SICILIUS :

Il est venu au sein du tonnerre ; son haleine céleste
Avait une odeur de soufre : l'aigle sacré
S'est abaissé comme pour nous saisir dans ses serres :
Son ascension est plus radieuse à voir que nos champs
    bienheureux.
Son oiseau royal lisse ses plumes et se frotte le bec,
Comme il fait quand son Dieu est content.

Tous :

Merci, Jupiter !

SICILIUS :

Le pavé de marbre se referme, il est entré

Sous son toit radieux. — Partons, et pour être heureux,
Accomplissons avec soin ses grands commandements.

(*Les fantômes s'évanouissent.*)

Posthumus, *s'éveillant*. — Sommeil, tu as été un aïeul, car tu m'as engendré un père, et tu as créé une mère et deux frères; mais, — ô, dérision! — ils sont partis! ils se sont évanouis aussi vite qu'ils étaient nés. Maintenant me voilà réveillé. — Les pauvres misérables qui comptent sur la faveur des grands rêvent comme je l'ai fait, se réveillent et ne trouvent rien. — Mais, hélas! je divague : combien sans rêver à la fortune et sans la mériter, sont cependant comblés de ses faveurs; et c'est là mon cas, à moi qui viens d'avoir l'heureuse chance de ce rêve, sans savoir pourquoi. Quelles fées hantent ce lieu? Un livre? Oh un beau livre! Ne ressemble pas à notre monde aux trompeuses apparences, que ton vêtement ne soit pas plus noble que ton contenu : réponds à ton aspect, et, à l'inverse de nos courtisans, sois aussi bon que tes promesses. (*Il lit.*) « Lorsqu'un lionceau à lui-même inconnu trouvera sans la chercher une créature délicate comme l'air et sera embrassé par elle; lorsque les branches coupées d'un cèdre royal, mortes depuis de nombreuses années, revivront, se rejoindront au vieux tronc et reverdiront, alors Posthumus verra la fin de ses misères, la Bretagne sera fortunée et fleurira dans la paix et l'abondance. » C'est encore un rêve, ou bien cela est de l'étoffe de ces discours des fous, qui sont engendrés par la langue sans le secours du cerveau : c'est l'une ou l'autre chose, ou ce n'est rien. Ou bien ces paroles n'ont pas de sens, ou bien elles en ont un que le bon sens ne peut à lui seul découvrir. Qu'il soit ce qu'il voudra, les péripéties de mon existence ressemblent à ce livre, et je veux le garder, ne fût-ce que par sympathie.

Rentre LE PREMIER GEÔLIER.

PREMIER GEÔLIER. — Allons, Monsieur, êtes-vous à point pour la mort?

Posthumus. — Dis plutôt trop rôti; je suis à point depuis longtemps.

Premier geôlier. — La potence est le mot d'ordre, Monsieur; si vous êtes à point pour elle, vous êtes bien cuit.

Posthumus. — Eh bien, si je puis être un bon repas pour les spectateurs, le plat payera l'écot.

Premier geôlier. — C'est un terrible compte pour vous, Monsieur. Mais ce qu'il y a de consolant pour vous, c'est qu'on ne vous demandera plus de nouveaux payements, que vous n'aurez plus à craindre les notes de taverne, lesquelles procurent souvent au départ autant de tristesse qu'elles avaient auparavant procuré de joie : en effet, vous allez à la taverne prêt à vous évanouir par besoin de manger, et vous en sortez zigzaguant pour avoir bu avec excès; désolé d'avoir trop payé, et désolé d'être trop bien payé, la bourse et le cerveau également vides, — le cerveau d'autant plus pesant qu'il est plus léger, et la bourse d'autant plus légère qu'elle a été débarrassée de son poids : vous allez être tout à l'heure délivré de ces contradictions-là. Oh, quelle charité vous a une corde d'un sou! elle vous acquitte en un clin d'œil de milliers de dettes; vous n'avez pas d'autre balance de comptes que la sienne; elle vous donne décharge et du passé et de l'avenir. Votre cou, Monsieur, c'est la plume, le livre, les cachets dus; et puis quittance s'ensuit.

Posthumus. — Je suis plus joyeux de mourir que tu ne l'es de vivre.

Premier geôlier. — En vérité, Monsieur, celui qui sommeille ne craint pas le mal de dents; mais quand un homme s'apprête à dormir votre sommeil, et qu'il a un bourreau pour l'aider à aller au lit, je crois qu'il changerait volontiers de place avec son officier; car, voyez-vous, Monsieur, vous ne savez pas par quel chemin vous passerez.

Posthumus. — Oui, je le sais, mon ami.

Premier geôlier. — Votre mort à vous alors a des yeux dans sa tête; ce n'est pas ainsi que je l'ai vue peinte.

ACTE V, SCÈNE IV.

Mais de trois choses l'une, ou bien vous acceptez de croire ceux qui prennent sur eux de savoir quel est ce chemin; ou bien vous prenez sur vous-même de savoir ce que je suis sûr que vous ne savez pas; ou bien il vous faut hasarder vous-même l'enquête à vos risques et périls, ce que vous allez faire; et comment votre voyage se passera, et s'il se terminera d'une manière heureuse, voilà, je crois, ce que vous ne reviendrez dire à personne.

Posthumus. — Je te le dis, l'ami, ceux-là seuls n'ont pas d'yeux pour se diriger dans la route où je m'apprête à entrer, qui les ferment et refusent de s'en servir.

Premier geôlier. — Quelle énorme plaisanterie cela est de dire que le meilleur usage qu'un homme puisse faire de ses yeux est de voir le chemin de l'aveuglement! Moi, je suis sûr que la potence est le chemin des yeux fermés.

Entre un messager.

Le messager. — Enlevez-lui ses fers; conduisez votre prisonnier au roi.

Posthumus. — Tu m'apportes de bonnes nouvelles; on m'appelle pour me faire libre.

Le geôlier. — C'est moi qu'on va pendre, en ce cas.

Posthumus. — Tu seras alors plus libre qu'en restant geôlier; il n'y a pas de verrous pour les morts. (*Sortent Posthumus et le messager.*)

Le geôlier. — A moins de trouver un homme qui voudrait épouser la potence, et procréer de petits gibets, je n'en ai jamais vu qui fût aussi chaud pour elle. Cependant, sur ma conscience, tout Romain qu'il est, il y a de plus vrais coquins que lui qui désirent vivre; et il y en a bien aussi parmi les Romains quelques-uns qui meurent contre leurs volontés; ainsi ferais-je, si j'en étais un. Je voudrais que nous fussions tous d'accord, et d'un bon accord : oh, ce serait la désolation des geôliers et des potences! Je parle contre mon profit présent; mais mon souhait renferme un avancement. (*Ils sortent.*)

SCÈNE V.

Bretagne. — La tente de Cymbeline.

Entrent CYMBELINE, BELARIUS, GUIDERIUS, ARVIRAGUS, PISANIO, *Seigneurs, officiers, gens de la suite.*

Cymbeline. — Placez-vous à mes côtés, vous que les Dieux ont faits les sauveurs de mon trône. Mon cœur s'afflige qu'on ne puisse trouver le pauvre soldat qui a combattu avec une si riche vaillance, dont les haillons ont humilié les armures dorées, dont la poitrine nue marchait au-devant des boucliers impénétrables : il sera heureux, si notre faveur a pouvoir et moyens de le rendre heureux, celui qui parviendra à le découvrir.

Belarius. — Je n'ai jamais vu une si noble furie dans un si pauvre être, ni de tels rares exploits chez un homme qui n'annonçait rien que misère et piteux état.

Cymbeline. — On n'en a pas de nouvelles ?

Pisanio. — On l'a cherché parmi les morts et les vivants, mais on n'en trouve pas de traces.

Cymbeline. — Je regrette d'hériter de la récompense qui lui était due ; je l'ajouterai aux vôtres (*à Belarius, Guiderius et Arviragus*), vous, le foie, le cœur et le cerveau de la Bretagne, vous par qui je déclare qu'elle vit. Il est temps à cette heure de vous demander d'où vous venez : — apprenez-nous cela.

Belarius. — Sire, nous sommes nés en Cambrie, et nous sommes gentilshommes ; nous vanter d'autre chose ne serait ni loyal ni modeste, à moins d'ajouter, nous sommes honnêtes gens.

Cymbeline. — Fléchissez vos genoux. — Relevez-vous, mes chevaliers de la bataille ; je vous crée compagnons de notre personne, et je vous investirai de dignités conformes à votre rang.

Entrent CORNELIUS *et* DES DAMES.

CYMBELINE. — Voici des visages qui ont l'air affairé. — Pourquoi saluez-vous notre victoire avec des mines aussi tristes? On vous dirait des Romains et non des gens de la cour de Bretagne.

CORNELIUS. — Salut, grand roi! Je suis obligé de mêler l'amertume à votre bonheur en vous apprenant que la reine est morte.

CYMBELINE. — A qui un pareil message peut-il convenir plus mal qu'à un médecin? Cependant je considère que si la vie peut être prolongée par la médecine, la mort se saisira cependant aussi du docteur. — Comment a-t-elle fini?

CORNELIUS. — Par l'horreur, par une agonie furieuse comme sa vie qui, après avoir été cruelle au monde, a conclu par être cruelle surtout contre elle-même. Si tel est votre bon plaisir, je vous rapporterai ce qu'elle a confessé : ses femmes qui, les joues mouillées de larmes, étaient présentes lorsqu'elle mourut, peuvent me relever d'erreur, si je mens.

CYMBELINE. — Parle, je t'en prie.

CORNELIUS. — D'abord, elle a confessé qu'elle ne vous a jamais aimé; que ce qu'elle chérissait c'était non pas vous, mais la grandeur conférée par vous; qu'elle s'était mariée à votre monarchie, était l'épouse de votre trône, mais abhorrait votre personne.

CYMBELINE. — Elle seule savait cela, et si elle ne l'avait pas déclaré en mourant, je n'en aurais pas cru l'aveu de ses lèvres. Continue.

CORNELIUS. — Votre fille qu'elle faisait semblant de si sincèrement aimer, elle a confessé qu'elle était pour elle un scorpion, et qu'elle l'aurait tuée par le poison que je lui avais donné, si celle-ci n'avait pas prévenu sa mort par la fuite.

CYMBELINE. — Ô très-subtil démon! Qui pourrait pénétrer une femme? — Y a-t-il encore autre chose?

CORNELIUS. — Oui, Sire, et de pires choses. Elle a confessé qu'elle vous réservait un poison mortel qui, une fois pris, se serait nourri de votre vie, minute par minute, et vous aurait consumé lentement, atome par atome : pendant ce temps-là, elle comptait, à force de vous veiller, de vous tenir compagnie, de pleurer, de vous embrasser, vous entortiller par ses comédies ; oui, et une fois qu'elle vous aurait tenu par ses ruses, vous amener à déclarer son fils héritier de la couronne ; mais, trompée dans ses fins par l'étrange absence de ce dernier, elle s'abandonna à un désespoir sans pudeur, découvrit ses desseins, au mépris du ciel et des hommes, se repentit de n'avoir pu faire éclore les crimes qu'elle avait couvés, et mourut ainsi, désespérée.

Cymbeline. — Avez-vous entendu tout cela, vous, ses femmes ?

Première dame. — Nous l'avons entendu, plaise à Votre Altesse.

Cymbeline. — Mes yeux ne furent point coupables puisqu'elle était belle ; ni mes oreilles, puisqu'elles entendaient ses flatteries ; ni mon cœur, puisqu'il la croyait telle qu'elle se montrait. Se défier d'elle eût été vicieux : cependant, ô ma fille, tu pourrais bien dire que ce fut chez moi folie, et en trouver la preuve dans ce que tu as dû sentir. Puisse le ciel réparer tout !

Entrent LUCIUS, IMOGÈNE, IACHIMO, le devin, *et autres prisonniers romains sous garde ;* POSTHUMUS *vient par derrière.*

Cymbeline. — Tu ne viens plus maintenant pour demander le tribut, Caïus ; ce tribut, les Bretons l'ont aboli, en perdant, il est vrai, bien des braves, dont les parents ont demandé que les mânes fussent apaisés par votre massacre, à vous, leurs captifs, demande que nous leur avons accordée : ainsi, préparez-vous à votre sort.

Lucius. — Sire, considérez les chances de la guerre : la journée vous appartient par accident ; si elle nous eût appartenu, nous n'aurions pas, une fois notre sang refroidi, menacé vos prisonniers du glaive. Mais puisque les Dieux veulent qu'il n'y ait pour nous d'autre rançon que la mort, qu'elle vienne : il suffit à un Romain de savoir souffrir avec un cœur romain : Auguste existe et pensera à ce qu'il doit faire à cet égard ; voilà pour ce qui me touche particulièrement. J'implorerai de vous une seule grâce : permettez que mon page, né Breton, soit racheté : jamais maître n'eut page si tendre, si fidèle à ses devoirs, si diligent, si scrupuleux, si loyal, si adroit, si bonne ménagère en quelque sorte. Que sa vertu appuie ma requête que Votre Altesse ne repoussera pas, j'ose l'affirmer ; il n'a fait aucun mal aux Bretons, quoiqu'il ait servi un Romain : sauvez-le, Sire, et n'épargnez ensuite le sang d'aucun de nous.

Cymbeline. — Pour sûr je l'ai vu ; sa physionomie m'est familière. — Enfant, tes regards t'ont conquis ma faveur, et tu m'appartiens désormais. Je ne sais pourquoi ni comment, je suis poussé à te dire : « Vis, enfant. » Ne remercie pas ton maître : vis, et demande à Cymbeline n'importe quel présent que ma générosité puisse t'accorder et qui convienne à ta condition, je te le donnerai ; oui, quand bien même tu me demanderais un prisonnier, et le plus noble de tous.

Imogène. — Je remercie humblement Votre Altesse.

Lucius. — Je ne te recommande pas de solliciter pour ma vie, mon bon garçon ; je sais que tu le feras.

Imogène. — Non, non ; hélas, bien autre chose me réclame : je vois une chose qui pour moi est plus amère que la mort : votre vie, mon bon maître, devra prendre soin d'elle-même.

Lucius. — L'enfant me dédaigne, il m'abandonne, il me méprise : courtes sont les joies de ceux qui se fient à la fidélité des filles et des garçons. — Pourquoi a-t-il l'air si perplexe?

Cymbeline. — Que désirerais-tu, enfant ? Je t'aime de plus en plus ; pense aussi de plus en plus à ce que tu aimes mieux me demander. Est-ce que tu connais l'homme que tu regardes? Parle, veux-tu qu'il vive ? est-il ton parent? ton ami?

Imogène. — Il est Romain, et ne m'est pas plus parent que je ne le suis à Votre Altesse, moi qui étant né votre vassal, vous suis cependant un peu plus proche.

Cymbeline. — Pourquoi le regardes-tu ainsi?

Imogène. — Je vous le dirai en particulier, Sire, s'il vous plaît de m'accorder audience.

Cymbeline. — Oui, de tout mon cœur, et je te prêterai ma meilleure attention. Quel est ton nom?

Imogène. — Fidèle, Sire.

Cymbeline. — Tu es mon bon jouvenceau, mon page; je serai ton maître : fais un tour avec moi; parle librement. (*Cymbeline et Imogène conversent à part.*)

Belarius. — Est-ce que cet adolescent n'est pas ressuscité d'entre les morts?

Arviragus. — Un grain de sable ne ressemble pas plus à un autre, qu'il ne ressemble à cet aimable garçon aux joues de rose qui mourut et s'appelait Fidèle. Qu'en pensez-vous?

Guiderius. — Je pense que c'est ce même mort qui est vivant.

Belarius. — Paix, paix! Observons un peu plus longtemps : il ne nous remarque pas; prenons garde; deux créatures peuvent être semblables : si c'était lui, je suis sûr qu'il nous aurait parlé.

Guiderius. — Mais nous l'avons vu mort.

Belarius. — Soyez silencieux ; continuons à regarder.

Pisanio, *à part*. — C'est ma maîtresse : puisqu'elle est vivante, que les choses tournent bien ou mal, comme il leur plaira. (*Cymbeline et Imogène s'avancent.*)

Cymbeline. — Viens, tiens-toi à notre côté; fais tout haut ta demande. (*A Iachimo.*) Seigneur, avancez ici; répondez à cet enfant, et répondez-lui franchement, ou par notre grandeur, et par notre justice qui est notre honneur, une cruelle torture saura séparer la vérité du mensonge. (*A Imogène.*) Commence, parle-lui.

Imogène. — La faveur que je réclame est que ce gentilhomme déclare de qui il tient cette bague.

Posthumus, *à part*. — En quoi cela lui importe-t-il?

ACTE V, SCÈNE V.

Cymbeline. — Ce diamant qui est à votre doigt, parlez, comment est-il venu en votre possession?

Iachimo. — Tu me tortureras si je ne te dis pas ce qui, une fois dit, te torturera.

Cymbeline. — Comment! moi?

Iachimo. — Je suis heureux d'être contraint de déclarer une chose dont le secret est un tourment pour moi. C'est par vilenie que j'ai acquis cette bague ; c'était le joyau de Leonatus que tu as banni, — ce qui doit t'affliger d'autant plus, comme cela m'afflige moi-même, — qu'un plus noble Seigneur ne respira jamais entre le ciel et la terre. Veux-tu en entendre davantage, Monseigneur?

Cymbeline. — Tout ce qui se rapporte à cette affaire.

Iachimo. — Cette merveille, ta fille, dont le souvenir fait saigner mon cœur et frissonner mon âme menteuse.... pardon.... je m'évanouis.

Cymbeline. — Ma fille! que sais-tu d'elle? Rappelle tes forces : j'aimerais mieux que tu vécusses tant qu'il plaira à la nature, que si tu mourais sans que j'en apprisse davantage: fais effort, l'ami, et parle.

Iachimo. — Une fois, — maudite soit l'horloge qui frappa l'heure! — c'était à Rome, — maudit soit le palais où cela se passa! — à un festin, — oh! que nos mets ne furent-ils empoisonnés, au moins ceux que je portais à ma bouche! — le vertueux Posthumus! — que dirai-je? il était trop vertueux pour se trouver en compagnie d'hommes mauvais, et parmi les plus rares des hommes vertueux, il était le plus accompli de tous; — comme il était assis tristement, nous écoutant louer nos maîtresses d'Italie, pour leur beauté, qui d'après nos panégyriques réduisait à l'impuissance l'éloquence enthousiaste des plus beaux parleurs; pour leurs formes que nous présentions comme faisant paraître incomplètes ces statues des autels de Vénus ou de Minerve à la taille élancée dont les attitudes ne peuvent être atteintes par la trop hâtive nature; pour leur caractère dont nous faisions une boutique de toutes les qualités que l'homme aime chez la femme; en outre pour cet hameçon du mariage, la grâce qui accroche l'œil....

Cymbeline. — Je suis sur des charbons ardents : arrivez au fait.

Iachimo. — J'y viendrai trop vite, à moins que tu ne tiennes à être promptement désolé. Ce Posthumus, — tout à fait comme un noble Seigneur amoureux et un homme qui avait une royale maîtresse, — releva le gant, et sans déprécier celles dont nous faisions l'éloge, — il fut à leur sujet calme comme la vertu, — il commença le portrait de sa maîtresse ; ce portrait une fois achevé par sa langue fut tel, qu'en lui supposant la vie, il fallait conclure ou bien que les femmes dont nous nous vantions étaient des souillons de cuisine, ou bien que sa description nous réduisait à l'état de sots ne sachant pas parler.

Cymbeline. — Voyons, voyons, au fait.

Iachimo. — La chasteté de votre fille.... c'est ici que cela commence. Il parla d'elle comme si Diane était habituée aux rêves lubriques, et qu'elle seule fût chaste au monde : là-dessus, moi misérable, je fis l'incrédule à l'endroit de ce panégyrique, et je lui pariai une somme d'or contre cette bague, que son honneur portait alors à son doigt, que j'obtiendrais la faveur d'entrer dans son lit, et que je gagnerais ce joyau par son adultère et le mien : lui, loyal chevalier, ayant dans l'honneur de sa femme toute la confiance que je découvris qu'elle méritait, engagea cette bague, et il l'aurait engagée quand bien même elle eût été un des diamants du char de Phébus, et il aurait pu vraiment l'engager en toute sécurité quand bien même elle eût valu le char tout entier. Je me rends en toute diligence en Bretagne pour ce dessein : — vous devez, Sire, vous rappeler ma présence à votre cour ; c'est là que votre chaste fille m'apprit l'immense différence qu'il y a entre amoureux et luxurieux. Mon espérance étant ainsi éteinte, mais non ma vanité, ma cervelle italienne s'avisa dans votre naïve Bretagne d'un stratagème très-vil, mais excellent pour mon avantage. Pour abréger, ma tactique réussit si bien que je revins avec des preuves suffisamment acceptables pour rendre fou le noble Leonatus, en blessant la confiance qu'il avait dans l'honneur d'Imogène par tels et tels témoignages, descriptions exactes des tentures et des peintures de sa chambre, ce bracelet qui lui appartenait, — ô perfidie, de quelle manière l'ai-je acquis! — mieux encore, certaines marques secrètes que porte sa personne, si bien qu'il ne put faire autrement que de croire qu'elle avait entièrement rompu son engagement de chasteté, et que j'en avais recueilli le bénéfice. Là-dessus, il me semble que je le vois maintenant....

Posthumus, *s'avançant avec précipitation*. — Oui, tu me vois en effet, démon italien! Hélas de moi, fou trop crédule, insigne meurtrier, voleur, digne de toutes les épithètes dues à tous les scélérats passés, présents, et à venir! — Oh, que quelque intègre justicier me donne une corde, un couteau ou du poison! Ô roi, envoie chercher les tourmenteurs les plus habiles : me voici, moi qui amnistie tout ce qu'il y a de plus abhorré sur la terre, tant je le dépasse. Je suis Posthumus qui tua ta fille : — mais je mens encore comme un scélérat que je suis; — j'obligeai un moindre scélérat que moi, un voleur sacrilége à faire cela : — elle était le temple de la vertu, elle était la vertu même. Crachez sur moi, jetez-moi des pierres, couvrez-moi de boue, mettez à mes trousses tous les chiens de la rue, que tout scélérat soit appelé Posthumus Leonatus, et que la scélératesse soit moins honnie qu'elle ne l'était auparavant! — Ô Imogène, ma reine, ma vie, ma femme! Ô Imogène, Imogène, Imogène!

Imogène. — Paix, Monseigneur; écoutez, écoutez!

Posthumus. — Allons-nous tourner cela en comédie? Tiens, page impertinent, prends ceci pour ton rôle. (*Il frappe Imogène; elle tombe.*)

Pisanio. — Ô gentilshommes, au secours! Ma maîtresse et la vôtre! Ô Monseigneur Posthumus, vous n'avez pas tué Imogène jusqu'à ce moment-ci. — Au secours, au secours! — Mon honorée Dame!

Cymbeline. — Le monde tourne-t-il encore sur son axe?

Posthumus. — D'où me viennent ces vertiges?

Pisanio. — Revenez à vous, ma maîtresse !

Cymbeline. — S'il en est ainsi, les Dieux ont l'intention de me frapper de mort par excès de joie.

Pisanio. — Comment se trouve ma maîtresse ?

Imogène. — Oh ! retire-toi de ma vue ; tu me donnas du poison : hors d'ici, dangereux compagnon ! ne viens pas respirer là où sont les princes !

Cymbeline. — La voix d'Imogène !

Pisanio. — Madame, que les Dieux lancent sur moi leurs foudres sulfureuses, si je ne croyais pas que la boîte que je vous donnai était une chose précieuse : elle me venait de la reine.

Cymbeline. — Encore du nouveau !

Imogène. — Cela m'a empoisonné.

Cornelius. — Ô Dieux ! J'avais oublié dans la confession de la reine une chose qui atteste ton honnêteté : « Si Pisanio, dit-elle, a donné à sa maîtresse cette composition que je lui donnai comme cordial, elle est servie comme je servirais un rat. »

Cymbeline. — Qu'est-ce que cela veut dire, Cornelius?

Cornelius. — Sire, la reine me sollicitait souvent de lui préparer des poisons, prétendant toujours qu'elle se bornait à tuer pour la satisfaction de sa science de viles créatures, telles que chiens et chats sans valeur : moi, craignant que ses desseins ne fussent plus dangereux, je composai pour elle une certaine drogue qui, prise, aurait pour effet de suspendre le pouvoir de la vie, mais au bout de peu de temps rendrait tous les instruments de la nature à leurs dues fonctions. — Avez-vous pris de cette drogue?

Imogène. — Très-probablement, car j'ai été morte.

Belarius. — Mes enfants, voilà la cause de notre erreur.

Guiderius. — C'est Fidèle certainement.

Imogène. — Pourquoi avez-vous repoussé loin de vous votre épouse? Imaginez que vous êtes au haut d'un rocher, et maintenant repoussez-moi encore. (*Elle l'embrasse.*)

POSTHUMUS. — Pends ici comme un fruit, mon âme, jusqu'à ce que l'arbre meure!

CYMBELINE. — Eh bien, qu'est-ce à dire, ma chair, mon enfant? Est-ce que tu me prends pour le Jocrisse de cette pièce? Ne vas-tu pas me parler?

IMOGÈNE, *s'agenouillant*. — Votre bénédiction, Sire.

BELARIUS, *à Guiderius et à Arviragus*. — Vous aimiez ce jeune homme et je ne vous en blâme pas; vous aviez un motif pour cela.

CYMBELINE. — Que mes larmes qui tombent soient pour toi une eau de bénédiction! Imogène, ta mère est morte.

IMOGÈNE. — J'en suis désolée, Monseigneur.

CYMBELINE. — Oh! elle ne valait rien, et c'est grâce à elle que nous nous retrouvons ici d'une manière si étrange : mais son fils est parti, nous ne savons pourquoi, ni où il est.

PISANIO. — Monseigneur, maintenant que je n'ai plus de craintes, je dirai la vérité. Lorsque le Seigneur Cloten connut l'absence de Madame, il vint à moi, l'épée tirée, l'écume à la bouche, et jura que si je ne lui découvrais pas quelle route elle avait prise, il allait me tuer sur-le-champ. Par hasard j'avais alors dans ma poche une lettre que mon maître avait écrite par feinte : les indications de cette lettre lui apprirent qu'il devait la chercher dans les montagnes près de Milford; dans un accès de frénésie, il endosse les vêtements de mon maître qu'il m'avait contraint de lui donner, et part en toute hâte avec des projets impudiques, et avec serment de violer l'honneur de Madame : ce qui est advenu de lui ensuite, je ne le sais pas.

GUIDERIUS. — Permettez-moi d'achever l'histoire : je l'ai tué à l'endroit que vous dites.

CYMBELINE. — Vraiment? veuillent les Dieux que non! je ne voudrais pas que tes nobles actions fussent récompensées par une dure sentence arrachée à mes lèvres : je t'en prie, vaillant jeune homme, renie tes paroles.

GUIDERIUS. — J'ai dit, et j'ai fait comme je le dis.

CYMBELINE. — C'était un prince

Guiderius. — Un prince très-impoli : les insultes qu'il me fit n'étaient rien moins que princières; car il me provoqua dans un langage qui m'aurait poussé à donner du pied à la mer, si elle avait rugi contre moi de cette façon-là. Je lui coupai la tête, et je suis très-heureux que ce ne soit pas lui qui soit là pour raconter de moi ce que je raconte de lui.

Cymbeline. — J'en suis désolé pour toi. Tu te condamnes par ta propre bouche, et tu dois subir notre loi : tu es mort!

Imogène. — J'avais pris cet homme sans tête pour mon époux.

Cymbeline. — Liez le coupable, et conduisez-le hors de notre présence.

Belarius. — Arrête, Sire roi; cet homme est supérieur à l'homme qu'il tua, il descend d'aussi haut lieu que toi-même, et il a mieux mérité de toi que toute une bande de Clotens même criblés de blessures. — (*Aux gardes.*) Laissez ses bras tranquilles, ils ne furent pas créés pour l'esclavage.

Cymbeline. — Qu'est-ce à dire, vieux soldat? est-ce que par hasard tu veux te frustrer de la récompense qui t'est encore due en tâtant de notre colère? Comment descend-il d'aussi haut lieu que nous?

Arviragus. — Il est allé trop loin en cela.

Cymbeline. — Et tu mourras pour ces paroles.

Belarius. — Nous mourrons tous trois; mais je prouverai que deux d'entre nous sont aussi hauts que j'ai dit que celui-ci l'était. — Mes fils, il me faut tenir un discours dangereux pour moi, bien qu'il puisse être avantageux pour vous.

Arviragus. — Votre danger est le nôtre.

Guiderius. — Et notre bien est le sien.

Belarius. — Eh bien, attention, s'il vous plaît! Grand roi, tu avais un sujet qui s'appelait Belarius.

Cymbeline. — Pourquoi parles-tu de lui? c'est un traître banni.

Belarius. — C'est lui-même qui a revêtu ces vieux

ACTE V, SCÈNE V.

traits que voici : c'est un banni, en effet ; traître, je ne sais pas comment il le fut.

Cymbeline. — Emmenez-le d'ici ; le monde entier ne le sauverait pas.

Belarius. — Pas tant d'emportement : paye-moi d'abord pour avoir élevé les fils, et puis confisque-moi le tout aussitôt que je l'aurai reçu.

Cymbeline. — Pour avoir élevé mes fils !

Belarius. — Je suis trop brutal et trop impoli : me voici à genoux ; avant de me relever, j'aurai grandi mes fils ; cela fait, n'épargne pas le vieux père. Puissant roi, ces deux jeunes gentilshommes qui m'appellent père et croient qu'ils sont à moi, ne m'appartiennent pas : ils sont issus de vos reins, mon Seigneur lige, et ils ont été engendrés de votre sang.

Cymbeline. — Comment? issus de moi !

Belarius. — Aussi sûr que vous êtes issu de votre père. Moi, le vieux Morgan, je suis ce Belarius que vous avez autrefois banni ; mon offense, ma punition, ma trahison, tout cela n'exista que par votre bon plaisir ; dans ce que j'ai souffert consista tout le mal que je fis. Ces nobles princes, — nobles ils étaient, et nobles ils sont, — je les ai élevés durant ces dernières vingt années ; les arts que je pouvais leur inculquer, ils les possèdent ; et vous savez, Sire, quelle était mon éducation. Euriphile, leur nourrice, que j'épousai pour ce larcin, déroba les enfants au moment où je fus banni : je la poussai à cet acte, car j'avais reçu d'avance la punition qu'il méritait : le châtiment qui fut la récompense de ma loyauté m'excita à la trahison. Plus la perte de ces précieux êtres devait être ressentie de vous, mieux leur vol répondait à mon but. Mais, gracieux Sire, revoilà vos fils, et en vous les rendant, il me faut perdre deux des plus aimables compagnons qu'il y ait au monde : — que la bénédiction de ces cieux qui s'étendent au-dessus de nous tombe sur leurs têtes comme la rosée ! car ils sont dignes d'aller ajouter des étoiles au ciel.

Cymbeline. — Tu pleures, pendant que tu parles. Le

service que vous trois m'avez rendu aujourd'hui est plus incroyable que l'histoire que tu racontes. Je perdis mes enfants : si ce sont eux qui sont là, je ne pourrais désirer un couple de plus nobles fils.

Belarius. —Daignez m'écouter encore. Ce gentilhomme que j'appelle Polydore, très-noble prince, est votre véritable Guiderius ; cet autre gentilhomme, mon Cadwal, est Arviragus, votre prince cadet ; celui-là, Sire, fut enveloppé dans un superbe manteau, ouvrage des mains de la reine sa mère, manteau que je puis aisément produire comme preuve.

Cymbeline. — Guiderius avait au cou un signe, une étoile couleur de sang ; c'était une marque singulière.

Belarius. — Voici Guiderius ; il porte toujours cette marque que la nature, dans sa sagesse, lui donna pour qu'elle lui servît de témoin à cette heure.

Cymbeline. — Oh ! suis-je donc comme une mère qui vient de donner naissance à trois enfants ? Jamais mère ne fut aussi joyeuse de sa délivrance. — Oh ! j'en prie les Dieux, soyez bénis, vous qui, après cet étrange éloignement de vos orbites, rentrez en eux pour y régner ! — Oh ! Imogène, tu perds un royaume à cet événement.

Imogène. — Non, Monseigneur ; j'ai gagné par cet événement deux univers. — Ô mes nobles frères, nous sommes-nous donc ainsi rencontrés ? Oh ! ne dites pas désormais que je ne suis pas celle qui de nous trois est la plus véridique : vous m'appeliez frère, lorsque je n'étais que votre sœur ; je vous appelais frères, lorsque vous étiez vraiment mes frères.

Cymbeline. — Vous êtes-vous jamais rencontrés ?

Arviragus. — Oui, mon bon Seigneur.

Guiderius. — Et nous l'avons aimée dès la première entrevue, et nous avons continué de l'aimer jusqu'à l'heure où nous l'avons crue morte....

Cornelius. — De la potion de la reine qu'elle avait avalée.

Cymbeline. — Oh ! merveille de l'instinct ! Quand donc apprendrai-je le récit complet de ces aventures ? Ce résumé à grands traits a nécessairement des circonstances dont un récit détaillé montrera l'intérêt. — Où et comment avez-vous vécu? Quand êtes-vous entrée au service de notre captif romain? Comment vous êtes-vous séparée de vos frères? Comment les avez-vous d'abord rencontrés? Pourquoi avez-vous fui de notre cour, et où avez-vous fui? Tous ces incidents, et les motifs qui vous ont poussés au combat, vous trois, ainsi que quantité d'autres choses, mériteraient autant de questions ; et puis tout l'enchaînement des circonstances, l'une engendrant l'autre ; mais ce n'est ni le temps ni le lieu convenables pour un long interrogatoire. Voyez, Posthumus s'accroche à Imogène, et elle, pareille à un éclair inoffensif, laisse glisser son œil sur lui, sur ses frères, sur moi, sur son maître, frappant chacun d'un regard de joie que chacun lui rend. Quittons ce lieu, et allons faire fumer le temple par nos sacrifices. (*A Belarius.*) Tu es mon frère : nous te tiendrons toujours pour tel.

Imogène. — Vous êtes aussi mon père, et c'est à vos secours que je dois de voir ce temps de bonheur.

Cymbeline. — Nous sommes tous saturés de joie, sauf ceux qui sont enchaînés ; qu'ils soient joyeux aussi, car ils doivent goûter de notre bonheur.

Imogène. — Mon bon maître, je puis encore vous rendre service.

Lucius. — Heureuse soyez-vous!

Cymbeline. — Le soldat introuvable qui a si noblement combattu aurait bien tenu sa place dans cette scène, et aurait honoré les remerciments d'un roi.

Posthumus. — Je suis, Sire, le soldat qui tint compagnie à ces trois-ci, sous un pauvre accoutrement qui convenait au but que je poursuivais alors. — Iachimo, déclarez que c'était moi : je vous ai tenu alors sous moi, et j'aurais pu mettre fin à vos jours.

Iachimo. — Je suis une seconde fois terrassé ; mais à cette heure, c'est le poids de ma conscience qui me fait fléchir le genou, comme la première fois je l'ai fléchi sous votre force. (*Il s'agenouille.*) Prenez, je vous en conjure, cette vie que je vous dois tant de fois; mais reprenez d'abord votre bague; et voici le bracelet de la plus fidèle princesse qui jamais promit sa foi.

Posthumus. — Ne vous agenouillez pas devant moi. Le pouvoir que j'ai sur vous, c'est de vous épargner; le ressentiment que je vous porte, c'est de vous pardonner : vivez, et agissez plus honnêtement avec les autres.

Cymbeline. — Sentence noblement rendue! Notre gendre nous apprend quelle doit être notre générosité : pardon est le mot pour tous.

Arviragus. — Seigneur, vous nous avez assisté dans le combat, comme si vous aviez en effet l'intention d'être notre frère; joyeux sommes-nous que vous le soyez.

Posthumus. — Votre serviteur, princes. — Mon bon Seigneur de Rome, appelez votre devin : pendant mon sommeil, il m'a semblé que le grand Jupiter, monté sur son aigle, m'apparaissait, en même temps que d'autres fantômes, figures de mes propres parents; à mon réveil, j'ai trouvé sur ma poitrine cet écrit dont le contenu est si difficile à comprendre que je ne puis en pénétrer le sens; qu'il nous montre son talent en nous l'expliquant.

Lucius. — Philarmonus!

Le Devin. — Me voici, mon bon Seigneur.

Lucius. — Lisez, et exposez-nous le sens de cet écrit.

Le Devin, *lisant*. — « Lorsqu'un lionceau, à lui-même inconnu, trouvera sans la chercher et sera embrassé par une créature délicate comme l'air; lorsque les branches retranchées d'un cèdre royal, mortes depuis de nombreuses années, revivront, se rejoindront au vieux tronc, et reverdiront, alors Posthumus verra la fin de ses misères, la Bretagne sera fortunée, et fleurira dans la paix et l'abondance. » Leonatus, tu es le lionceau; ton nom décomposé donne exactement ce sens, puisqu'il est *Leo-natus*. (*A Cymbeline*.) Cette créature d'air délicat, ce que nous nommons *mollis aer*, est ta vertueuse fille; et de *mollis aer* nous faisons *mulier*, laquelle *mulier*, je le devine, est ta très-fidèle épouse (*à Posthumus*), à toi, qui, pour réaliser le texte de l'oracle, as tout à l'heure été embrassé par cette vapeur délicate, que tu ne reconnaissais pas et que tu ne cherchais pas.

CYMBELINE. — Cela est assez plausible.

LE DEVIN. — Le cèdre élevé, royal Cymbeline, te personnifie : tes branches retranchées désignent tes deux fils qui, volés par Belarius et crus morts depuis tant d'années, revivent maintenant rejoints au cèdre majestueux, tes fils dont la postérité promet la paix et l'abondance à la Bretagne.

CYMBELINE. — Bien, et nous voulons commencer ces jours de paix. Caïus Lucius, bien que vainqueur, nous nous soumettons à César et à l'empire romain; nous promettons de payer le tribut accoutumé; nous ne l'avons refusé qu'à l'instigation de notre reine, que les cieux dans leur justice ont punie en abaissant sur elle et les siens une main très-pesante.

LE DEVIN. — Les mains des puissances suprêmes accordent elles-mêmes l'harmonie de cette paix. La vision que je révélai à Lucius avant le commencement de cette bataille à peine refroidie, est en ce moment pleinement accomplie; car l'aigle romaine, planant haut de l'ouest au sud, s'est amoindrie et s'est évanouie dans les rayons du soleil : ce qui signifiait que notre aigle princier, l'impérial César, renouvellerait son alliance avec le radieux Cymbeline qui brille ici dans l'ouest.

CYMBELINE. — Louons les Dieux, et que de nos autels bénis montent en spirales vers leurs narines les fumées de nos sacrifices! Annonçons cette paix à tous nos sujets. Mettons-nous en marche; qu'un drapeau romain et un drapeau breton flottent amicalement ensemble; traversons ainsi la ville de Lud : nous ratifierons notre paix dans le temple du grand Jupiter, et nous la scellerons par des fêtes. En marche ici! — Jamais on ne vit guerre se terminer par une telle paix, avant même que les mains ensanglantées fussent lavées. (*Ils sortent.*)

COMMENTAIRE.

ACTE I

1. Shakespeare a tiré d'Hollinshed les incidents prétendus historiques de cette pièce qu'on doit supposer se passer la vingt-quatrième année du règne de Cymbeline et la quarante-deuxième année du règne d'Auguste, c'est-à-dire en l'an 13 de notre ère. « Après la mort de Cassibelan, dit Hollinshed, Théomantius ou Tenantius, le plus jeune fils de Lud, fut fait roi de la Grande-Bretagne, l'an du monde 3921, l'an 706 de la fondation de Rome et l'an 45 avant la venue du Christ. Il est aussi nommé Tormace dans une des chroniques anglaises; dans la même chronique il est dit que ce ne fut pas lui, mais son frère Androgeus qui fut roi, tandis que Geoffroy de Monmouth et d'autres établissent qu'Androgeus abandonna complétement le pays et continua à vivre à Rome, parce qu'il savait que les Bretons le haïssaient pour une trahison qu'il avait commise en aidant Jules César contre Cassibelan. Théomantius gouverna le royaume en parfaite tranquillité, paya aux Romains le tribut que Cassibelan avait accordé, partit finalement de cette vie après qu'il eut régné vingt-deux ans, et fut enseveli à Londres. »

« Kymbeline, ou Cymbeline, fils de Théomantius, fut fait roi des Bretons après la mort de son père dans l'an du monde 3944, l'an 728 de la fondation de Rome, et 33 ans avant la naissance de notre Sauveur. Cet homme, disent quelques écrivains, fut amené à Rome, et y fut fait chevalier par Auguste César sous lequel il servit dans la guerre, et qui l'eut en telle faveur qu'il le laissa libre de payer ou de ne pas payer son tribut. Quelques écrivains varient sur la durée du règne de Cymbeline, mais les plus autorisés affirment qu'il régna trente-cinq ans et puis mourut, et fut enseveli à Londres, laissant après lui deux fils, Guiderius et Arviragus.

« Mais il faut ici remarquer, que bien que nos historiens affirment que ce Cymbeline, tout comme son père Tenantius, ait vécu en paix avec les Romains et ait continué à leur payer le tribut que les Bretons avaient promis à Jules César de payer, nous trouvons cependant dans les écrivains romains qu'après la mort de Jules César, lorsqu'Auguste prit le commandement de l'empire, les Bretons refusèrent de payer le tribut : en cette occasion, ainsi que Cornelius Tacitus le rapporte, Auguste, étant occupé ailleurs, fut obligé de fermer les yeux, quelque vivement pressé qu'il fût par ceux qui étaient désireux de voir la fin de ces royaumes britanniques; enfin dans la dixième année après la mort de Jules César, qui fut à peu près la treizième du règne du dit Théomantius, Auguste se décida à passer avec une armée en Bretagne....

« Si cette dispute qui paraît s'être élevée entre les Bretons et Auguste fut soulevée par Kymbeline ou quelque autre prince des Bretons, je ne saurais l'affirmer : car nos historiens rapportent que Cymbeline ayant été conduit à Rome et fait chevalier à la cour d'Auguste, se montra toujours ami des Romains, et eut une répugnance particulière à rompre avec eux, parce qu'il ne voulait pas priver la jeunesse bretonne du privilége d'être élevée parmi les Romains et d'apprendre d'eux les mœurs des hommes civilisés et l'art des choses militaires. » (HOLLINSHED.) Nous n'avons pas besoin de faire remarquer à notre lecteur que tout ce récit est absolument fabuleux. Le brave Hollinshed est si peu ferré sur son histoire romaine qu'il fait succéder immédiatement Auguste à Jules César, et qu'il a l'air de croire qu'à cette époque l'empire était depuis longtemps établi à Rome.

2. Allusion probable à ces enseignes représentant des emblèmes de métier ou autres qui ornaient les façades des boutiques et des marchands, et qui étaient fréquemment accompagnées de sentences facétieuses, telles que celle-ci : *à bon vin, pas d'enseigne*.

ACTE II.

1. *When I kissed the jack*, terme du jeu de boules, par lequel on désignait la petite boule qui servait de point de mire. Cependant selon M. Staunton elle était le plus souvent désignée sous le nom de *Maîtresse*.

2. Autrefois les parquets étaient couverts de nattes de joncs en guise de tapis, ainsi que nous l'avons maintes fois mentionné dans nos notes antérieures.

3. Les commentateurs font observer justement que l'histoire de Philomèle est en parfait accord avec celle d'Imogène destinée à souffrir aussi d'une atroce injure. Cette lecture choisie par Shakespeare est une de ces coïncidences étranges comme la vie ne manque jamais d'en présenter au moment de quelque grave catastrophe, c'est comme un oracle obscur qui prédit à Imogène le sort qui l'attend.

4. C'était autrefois une coutume dans les maisons seigneuriales de faire prêter serment de fidélité aux serviteurs lorsqu'ils entraient en fonctions. (PERCY.)

5. Tout ce passage est littéralement traduit de l'Arioste. Cherchez au vingt-septième chant de l'adorable *Orlando furioso* le passage où Rodo-

mont est abandonné par Doralice pour Mandricard, écoutez les plaintes désespérées du roi sarrasin, et comparez les octaves suivantes aux fureurs de Posthumus :

> Credo che t'abbia la Natura e Dio
> Produtto, o scelerato sesso, al mondo,
> Per una soma, per un grave fio
> De l'uom che senza te saria giocondo :
> Come ha produtto anco il serpente rio,
> E il lupo, e l'orso, e fa l'aer secondo
> E di mosche, e di vespe, e di tafani,
> E-loglio e avena fa nascer tra i grani.

> Perchè fatto non ha l'alma natura,
> Che senza te potesse nascer l'uomo,
> Comme s'innesta per umana cura
> L'un sopra l'altro il pero, il sorbo e 'l pomo;
> Ma quella non può far sempre a misura
> Anzi, s'io vo' guardar come io la uomo
> Veggo che non può far cosa perfetta,
> Poi che Natura femmina vien detta.

> Non siate però tumide e fastose,
> Donne, per dir che l'uom sia vostro figlio;
> Che delle spine ancor nascon le rose
> E d'una fetida erba nasce il giglio;
> Importune, superbe, dispettose,
> Prive d'amor, di fede e di consiglio,
> Temerarie, crudeli, inique, ingrate,
> Per pestilenzia eterna al mondo nate.

ACTE III.

1. Selon les anciens chroniqueurs, ce ne serait pas Cassibelan, mais son frère Nennius qui aurait accompli cet exploit.

2. « C'est ainsi que selon César lui-même, et selon d'autres écrivains authentiques, la Bretagne devint tributaire des Romains. Mais le récit de nos historiens diffère du leur à ce point qu'ils affirment que César étant venu pour la seconde fois fut battu et repoussé avec grande vaillance et force martiales prouesses, comme la première fois, surtout parce que Cassibelan avait enfoncé dans la Tamise de grands troncs d'arbres garnis de fer, et c'est ainsi que ses vaisseaux entrant dans la rivière furent détruits et perdus. Puis étant descendu à terre, il fut vaincu en bataille rangée, et contraint de s'enfuir en Gaule avec les vaisseaux qui

lui restaient. En réjouissance de cette seconde victoire (dit Galfrid), Cassibelan fit célébrer une grande fête à Londres, et là, il sacrifia aux Dieux. » (HOLLINSHED.) Le même chroniqueur raconte ainsi l'origine du nom de Londres. « Lud commença son règne dans l'année du monde 3895 après la création, 679 après la fondation de Rome, 72 avant la venue du Christ, et 19 ans avant que les Romains entrassent en Bretagne. Ce Lud se montra noble prince, amenda celles des lois du royaume qui étaient défectueuses, abolit les mauvais us et coutumes établis parmi son peuple, répara les vieilles villes et cités qui étaient en décadence; mais il se plut spécialement à agrandir et à embellir d'édifices la ville de Troinovant, qu'il entoura d'un solide mur fait de chaux et de moellons, et qu'il fortifia en toute perfection de plusieurs belles tours; et dans la partie ouest du même mur, il érigea une porte solide à laquelle il ordonna de donner son nom, *Lud's gate*, et c'est ainsi qu'elle est encore appelée *Ludgate*, l'*s* seulement s'étant perdue dans la prononciation de ce mot. Le roi Lud estimant cette ville au-dessus de toutes celles du royaume, l'embellissant comme il faisait, et y résidant continuellement, il s'ensuivit que le nom changea, et qu'elle fut appelée *Caerlud*, c'est-à-dire la ville de Lud, et ensuite, par corruption de langage, *London*. »

3. « Mulmucius Dunwallo ou d'autres disent Dunwallo Mulmucius, fils de Cloton, prit le dessus sur tous les autres ducs et seigneurs, et après la mort de son père commença son règne sur toute la monarchie des Bretons, l'an du monde 3529. Ce Mulmucius Dunwallo est nommé dans la chronique anglaise de Donebant, et se montra un très-noble prince. Il bâtit dans la cité de Londres, alors appelée Troinovant, un temple qu'il appela le temple de la paix. Il fit aussi plusieurs bonnes lois, nommées les lois de Mulmucius, qui furent longtemps en usage, lesquelles furent traduites du langage breton en latin par Gildas Priscus, et puis longtemps après traduites du latin en anglais par Alfred roi d'Angleterre, et mêlées à ses statuts. Après qu'il eut bien mis son pays et ses Bretons en ordre et en bonne discipline, il ordonna sur le conseil de ses seigneurs qu'on lui fît une couronne d'or, et il se fit couronner en grande solennité, selon la coutume des lois païennes alors en usage; et parce qu'il était le premier qui eût porté une couronne ici en Bretagne, d'après l'opinion de quelques écrivains, il est nommé le premier roi de Bretagne, et tous les autres dont il a été parlé précédemment sont nommés chefs, ducs, gouverneurs. » (HOLLINSHED.)

4. *Feodary*, dit le texte. M. Staunton nous apprend que ce mot était le nom de l'officier chargé de porter témoignage devant les magistrats dans les affaires de confiscation ou de successions en déshérence devant échoir au roi. Il est inutile de dire que ces officiers étaient impopulaires, leurs fonctions blessant de nombreux intérêts et donnant facilement accès à l'arbitraire. C'est une insulte encore plus qu'un reproche que Pisanio adresse à l'ordre écrit qu'il a reçu de Posthumus.

5. Les *franklins* étaient les riches bourgeois de campagne, les bons fermiers tenant des terres à titre libre, les *yeomen* substantiels.

6. Autrefois les vieux vêtements étaient suspendus dans une garde-

robe où ils restaient jusqu'à ce qu'ils tombassent en pourriture. Note curieuse de Steevens à ce sujet. « Lorsque j'étais enfant, dans un vieux château du Suffolk, j'ai vu un de ces reliquaires, qui grâce à une série successive de vieilles filles avait été conservé avec un respect religieux pendant près d'un siècle et demi. Les habits n'étaient pas comme de nos jours faits de matières à bon marché; ils n'étaient pas gardés dans des tiroirs, et donnés dès que le cours du temps et le changement de la mode leur avaient fait perdre leur valeur. Au contraire, ils étaient suspendus à des champignons de bois dans une chambre destinée seulement à les recevoir, et quoique les objets, surtout ceux d'étoffes riches, fussent occasionnellement coupés pour des usages domestiques, manteaux, vestes d'enfants, courtepointes pour lits, etc., les articles de qualité inférieure restaient suspendus à la muraille jusqu'à ce que la vétusté et les vers eussent détruit ce que l'orgueil ne voulait pas permettre de laisser porter aux domestiques ou aux parents pauvres. »

ACTE IV.

1. « Si le rouge-gorge, dit un vieux livre appelé *Cornucopia*, trouve un homme ou une femme morts, il couvre leurs faces de mousse, et quelques-uns disent que si le corps tout entier est resté sans sépulture, ils le couvriront tout entier aussi. » C'est cette tradition que le poëte Drayton célèbre dans ces deux vers :

Couvrant de mousse l'œil ouvert de l'homme mort,
Le petit rouge-gorge nous enseigne la charité.

2. Est-il bien utile de faire remarquer qu'il n'y avait pas de ducs de Sienne au temps d'Auguste, et que Shakespeare commet ici un anachronisme? De duc ou de chef tyrannique de Sienne, il n'y en eut du reste jamais, cette ville ayant été de toutes les républiques de Toscane la plus foncièrement démocratique.

ACTE V.

1. Shakespeare a trouvé cette histoire de bataille dans Hollinshed; seulement chez ce dernier elle se passe en Écosse, sous le règne de Kenneth en l'an 976 de notre ère. « Les Danois s'apercevant qu'il n'y avait pour eux espérance de vie que dans la victoire, se précipitèrent avec une telle violence sur leurs adversaires que d'abord l'aile droite, et puis l'aile gauche des Écossais furent forcées de reculer et de s'enfuir : les troupes du centre gardèrent vigoureusement encore le terrain; mais elles se trouvèrent alors en tel danger, étant ainsi dégarnies de protection sur leurs deux

flancs, que la victoire serait nécessairement restée aux Danois, s'il n'avait apparu au bon moment, et, pensa-t-on, par l'ordre exprès du Dieu tout-puissant, un homme pour recommencer la bataille.

« En effet, il se trouva qu'il y avait en ce moment-là dans un champ voisin un laboureur avec deux de ses fils occupés à leur travail. Il se nommait Haie; c'était un homme vigoureux, d'une charpente solide, et animé d'un vaillant courage. Ce Haie voyant le roi avec la plus grande partie de ses nobles qui combattaient au centre avec grande vaillance, en danger d'être écrasé par ses ennemis maintenant qu'il avait perdu les ailes de son armée, s'arme d'un soc de charrue, et exhortant ses fils à faire comme lui, se dirige vers le champ de bataille.... Il y avait près de ce champ de bataille un long sentier flanqué sur ses côtés de fossés et de remparts de gazon, par lequel les Écossais s'enfuyaient, mais pour y être égorgés par leurs ennemis.

« Haie et ses fils supposant qu'en cet endroit ils pourraient surtout arrêter cette déroute, se placèrent en travers du sentier, et repoussèrent ceux qu'ils trouvèrent fuyants sans épargner amis ni ennemis; tous ceux qui arrivaient à portée de leur bras étaient abattus, si bien qu'enfin certains guerriers ayant repris cœur crièrent à leurs camarades de se retourner et de combattre. » (HOLLINSHED, *Histoire d'Écosse*.)

Ce récit est curieux en plus d'un sens, mais surtout en ce qu'il nous représente au naturel ce qu'était une bataille dans ces temps héroïques, bien moins meurtriers qu'on ne le croit. La vie générale n'était pas plus troublée par la guerre qu'elle ne l'est de nos jours par les rixes des malandrins auxquels il peut prendre fantaisie de se frotter mutuellement l'échine. Voici une bataille furieuse entre deux armées ennemies, et pendant ce temps, un paysan et ses fils sont occupés à labourer tranquillement leur champ, levant seulement la tête de temps à autre pour jouir du spectacle, dans les moments où il devient plus particulièrement intéressant. Telle fut la guerre jusqu'à l'invention de l'artillerie et la création des armées permanentes. On était toujours en guerre, il est vrai, mais cette guerre ne dépassait jamais un très-petit rayon; ceux qui en souffraient étaient les combattants seuls, et encore n'en souffraient-ils pas toujours beaucoup. Petites étaient les armées en présence, et la perte de cent hommes équivalait à une défaite. A la bataille d'Anghiari, une des plus célèbres de l'histoire florentine, il y eut un homme tué; — Machiavel dit qu'il 'yn en eut aucun, et il avait fallu emporter un pont cinq ou six fois, et la bataille avait été recommencée à diverses reprises. C'est le cas de dire en variant quelque peu le vers de Voltaire :

O l'heureux temps que celui de ces guerres!

Nous sommes loin des merveilles meurtrières du canon rayé, du fusil à aiguille, du fusil Chassepot, et autres engins de destruction aussi ingénieux qu'impitoyables. L'humanité progresse, on le voit, mais elle se châtie solidement de ses progrès. (*Note écrite avant la dernière guerre.*)

2. *In rhyme*, dit le texte, en veine de rimer. En effet, les quatre der-

niers vers que prononce Posthumus constituent une exception au vers dramatique anglais, en ce qu'ils riment.

3. Charmante explication. Ce devin est juste de la force des médecins de Molière. Shakespeare a voulu évidemment ridiculiser les rébus plus ou moins magiques des Josephs et des Daniels vulgaires si nombreux de son temps, — Nostradamus, mort quarante ans auparavant, avait fai école, — et les subtilités ridicules par lesquelles ils expliquaient les sottises écloses dans leurs cervelles à la fois obtuses et matoises de charlatans non moins retors que stupides, et non moins stupides que retors.

POËMES
DE SHAKESPEARE

VÉNUS ET ADONIS

VILIA MIRETUR VULGUS; MIHI FLAVUS APOLLO
POCULA CASTALIA PLENA MINISTRET AQUA.

Ovide.

AU TRÈS-HONORABLE HENRI WRIOTHESLY,
COMTE DE SOUTHAMPTON, ET BARON DE TICHFIELD.

TRÈS-HONORABLE SEIGNEUR,

Je ne sais trop si je ne pèche pas en dédiant à Votre Seigneurie mes vers imparfaits, ni si le monde ne me blâmera pas d'avoir choisi un aussi puissant étai pour soutenir un si faible fardeau : toutefois, si cela paraît seulement faire plaisir à Votre Honneur, je me tiens pour grandement favorisé, et prends l'engagement de mettre à profit toutes mes heures de loisir, afin d'arriver à lui marquer mon respect par l'offre de quelque œuvre plus grave. Mais si le premier-né de mon imagination se trouve mal conformé, je serai peiné de lui avoir donné un si noble parrain, et jamais plus je ne chercherai à labourer une terre si stérile, de crainte de lui voir me rendre encore une moisson tout aussi mauvaise. J'abandonne ces vers à l'examen de Votre Honneur, et votre honneur au contentement de votre cœur que je souhaite toujours conforme à vos vœux et à l'espérance du monde.

Le tout dévoué à Votre Honneur,
WILLIAM SHAKESPEARE.

VÉNUS ET ADONIS [1]

A l'instant même où le soleil au visage empourpré venait de prendre son dernier congé de l'Aurore en pleurs, Adonis aux joues de rose courait aux plaisirs de la chasse : chasser était son amour ; mais quant à l'amour, il en riait avec mépris. Vénus atteinte au fond de l'âme va droit à lui, et telle qu'un amant sans vergogne, lui fait d'emblée la cour.

« Toi qui es trois fois plus beau que moi, — ainsi débute-t-elle, — première des fleurs de la campagne, suave au delà de toute comparaison ; toi qui fais paraître laides toutes les nymphes, qui es plus charmant qu'un homme, plus blanc et plus vermeil que ne le sont les colombes et les roses, la nature qui t'a créé, se contredisant elle-même, dit qu'avec ta vie le monde expirera.

---

[1]. Shakespeare s'est chargé de nous apprendre lui-même par cette expression de sa dédicace au comte de Southampton — « le premier-né de mon imagination, » — que ce poëme de *Vénus et Adonis* doit être tenu comme la première en date de toutes ses productions. La première édition, publiée en 1593, fut suivie promptement de quatre autres qui se succédèrent entre l'année 1594 et l'année 1602. Cette multiplicité d'éditions dit assez quel fut le succès de ce poëme auprès des contemporains qui marchandèrent souvent leurs louanges au grand poëte dramatique, mais qui les accordèrent avec une libéralité sans réserve à l'auteur des précieuses mignardises de *Vénus et Adonis* et des peintures alambiquées de *Lucrèce*.

« Consens, ô toi miracle, à arrêter ton coursier, et à courber sa tête orgueilleuse à l'arçon de la selle ; si tu daignes m'accorder cette faveur, pour ta récompense, mille secrets doux comme miel te seront révélés : viens et assieds-toi ici où jamais serpent ne siffle, et une fois assis je t'étoufferai de baisers ;

« Et cependant mes baisers ne lasseront pas tes lèvres d'une satiété abhorrée ; au contraire elles n'en seront que plus affamées par leur abondance, et tour à tour sous leur variété sans cesse renaissante elles passeront de l'incarnat à la pâleur : dix baisers seront courts comme un seul, un seul long comme vingt. Dépensé dans des jeux qui trompent à ce point le temps, un jour d'été ne paraîtra qu'une heure trop courte. »

Et là-dessus elle saisit sa main moite, indice de séve et d'ardeur, et tremblante sous l'excès de la passion, elle appelle cela un baume, un onguent souverain pour amener la guérison d'une déesse : possédée comme elle l'est, son désir lui donne force et courage de l'arracher de son cheval.

Un de ses bras est enlacé aux rênes du bouillant coursier, de l'autre elle entoure le tendre adolescent qui rougit et rechigne avec un dédain morose, sans appétit d'amour, sans art de caresses. Elle, elle est rouge et chaude comme les charbons enflammés ; lui, il est rouge de honte, mais gelé de désirs.

Lestement elle attache à une branche noueuse la bride constellée de clous ; — ô que vif est l'amour ! — Le cheval bien attaché, aussitôt elle commence à vouloir attacher le cavalier à son tour : elle le pousse sur le dos, juste comme elle voudrait être renversée, et le maîtrise au moins par la force sinon par la concupiscence.

A peine est-il étendu à terre qu'elle est allongée à ses côtés, tous deux sont appuyés sur leurs coudes et leurs hanches : voilà qu'elle lui tapote la joue, et voilà qu'il fronce le sourcil et qu'il commence à se fâcher ; mais aussitôt elle arrête ses lèvres, et l'embrassant, elle lui dit avec le langage entrecoupé de la passion, « si tu veux gronder tu n'ouvriras jamais les lèvres. »

Il brûle de la honte de la pudeur; elle, avec ses larmes elle éteint le feu virginal de ses joues, et puis cherche à les sécher par le vent de ses soupirs et par le tissu de ses cheveux d'or : il lui dit qu'elle est immodeste, il blâme sa malice; mais les paroles qui suivent elle les étouffe avec un baiser.

Comme un aigle affamé, excité par le jeûne, secouant ses ailes, dévorant tout avec précipitation, frappe du bec plumes, chair, os, jusqu'à ce qu'il se soit gorgé, ou que sa proie soit achevée, ainsi elle dévore de baisers son front, ses joues, son menton, et quand elle a fini, elle recommence encore.

Obligé de céder, mais refusant d'obéir, palpitant il est étendu et respire contre son visage; elle se repaît de cette vapeur comme d'une proie, et l'appelle humidité céleste, air suave, et souhaite que ses joues à elle fussent des jardins pleins de fleurs, pour qu'elles fussent arrosées de la distillation d'une telle pluie.

Voyez, tel l'oiseau embarrassé dans un filet, tel Adonis enchaîné dans ses bras; sa candeur honteuse et sa résistance humiliée le font se démener avec dépit, ce qui donne à ses yeux irrités un surcroît de beauté : que la pluie s'ajoute à un fleuve qui coule à pleins bords, et forcément ce fleuve va déborder de ses rives.

Elle sollicite toujours, et sollicite gentiment, car c'est à une gentille oreille qu'elle adresse ses prières; mais toujours il reste boudeur, toujours il menace et se démène, partagé entre la honte au rouge incarnat et la colère à la pâleur de cendres : c'est quand il rougit qu'elle l'aime à l'excès, et cependant quand il pâlit cet excès s'augmente encore d'une nouvelle vivacité de désir.

Quelque physionomie qu'il prenne, elle ne peut que l'aimer, et par sa belle main d'immortelle elle jure de ne jamais s'écarter de son doux sein avant qu'il ait capitulé devant l'attaque de ses larmes qui longtemps ont coulé inondant ses joues; un seul délicieux baiser payera la dette de ces larmes innombrables.

Sur cette promesse il soulève son menton, pareil au

plongeon qui passe la tête au travers du flot, mais qui, s'il est regardé, se renfonce vivement sous l'eau ; c'est ainsi qu'il offre de lui donner ce qu'elle désire ; mais lorsque ses lèvres s'apprêtent à recevoir leur payement, il ferme les yeux et détourne la tête.

Jamais voyageur dans les chaleurs de l'été ne fut plus altéré d'eau qu'elle n'est altérée de cette faveur ; elle contemple son remède, et ce remède elle ne le peut obtenir ; elle se baigne dans l'eau, et cependant il faut que son feu continue à la brûler : « O pitié, commença-t-elle à gémir, enfant au cœur de pierre ! ce n'est qu'un baiser que je sollicite, pourquoi hésites-tu ?

« J'ai été courtisée, comme je te courtise à cette heure, par le sévère et redoutable Dieu de la guerre lui-même, dont le bras musculeux ne se lassa jamais dans la bataille, qui triomphe dans tout combat où il se trouve ; cependant il a été mon captif et mon esclave, et il a mendié ce que tu auras sans le demander.

« Au-dessus de mes autels il a suspendu sa lance, son bouclier bosselé de coups, son cimier triomphant ; par amour pour moi il a appris à jouer et à danser, à badiner, à folâtrer, à s'ébattre, à sourire, à plaisanter ; méprisant son tambour tapageur et son rouge étendard, il a fait de mes bras son champ de bataille, de mon lit sa tente.

« Ainsi j'ai maîtrisé celui qui partout faisait la loi, et je l'ai conduit prisonnier dans une rouge chaîne de roses : l'acier à la forte trempe obéissait à sa force plus puissante encore, et cependant il fut servile devant mes froids dédains. Ô ne sois pas orgueilleux, et ne te vante pas de ton pouvoir, parce que tu maîtrises celle qui dompta le dieu des combats !

« Touche seulement mes lèvres avec tes belles lèvres ; quoique les miennes ne soient pas aussi belles, elles sont roses cependant, et le baiser t'appartiendra aussi bien qu'à moi : — que vois-tu à terre ? relève la tête ; regarde dans mes yeux, ta beauté s'y reflète ; eh bien, pourquoi pas lèvres contre lèvres, aussi bien que yeux contre yeux ?

« As-tu honte de m'embrasser ? eh bien, referme les

yeux, et moi je fermerai les miens, en sorte que le jour semblera la nuit; pour que l'amour mène ses fêtes, il ne lui faut que deux conviés; joue donc sans crainte, personne ne voit nos ébats : ces violettes aux veines bleues qui nous servent de couche ne peuvent babiller ni comprendre ce que nous faisons.

« Le tendre printemps qui paraît sur ta lèvre irrésistible montre que tu es encore peu mûr, cependant tu es bien fait pour être goûté : use du temps, ne laisse pas échapper l'occasion propice; la beauté n'est pas faite pour se dépenser sur elle-même : les belles fleurs qui ne sont pas cueillies dans leur primeur, pourrissent et se consument en peu de temps.

« Si j'étais laide de visage, hideuse, ridée de vieillesse, d'âme méchante, contrefaite, maussade, de voix enrouée, décrépite, méprisée, rhumatisante et froide, à la vue obscurcie, sèche, maigre, épuisée de séve, tu pourrais bien hésiter, car je ne serais pas faite pour toi; mais n'ayant aucun défaut, pourquoi m'abhorres-tu?

« Tu ne peux apercevoir une seule ride sur mon front; mes yeux sont gris, brillants et d'une vive mobilité; ma beauté comme le printemps se renouvelle chaque année; ma chair est délicate et potelée, ma moelle ardente; ma douce main moite, si elle était pressée par la tienne, se dissoudrait sous ton étreinte ou paraîtrait se fondre.

« Ordonne-moi de parler, et j'enchanterai ton oreille, ou bien comme une fée je glisserai sur la pointe du gazon, ou bien comme une nymphe aux longues tresses échevelées, je danserai sur les sables sans y laisser de traces : l'amour est un esprit tout composé de feu, sa nature exempte de grossièreté ne peut s'abaisser, mais léger qu'il est, il tend au contraire à s'élever.

« Regarde ce banc de primevères sur lequel je repose; ces fleurs sans force me soutiennent comme des arbres robustes; deux frêles colombes vont depuis le matin jusqu'à la nuit me transporter à travers le ciel partout où il me plaira de jouer; comment se peut-il, doux enfant, que l'amour étant si léger tu le sentes si pesant au dedans de toi ?

« Est-ce que ton propre cœur aimerait ta propre figure ? ta main droite peut-elle en saisissant ta main gauche y étreindre l'amour ? En ce cas fais-toi la cour à toi-même, sois refusé par toi-même, dérobe ta propre liberté et plains-toi du vol ; c'est ainsi que Narcisse se délaissa lui-même, et mourut pour embrasser son ombre dans le courant.

« Les torches sont faites pour éclairer, les joyaux pour être portés, les friandises pour être goûtées, la fraîche beauté est faite pour qu'on s'en serve, les herbes doivent répandre leurs odeurs, les arbres fertiles porter des fruits ; les choses qui ne croissent que pour elles-mêmes font abus de leur nature : les semences sortent des semences, la beauté produit la beauté ; tu fus engendré, engendrer est ton devoir.

« Pourquoi te nourrirais-tu de la fécondité de la terre, si tu ne devais pas nourrir la terre de ta fécondité ? tu es tenu à engendrer de par la loi de la nature, afin que les tiens puissent vivre lorsque toi-même seras mort ; et ainsi en dépit de la mort tu survivras, sous la ressemblance vivante que tu laisseras après toi. »

Sur ces mots, la reine d'amour commence à se sentir en sueur, car l'ombre avait quitté la place où ils étaient couchés, et Titan fatigué de la chaleur du midi les regardait plein de flammes, d'un œil brûlant, souhaitant qu'Adonis eût la charge de conduire son char, et que lui fût à sa place et aux côtés de Vénus.

Alors Adonis, d'un mouvement plein d'indolence, le regard chargé d'ennuis et assombri de déplaisir, ses beaux yeux voilés sous le froncement de ses sourcils, comme le ciel lorsqu'il est taché par des vapeurs humides, fait faire la moue à ses joues, et s'écrie : « Fi, assez d'amour ; le soleil brûle mon visage, il faut que je m'éloigne. »

« Hélas ! répond Vénus, si jeune et si peu tendre ! Quelles mauvaises excuses me donnes-tu pour ton départ ! J'exhalerai une haleine céleste dont la douce brise rafraîchira l'ardeur de ce soleil maintenant à la seconde moitié de sa course : je te ferai un ombrage avec ma chevelure ; si elle brûle aussi je la refroidirai avec mes larmes.

« Le soleil qui brille du haut du ciel ne darde sur nous que sa chaleur, et vois, je me place entre le soleil et toi ! La chaleur que j'en reçois me fait peu de mal, c'est ton œil qui darde le feu qui me brûle ; si je n'étais pas immortelle, ma vie serait finie, placée comme je le suis entre ce soleil du ciel et ce soleil de la terre.

« Es-tu donc inflexible, es-tu de pierre, dur comme l'acier ? Oui, tu es plus que caillou, car la pierre cède à la fin à la pluie. Tu es le fils d'une femme, et tu ne peux cependant sentir ce que c'est qu'aimer ? quel tourment cela est que l'absence d'amour ? Ô pourquoi ta mère n'a-t-elle pas eu une âme aussi dure, elle ne t'aurait pas engendrée, mais elle serait morte sans connaître la tendresse ?

« Que suis-je donc pour que tu me méprises ainsi ? ou quel si grand danger accompagne mon amour ? Est-ce que tes lèvres s'en trouveraient plus mal pour un pauvre baiser ? Parle, bel ami, mais prononce de bonnes paroles, ou bien reste muet ; donne-moi un baiser. Je te le rendrai, plus un autre pour l'intérêt si tu veux qu'il soit double.

« Fi ! peinture sans vie, pierre froide et insensible, idole bien peinte, image sourde et morte, statue qui ne contente que l'œil tout seul, être semblable à un homme, mais qui ne fut pas engendré par une femme ! tu n'es pas un homme bien que tu aies l'aspect d'un homme, car les hommes donnent des baisers de leur propre mouvement. »

Cela dit, l'impatience étouffe sa voix suppliante, et l'excès de sa passion l'oblige à un instant de repos ; ses joues rouges et ses yeux ardents proclament son outrage par leurs flammes ; mais juge possédée d'amour, elle est incapable de se faire justice ; maintenant elle pleure, maintenant elle voudrait parler, et maintenant ses sanglots mettent obstacle à ses desseins.

Quelquefois elle secoue la tête, et puis elle lui prend la

main; tantôt elle le contemple, tantôt elle fixe ses yeux à terre; quelquefois ses bras l'enveloppent comme une ceinture; elle voudrait l'enchaîner dans ses bras, mais lui ne veut pas, et lorsqu'il lutte pour s'en échapper, elle le verrouille de ses doigts de lis étroitement pressés.

« Chéri, dit-elle, puisque je t'ai cerné dans l'enceinte de cette palissade d'ivoire, je veux être un parc, et tu seras mon daim; broute où tu voudras, sur la montagne ou dans la vallée : pais sur mes lèvres; et si ces collines sont desséchées, vas errer plus bas, là où se trouvent les aimables fontaines.

« Entre ces limites il y a abondance de bonnes choses : vallon au doux gazon, plaine délicieuse, petites collines rondelettes, fourrés obscurs et épais pour t'abriter contre la tempête et la pluie : sois donc mon daim, puisque je suis un tel parc; nul lévrier ne t'y poursuivra, quand bien même mille aboieraient. »

A ces paroles, Adonis sourit avec un tel dédain que dans chacune de ses joues apparaît une gentille fossette : c'est l'amour qui creusa ces fosses, afin, s'il était tué, de pouvoir être enseveli dans une tombe aussi simple; l'amour prévoyait bien que s'il venait à y être déposé, il ne pourrait mourir là où l'amour vivait.

Ces grottes aimables, ces puits ronds et enchanteurs ouvrirent leurs bouches pour engloutir le désir de Vénus : elle était folle déjà, que va maintenant devenir sa raison? Déjà frappée à mort qu'a-t-elle besoin d'un second coup? Pauvre reine d'amour, abandonnée dans ton propre royaume, aimer une joue qui sourit de mépris pour toi!

Et maintenant quel parti va-t-elle prendre? Que va-t-elle dire? Elle a épuisé sa provision de paroles, et ses souffrances n'ont fait que s'en accroître, le temps s'est écoulé, l'objet de sa passion va s'éloigner; il s'efforce de se dégager de ses bras : « Pitié, crie-t-elle, une petite faveur, un peu de compassion! » Mais lui s'élance en avant et fait hâte vers son cheval.

Mais voyez un peu, d'un fourré tout proche de là, une

jument de race, vigoureuse, jeune et fière vient d'apercevoir le coursier piétinant d'Adonis; elle bondit, renifle, hennit à grand bruit : le coursier au cou vigoureux brise les rênes qui l'attachent à un arbre et va droit à elle.

Fièrement il bondit, hennit, caracole, et rompt par leur milieu ses sangles tissées : de son dur sabot il blesse la terre qui le porte et dont le sein caverneux résonne comme le tonnerre du ciel ; il écrase entre ses dents son mors de fer, maîtrisant ainsi ce qui le maîtrisait.

Ses oreilles se dressent en s'agitant, sa chevelure tressée qui flottait sur son col arqué se tient maintenant toute droite ; ses naseaux boivent l'air, et pareils à une fournaise l'exhalent au dehors en vapeurs ; son œil tout brillant d'un feu altier montre son ardent courage et son puissant désir.

Quelquefois il trotte comme s'il comptait ses pas, avec une aimable majesté et un modeste orgueil ; puis il se lève tout droit, fait la courbette et saute, comme s'il voulait dire : Voyez, j'essaye ma force, et ce que je fais là est pour séduire l'œil de la belle jument que voilà tout proche.

Quel souci a-t-il de l'agitation irritée de son cavalier, de ses *holà* flatteurs ou de son « arrête, te dis-je ? » En quoi l'inquiètent à cette heure gourmette ou piquant éperon, riches caparaçons ou gais harnachements? Il voit l'objet de son amour et il ne voit rien d'autre, et rien d'autre n'agrée en effet à ses yeux étincelants de fière ardeur.

Quand un peintre s'efforce de surpasser la vie en dessinant un cheval aux proportions parfaites, son art entre en lutte avec la main-d'œuvre de la nature, comme si ce qui est mort pouvait dépasser ce qui est vivant; de même ce cheval comme celui du peintre surpasse tout autre cheval, par la forme, le courage, la couleur, le pas et la charpente.

Sabots ronds, jointures ramassées, fanons longs et velus, poitrail large, œil grand, tête petite, naseaux ouverts, col élevé, courtes oreilles, jambes droites et dépassant la force commune, crinière épaisse, queue épaisse, dos large, peau tendre, rien de ce qu'un cheval doit avoir ne manque à celui-là, excepté le fier cavalier que réclament des reins si fiers.

Quelquefois il s'enfuit bien loin, et puis tout à coup s'arrête fixe; d'autres fois, sur le mouvement d'une plume, le voilà qui part comme pour défier le vent à la course; s'il court ou s'il vole on ne le saurait dire, car le vent siffle haut à travers sa crinière et sa queue, soulevant les crins qui flottent comme des ailes de plumes.

Il contemple sa cavale désirée et hennit à sa face; elle lui répond comme si elle connaissait ce qu'il projette: fière, comme le sont les femmes, de le voir la courtiser, elle affecte l'indifférence, joue la dureté, rue contre son amour, et méprisant l'ardeur qui l'embrase repousse de ses talons ses tendres embrassements.

Alors comme un mécontent mélancolique, il baisse sa queue, qui, pareille à un panache flottant, donnait une ombre fraîche à ses fesses fumantes : il bat la terre du pied et étouffe les pauvres mouches sous la vapeur de ses naseaux. Sa cavale aimée qui voit à quel point il est enragé, se montre plus tendre, et sa fureur en est apaisée.

Son maître impatienté va pour le saisir, mais voilà que la jument sans cavalier, pleine de crainte et peu désireuse d'être prise, s'enfuit rapidement à son approche, entraînant après elle le cheval qui plante là Adonis : ils courent se cacher dans le bois avec une vélocité folle, laissant bien loin derrière eux les corneilles qui s'efforcent de les dépasser par leur vol.

Tout essoufflé de la poursuite, Adonis s'assied à terre en maudissant sa bête indocile et pétulante : aussitôt voilà que reparaît pour l'amour malade de désirs l'heureuse occasion de recommencer sa requête ; car les amants disent que le cœur souffre d'une triple injustice lorsqu'on lui interdit le secours de la langue.

Un four fermé n'en chauffe que plus vigoureusement, une rivière arrêtée n'en déborde qu'avec plus de rage: la même chose peut être dite du chagrin caché ; le libre souffle des paroles amortit le feu de l'amour ; mais lorsque l'avocat du cœur est une fois muet, le client expire, désespérant de son procès.

Il voit venir la déesse et commence à rougir, pareil à un charbon mourant que le feu rallume ; et il cache sous son bonnet son sourcil irrité ; l'âme troublée, il baisse son regard sur la terre opaque, sans s'apercevoir qu'elle soit si près de lui, car son œil lui porte à peine attention.

Ô quel spectacle ! et qu'il faisait chaud de la voir se glissant auprès de l'enfant morose, d'observer le combat des couleurs de son teint, de remarquer comment le rouge et le blanc s'y détruisaient l'un l'autre ! tout à l'heure sa joue était pâle, et maintenant elle lance du feu comme l'éclair jaillit du ciel.

Au moment même où il s'assied la voilà devant lui ; elle s'agenouille comme la plus humble des amantes ; d'une de ses belles mains elle soulève son chapeau, de son autre tendre main elle caresse sa belle joue, et sa joue plus tendre encore reçoit la marque de cette douce main avec autant de facilité que la neige nouvellement tombée accepte toute empreinte.

Ô quelle guerre de regards se passe entre eux ! les yeux de la déesse, pétitionnaires suppliants, implorent les yeux d'Adonis ; les yeux d'Adonis regardent les yeux de la déesse comme s'ils n'en avaient pas remarqué l'expression ; les yeux de la déesse ne cessent de le courtiser, les yeux d'Adonis dédaignent cet hommage, et tout ce jeu muet trouve sa claire explication dans les larmes que pareils au chœur tragique les yeux de la déesse laissent pleuvoir.

Tout gentiment alors elle lui saisit la main, lis emprisonné dans une geôle de neige, ivoire enfermé dans un lien d'albâtre : une si blanche amie enveloppant un si blanc ennemi ! ce charmant combat, d'attaque chez l'un, de résistance chez l'autre, présentait le spectacle de deux colombes argentées qui se frappent du bec.

Une fois encore l'obsession passionnée qui fait mouvoir

ses pensées lui rend la parole : « Ô toi le plus beau des hommes qui se meuvent sur cette sphère mortelle, que n'es-tu ce que je suis, et moi que ne suis-je un homme! pourquoi mon cœur n'est-il pas intact comme le tien, et ton cœur blessé comme le mien? pour un seul de tes doux regards, je t'assurerais ta guérison quand bien même il ne faudrait rien moins pour te guérir que la flétrissure de mon corps tout entier. »

« Redonne-moi ma main, dit Adonis; pourquoi l'étreins-tu? »—« Redonne-moi mon cœur, dit la déesse, et tu auras ta main ; ô redonne-le-moi, de crainte que ton dur cœur ne le change en acier, et qu'une fois devenu acier les doux soupirs ne puissent plus le graver : alors je n'aurai plus égard aux profonds gémissements de l'amour, parce que le cœur d'Adonis aura endurci le mien. »

« Par pudeur, crie-t-il, laissez ma main, et laissez-moi partir, mon divertissement d'aujourd'hui est perdu, mon cheval s'est enfui, et c'est votre faute si j'en suis ainsi privé; je vous en prie, partez d'ici et laissez-moi seul, car toute mon âme, toute ma pensée, tout mon inquiet souci est de savoir comment reprendre mon palefroi à cette cavale. »

Elle répond : « Ton palefroi, comme il est naturel, ressent avec reconnaissance la chaude approche du doux désir : l'affection est un charbon qui doit être refroidi, sinon il mettra le cœur en feu : la mer a des bornes, mais le profond désir n'en a aucune ; il n'est donc pas merveilleux que ton cheval soit parti.

« Il était là, comme une simple brute, lié à un arbre, servilement maîtrisé par une rêne de cuir ; mais lorsqu'il aperçut sa cavale aimée, droit charmant de sa jeunesse, il prit en dédain ce misérable esclavage, rejeta la vile courroie qui faisait courber son cou, et affranchit sa bouche, son dos et sa poitrine.

« Est-il un amant, après que son œil glouton s'est largement repu du spectacle de sa maîtresse nue dans son lit, éclipsant la blancheur des draps par une blancheur plus grande, dont les autres sens n'aspirent pas à une satisfaction égale à celle de l'œil? Quel est l'homme assez imbécilement timide pour ne pas oser s'approcher du feu lorsque l'atmosphère est froide?

« Permets-moi, gentil enfant, d'excuser ton coursier, et apprends de lui, je t'en conjure du plus profond de mon cœur, à jouir des joies qui se présentent; quand bien même je serais muette, sa conduite serait bien faite pour t'instruire : ô apprends à aimer! la leçon est facile, et une fois apprise, elle ne s'oublie jamais plus. »

« Je ne connais pas l'amour, répond-il, et je ne veux pas le connaître, à moins que l'amour ne soit un sanglier, et que je ne puisse lui donner la chasse; il est grave d'emprunter et je ne veux pas devoir cela ; tout l'amour que je porte à l'amour, c'est d'aimer à le mépriser, car j'ai entendu dire que c'est une vie au sein de la mort, une vie qui rit, qui pleure, et tout cela dans le même faible souffle.

« Qui donc porte un vêtement avant qu'il soit achevé et que la forme lui ait été donnée? qui donc arrache le bourgeon avant qu'une seule feuille ait poussé? Si les choses qui sont en croissance sont diminuées du plus petit brin, elles se flétrissent dans leur printemps et ne sont plus bonnes à rien : l'étalon qui est chevauché et chargé de fardeaux dans sa jeunesse perd son orgueil et ne devient jamais fort.

« Vous blessez ma main en l'étreignant; séparons-nous, et laissons là ce thème oiseux, cette inutile conversation : éloignez votre siége de mon cœur qui ne cédera pas; il n'ouvrira pas sa porte devant les alarmes de l'amour; licenciez vos vœux, vos feintes larmes, vos flatteries, car lorsqu'un cœur est fort, tout cela n'y fait point brèche. »

« Quoi! tu peux parler? dit-elle; tu as une langue? ô je voudrais que tu n'en eusses pas où que je n'eusse pas d'oreilles! Ta voix de sirène m'a fait un double mal; j'avais déjà mon fardeau, maintenant ce surcroît le rend intolérable. Ô discordance mélodieuse! ton céleste aux âpres résonnances! musique si profondément douce à l'oreille, si profondément blessante au cœur!

« Si je n'avais pas d'yeux, si je n'avais que des oreilles, mes oreilles aimeraient cette beauté intime et invisible;

ou si j'étais sourde, tes perfections extérieures toucheraient toute partie sensible de ma personne ; et si je n'avais ni yeux, ni oreilles, si je ne pouvais ni entendre, ni voir, je serais encore amoureuse de toi, rien qu'en te touchant.

« Et quand bien même je serais privée de sensibilité, quand bien même je ne pourrais ni voir, ni entendre, ni toucher, quand bien même il ne me resterait rien que le seul odorat, mon amour pour toi serait toujours aussi grand, car de l'alambic de ton délicieux visage vient un souffle parfumé qui engendre l'amour par l'odorat.

« Mais quel banquet ne serais-tu pas pour le goût, toi qui peux nourrir et satisfaire les quatre autres sens ? ne souhaiteraient-ils pas que le festin fût éternel, et n'ordonneraient-ils pas au soupçon de fermer sa porte à double tour, de crainte que la jalousie, ce convive aigre et mal venu, ne vînt troubler la fête en s'y glissant? »

Une fois encore s'ouvrit ce portique aux couleurs de rubis qui donnait un suave passage à ses paroles ; il s'ouvrit tout pareil à ces rouges aurores qui ont toujours prédit aux marins le naufrage, aux campagnes la tempête, aux bergers le chagrin, aux oiseaux le malheur, aux pasteurs et aux troupeaux les bourrasques et les coups de vent.

Elle observe sagement ce mauvais présage, et tout ainsi que le vent se tait avant la pluie, ou que le loup grogne avant de hurler, ou que la baie s'entr'ouvre avant de tacher, ou que le boulet d'un canon frappe à mort avant d'être entendu, la pensée d'Adonis la frappe avant qu'il ait encore prononcé aucune parole.

Et devant ses regards elle tombe à plat par terre, car les regards tuent l'amour, et l'amour ressuscite par les regards : un sourire guérit la blessure d'un froncement de sourcils ; mais la bienheureuse banqueroute que celle qui répare ainsi ses pertes par l'amour ! Le naïf enfant la croyant morte tapote sa joue pâle jusqu'à ce que le tapotement la rende rouge.

Et tout embarrassé dans ses inquiétudes, il renonce à son premier projet ; car il songeait à la réprimander vertement, ce que l'amour rusé a spirituellement prévenu : honneur à l'esprit qui a pu si bien la défendre! car elle reste étendue sur le gazon comme si elle était tuée, jusqu'à ce que le souffle d'Adonis fasse passer de nouveau la vie en elle.

Il lui pince le nez, il la frappe sur les joues, il courbe ses doigts, lui serre le pouls, échauffe ses lèvres : il cherche par mille moyens à réparer le mal amené par son insensibilité : il l'embrasse, et elle bien volontiers consent à ne pas se relever pourvu qu'il l'embrasse encore.

La nuit du chagrin est maintenant changée en jour : faiblement elle entr'ouvre les fenêtres de ses yeux bleus, comme le beau soleil alors que dans le jeune éclat de sa splendeur il réjouit le matin et ranime toute la terre : et de même que le brillant soleil remplit le ciel de gloire, ainsi son visage est illuminé par son œil,

Dont les rayons restent fixés sur la face imberbe d'Adonis, comme s'ils tiraient de là tout leur éclat. Jamais quatre flambeaux pareils ne se seraient rencontrés ensemble, si la préoccupation soucieuse n'avait assombri ceux d'Adonis; mais ceux de Vénus qui laissaient passer la lumière à travers leurs larmes de cristal brillaient comme la lune vue dans l'eau pendant la nuit.

« Où suis-je? dit-elle, dans le ciel ou sur la terre? ou dans le feu? ou plongée dans l'océan? Quelle heure est-il? Est-ce le matin ou le soir à la lumière épuisée? Ai-je plaisir à mourir, ou suis-je désireuse de vivre? Il n'y a qu'un instant je vivais, et la vie avait l'angoisse de la mort; il n'y a qu'un instant je mourais, et la mort était une vive joie.

« Ô tu m'avais tuée, tue-moi encore une fois. Ton dur cœur, professeur habile, a su enseigner à tes yeux de tels manéges de mépris, un tel dédain, qu'ils ont assassiné mon pauvre cœur, et mes yeux, guides fidèles de leur reine, n'auraient plus vu la lumière sans la compassion de tes lèvres.

« Oh puissent-elles se baiser longtemps l'une l'autre en récompense de cette cure! Ô que jamais ne se fane leur incarnat! Ô que leur fraîcheur dure autant qu'elles pour chasser l'infection dans les années dangereuses! en sorte que les astrologues, après avoir prononcé leurs prophéties de mort puissent dire que la peste est bannie par ton souffle.

« Lèvres pures, sceaux délicieux imprimés sur mes molles lèvres, quel marché pourrais-je bien faire pour que vous les scelliez encore? me vendre moi-même? j'en serai contente, pourvu que tu veuilles m'acheter, me payer, et bien user de ton achat; et si tu conclus ce marché, de crainte des méprises imprime bien ton sceau sur la cire de mes lèvres roses.

« Tu peux m'acheter mon cœur pour mille baisers; paye-les à ton loisir l'un après l'autre. Qu'est-ce pour toi que dix fois cent baisers? ne sont-ils pas bien vite comptés, et bien vite donnés? Supposons que par suite d'un non payement ta dette se double, vingt fois cent baisers font-ils une bien grosse affaire? »

« Belle reine, dit-il, si vous me portez quelque affection, mesurez ma timidité par la verdeur de mes années; ne cherchez pas à me connaître avant que je me connaisse moi-même : il n'est pas de pêcheur qui n'épargne le menu fretin; la prune mûre tombe à terre, la prune verte tient collée à la branche, et si elle en est prématurément arrachée, elle paraît aigre au goût.

« Voyez, le consolateur du monde, à la démarche fatiguée, vient de terminer à l'ouest la chaude tâche de sa journée : le hibou, héraut de la nuit, crie;— il est vraiment tard; les moutons sont rentrés au bercail, les oiseaux à leurs nids, et des nuages noirs comme charbon, obscurcissant la lumière du ciel, nous somment de nous séparer et nous souhaitent bonne nuit.

« Maintenant, permettez-moi de vous dire bonne nuit, et dites-en autant; si vous voulez le dire, vous aurez un baiser. »— « Bonne nuit, » dit-elle, et avant qu'il ait dit adieu, le suave salaire du départ est saisi : les bras de Vénus enlacent le cou d'Adonis d'une douce étreinte; ils ne semblent plus faire qu'un; ils sont collés face contre face.

VÉNUS ET ADONIS.

Jusqu'à ce qu'enfin il se sépare, et retire ce nectar céleste, cette suave bouche de corail dont les lèvres altérées de Vénus connaissaient bien le goût délicieux, dont elles se désaltèrent, en se plaignant encore de la soif : tous deux tombent alors à terre, leurs lèvres collées ensemble, lui accablé de l'abondance de ses caresses, elle épuisée par la rareté des siennes.

Maintenant le vif désir s'est saisi de la proie qui cède ; gloutonnement la déesse se repaît de caresses sans pouvoir se rassasier; ses lèvres sont conquérantes, les lèvres d'Adonis obéissent et payent la rançon que demande leur tyran dont l'exigence de vautour porte le prix si haut qu'elle en épuiserait le riche trésor de ses lèvres.

Maintenant qu'elle a senti la douceur du butin, elle se met à fourrager avec une aveugle fureur; son visage s'enflamme et fume, son sang bout, et une luxure qui ne se soucie plus de rien éveille en elle un courage désespéré; elle se livre à l'oubli de tout, chasse la raison loin d'elle, elle ne se rappelle ni la pure rougeur de la honte, ni le naufrage de l'honneur.

Échauffé, lassé, épuisé par ses embrassements implacables, pareil à l'oiseau sauvage qui est dompté à force d'être dirigé par la main, ou au chevreuil aux pieds agiles fatigué à force d'être chassé, ou à l'enfant pleureur qu'on apaise en le berçant, Adonis obéit maintenant et ne résiste pas davantage pendant qu'elle prend tout ce qu'elle peut, non tout ce qu'elle voudrait.

Quelle est la cire assez dure pour ne pas s'amollir à force d'être pressée, et pour ne pas céder à la fin à la plus légère impression? Les choses placées au delà de l'espérance sont souvent atteintes par la témérité, principalement en amour où la hardiesse dépasse toute permission : l'affection ne s'évanouit pas comme un lâche à face pâle, mais presse d'autant plus de ses instances l'objet de son choix qu'il est plus résistant.

Si elle avait renoncé lorsqu'il fronça le sourcil, elle n'aurait point sucé un tel nectar sur ses lèvres. Les mots injurieux et les airs menaçants ne peuvent rebuter un amant; quoique la rose ait des épines elle n'en est pas moins cueillie : la beauté fût-elle enfermée sous vingt verrous, l'amour passerait au travers et les enlèverait tous à la fin.

La pitié lui commande maintenant de ne plus le retenir; le pauvre nigaud la supplie de le laisser partir : résolue à ne pas le contraindre plus longtemps, elle lui dit adieu, et lui recommande d'avoir bien soin de son cœur à elle, qu'il emporte enchâssé dans sa propre poitrine, jure-t-elle par l'arc de Cupidon.

« Doux enfant, dit-elle, je passerai cette nuit dans le chagrin, car mon cœur malade obligera mes yeux à veiller. Dis-moi, maître d'amour, nous reverrons-nous demain? Dis, nous reverrons-nous? nous reverrons-nous? veux-tu en prendre l'engagement? » Il lui répond que non : il a l'intention le lendemain de chasser le sanglier avec certains de ses amis.

« Le sanglier! » s'écrie-t-elle, et une pâleur soudaine pareille au linon étendu sur la rose purpurine s'empare de sa joue : elle tremble à cette nouvelle et jette autour de son cou la chaîne de ses bras : elle s'affaisse, toujours suspendue à son cou, et ils tombent, lui sur son ventre, elle sur le dos.

La voilà maintenant dans la lice même de l'amour, son champion la montant pour la chaude mêlée : mais elle ne rencontre qu'une illusion vaine; bien qu'il la monte, il refuse de la faire caracoler; pire que celui de Tantale est son supplice, — embrasser l'Élysée et en manquer les joies!

Pareille à ces pauvres oiseaux trompés par des raisins en peinture qui se rassasient par l'œil et jeûnent du bec, ainsi elle languit au milieu de son mécompte, comme les pauvres oiseaux qui voyaient les fruits inaccessibles. Elle cherche à rallumer par de continuels baisers les phénomènes d'ardeur qu'elle trouve absents chez lui.

Mais tout cela est en vain; bonne reine, cela ne sera pas : elle a fait autant d'efforts qu'on en peut faire; son plaidoyer aurait mérité de plus forts honoraires; elle est l'amour, elle aime, et cependant elle n'est pas aimée.

« Fi, fi, dit-il, vous m'étouffez; laissez-moi partir; vous manquez de raison en me retenant ainsi. »

« Tu serais déjà parti, doux enfant, répond-elle, si tu ne m'avais pas dit que tu voulais chasser le sanglier. Ô sois prudent! tu ne sais pas ce que c'est que de blesser de la pointe de la javeline un brutal porc qui aiguise sans cesse des défenses toujours sorties, et qui toujours prêt à tuer comme un boucher féroce.

« Sur les reins il a tout un régiment de piques hérissées, qui toujours menacent son ennemi; ses yeux brillent comme des vers luisants lorsqu'il entre en courroux : son groin creuse des sépulcres partout où il passe : une fois irrité il frappe tout ce qu'il trouve sur son chemin, et celui qu'il frappe ses cruelles défenses le déchirent.

« Ses flancs robustes, armés de soies rudes, sont à l'épreuve de la pointe de ta lance : son cou épais et court peut difficilement être blessé; une fois furieux, il attaquerait le lion : les broussailles épineuses et les buissons pressés se séparent devant lui comme s'ils en avaient peur, et il se précipite au travers.

« Hélas! il n'a nulle estime pour ta figure à laquelle les yeux de l'amour payent le tribut de leurs regards, ni pour tes douces mains, tes lèvres suaves, tes yeux de cristal dont les perfections accomplies émerveillent le monde entier; mais s'il t'avait à sa merci, — ô redoutable accident! — il déracinerait toutes ces beautés comme il déracine les herbes de la prairie.

« Ô laisse-le tranquille dans son infect bouge; la beauté n'a rien à faire avec de telles hideuses brutes; ne t'expose pas volontairement au danger de son passage. Ceux qui prospèrent prennent conseil de leurs amis; pour ne pas te mentir, lorsque tu as nommé le sanglier, j'ai craint pour ta fortune, et mes membres ont tremblé.

« N'as-tu pas remarqué mon visage? n'était-il point pâle? n'as-tu pas vu les signes de la crainte aux aguets dans mes yeux? n'ai-je point défailli, et ne suis-je point tombée à terre? Au dedans de mon sein sur lequel tu reposes, mon cœur plein de pressentiments, palpite, bat, s'agite sans repos, et te soulève sur ma poitrine comme un tremblement de terre.

« Car là où règne l'amour, la jalousie perturbatrice s'installe elle-même comme la sentinelle de l'affection ; elle donne de fausses alarmes, suggère la rébellion, et au milieu des heures paisibles s'en va criant : « tue, tue, » troublant le doux amour dans ses désirs comme l'air et la terre éteignent le feu.

« Cette chagrine délatrice, cette espionne boute-feu, ce ver qui ronge la tendre tige de l'amour, cette commère bavarde, l'anarchique jalousie, qui porte quelquefois des nouvelles vraies et quelquefois des nouvelles fausses, frappe à mon cœur et chuchote à mon oreille, que si je t'aime, je dois craindre ta mort.

« Bien plus, elle présente à mes yeux le tableau d'un sanglier écumant de colère sous les crocs aigus duquel gît quelqu'un qui te ressemble, tout défiguré par les blessures, et dont le sang répandu sur les fraîches fleurs les fait s'allanguir de douleur et pencher leurs têtes.

« Que ferais-je si je te voyais dans cet état, moi qui tremble par l'imagination seule de ce malheur? cette pensée fait saigner mon faible cœur, et la crainte me dit que c'est divination : je prédis ta mort, ô toi ma vivante douleur, si demain tu rencontres le sanglier.

« Mais si tu veux absolument chasser, suis mes conseils ; découple tes chiens contre le timide lièvre fuyard, ou contre le renard qui vit de ruses, ou contre le chevreuil qui n'ose affronter aucune rencontre : poursuis ces timides créatures sur les collines, et sur ton cheval à la longue haleine accompagne la course de tes lévriers.

« Et lorsque tu auras lancé le lièvre myope, observe comme la pauvre créature, pour échapper à son péril, devancera le vent à la course, avec quel soin il ira deçà delà, croisant et coupant sa course par mille détours : les innombrables gîtes par lesquels il passe sont comme un labyrinthe pour égarer ses ennemis.

« Quelquefois il court se jeter au milieu d'un troupeau de moutons pour amener les rusés lévriers à égarer leur flair ; quelquefois il se jette dans les terriers des lapins qui creusent la terre, pour arrêter les aboiements de ses poursuivants à la voix sonore ; et quelquefois il se cache au milieu d'une bande de daims : le danger fait découvrir des ruses ; l'esprit accompagne la crainte :

« Car son odeur propre une fois mêlée avec d'autres, les ardents lévriers qui flairent la trace, se troublent et hésitent, et cessent leurs clameurs bruyantes jusqu'à ce qu'avec beaucoup de peine ils aient reconnu la piste refroidie : alors ils recommencent leurs aboiements ; Écho leur répond, comme si une autre chasse se passait dans les cieux.

« Pendant ce temps le pauvre Jeannot[1], bien loin de là sur une colline, se tient sur ses pattes de derrière en prêtant une oreille attentive pour savoir si ses ennemis le poursuivent toujours : de nouveau il entend leurs bruyants cris de guerre, et alors son chagrin peut bien être comparé à celui d'un malade à l'agonie qui entend sonner le glas funèbre.

« Tu verras alors le pauvre être inondé de sueur, tourner et retourner dans des zigzags sans fin ; toute envieuse bruyère écorche ses jambes fatiguées ; toute ombre le fait s'arrêter, tout murmure le rend attentif ; car la misère est foulée aux pieds par la foule, et quiconque est une fois à terre n'est secouru par personne.

« Reste tranquillement couché et écoute-moi encore un peu ; voyons, ne lutte pas ; car je ne te laisserai pas lever : si tu m'entends moraliser, ce qui est contre ma nature, c'est pour te faire haïr la chasse du sanglier ; c'est pour cela que je rapproche ceci de cela, et que je multiplie les suppositions, car l'amour sait se rendre compte de tous les dangers.

« Où en étais-je donc ? » — « Peu importe où vous en étiez, répond-il ; laissez-moi partir, et ce sera une excel-

---

1. *Poor Wat*, dit le texte. Wat, diminutif de Walter, est le nom populaire anglais du lièvre.

lente conclusion de l'histoire : la nuit est à sa fin. » — « Eh bien, qu'est-ce que cela fait? » dit-elle. — « Je suis, répond-il, attendu de mes amis; et maintenant qu'il est nuit, je tomberai certainement en m'en allant. » — « C'est dans la nuit, dit-elle, que le désir voit toujours le mieux.

« Mais si tu tombes, imagine que la terre amoureuse de tes pas ne fait cela que pour te dérober un baiser. Les riches proies changent en voleurs les honnêtes gens ; c'est ainsi que tes lèvres rendent la pudique Diane soucieuse et morose, parce qu'elle a peur d'être conduite à te voler un baiser, et de mourir parjure ses vœux.

« Maintenant j'aperçois la raison de cette nuit noire : Cynthia remplie de honte veut obscurcir sa lumière d'argent jusqu'à ce que la nature faussaire soit convaincue de trahison pour avoir volé au ciel les moules divins dans lesquels elle te forma en dépit du tout-puissant Olympe afin de faire honte au soleil pendant le jour, et à elle Cynthia pendant la nuit.

« Et c'est pourquoi dans sa colère elle a suborné les destinées pour qu'elles contrarient le rare ouvrage de la nature, pour qu'elles mêlent les infirmités à la beauté et la pure perfection aux impures difformités, et qu'elles la rendent sujette à la tyrannie des accidents cruels et des misères sans nombre,

« Telles que les fièvres brûlantes, les maladies pâles et débiles, la peste qui empoisonne la vie, les frénésies de la folie, le mal qui ronge la moelle et dont les atteintes corrompent le sang en l'échauffant : dégoûts, plaies, chagrins, odieux désespoir ont juré la mort de la nature pour t'avoir fait si beau.

« La moindre de ces maladies dans un combat d'une minute va terrasser la beauté : grâce des traits, fraîcheur du sang, incarnat du teint, charmes de toutes sortes, tout ce que le spectateur impartial admirait tout à l'heure, tout cela est soudain perdu, détruit, dissous, comme la neige des montagnes se dissout sous le soleil du midi.

« C'est pourquoi en dépit de la stérile chasteté, des

vestales privées d'amour, des nonnes qui s'aiment elles-mêmes et voudraient amener sur la terre une disette de fils et de filles, sois prodigue de toi-même : la lampe qui brûle pendant la nuit épuise son huile pour prêter au monde sa lumière.

« Qu'est-ce que ton corps, sinon un tombeau dévorant où reste ensevelie cette postérité qui dans le cours du temps devra nécessairement t'échoir, si tu ne la détruis pas dans une sombre obscurité? Si tu fais cela, le monde te prendra en mépris puisqu'un si bel espoir aura été tué par ton orgueil.

« Ainsi tu te détruis toi-même par toi-même, crime plus grand que la guerre intestine entre citoyens, ou que celui des gens qui portent sur eux-mêmes des mains désespérées, ou que celui du père meurtrier qui prive son fils de la vie. Une hideuse rouille rongeante outrage le trésor caché, mais l'or qui est mis en usage engendre encore d'autre or.

« Allons, dit Adonis, voilà que vous retombez encore dans vos vains discours, resassés à l'excès; le baiser que je vous ai donné a été accordé en vain, et c'est en vain que vous luttez contre le courant; car je le déclare par cette nuit au noir visage, odieuse nourrice du désir, votre dissertation me porte à vous haïr de plus en plus.

« Quand bien même l'amour vous aurait prêté vingt mille langues, et quand même chacune de ces langues serait plus émouvante que la vôtre, qu'elle serait enchanteresse comme les chants de la capricieuse sirène, cela serait en vain; car le ton de la musique séduisante est pour l'heure sans pouvoir sur mon oreille : sachez-le, mon cœur se tient armé dans mon oreille, et refuse d'y laisser entrer un seul son menteur,

« De crainte que la trompeuse harmonie ne s'introduise dans la tranquille enceinte de ma poitrine, et que mon petit cœur ne se trouve réduit aux extrémités par la privation de repos qui l'atteindrait jusque dans sa chambre à coucher. Non, Madame, non; mon cœur n'a aucun désir de gémir, mais il dort solidement précisément parce qu'il dort seul.

« Qu'avez-vous avancé que je ne puisse réfuter? Le sentier qui conduit au péril est doux : je ne hais pas l'amour, mais je hais votre artifice amoureux qui accorde ses embrassements à tout étranger. Vous faites cela pour la multiplication de l'espèce : oh l'étrange excuse, quand la raison se fait l'entremetteuse de la luxure !

« N'appelez pas cela l'amour, car l'amour s'est enfui au ciel, depuis que la luxure en sueurs a usurpé son nom sur la terre : sous l'aspect innocent de l'amour elle s'est nourrie de la fraîche beauté, et l'a déshonorée de ses taches ; cette despote ardente la flétrit et bientôt la tue, comme font les chenilles pour les tendres feuilles.

« L'amour console comme les rayons du soleil après la pluie, mais les effets de la luxure sont pareils à la tempête succédant au soleil ; l'aimable printemps de l'amour garde toujours sa fraîcheur, mais l'hiver de la luxure arrive avant que l'été soit à moitié passé. L'amour ne se dégoûte pas par l'excès ; la luxure meurt comme un glouton : l'amour est tout vérité, la luxure pleine de mensonges inventés.

« J'en pourrais dire davantage, mais je n'ose ; le texte est vieux, l'orateur trop jeune : c'est pourquoi je vais maintenant m'éloigner dans la tristesse ; mon visage est couvert de honte, mon cœur plein de douleur ; mes oreilles qui ont écouté vos sensuels propos, brûlent d'avoir subi une telle offense. »

Sur ces paroles il s'arrache au doux embrassement de ces beaux bras qui l'enchaînaient à la poitrine de la déesse, et s'en retourne à grands pas à sa demeure à travers la ténébreuse clairière, laissant son amante étendue à terre et profondément désolée. Voyez, comme une étoile brillante tombe du ciel, ainsi il glisse dans la nuit et disparaît à l'œil de Vénus.

A son œil qu'elle continue à diriger sur lui, pareille à l'homme qui sur le rivage regarde un ami à l'instant embarqué jusqu'à ce que les vagues sauvages dont les crêtes vont lutter avec les nuages qu'elles touchent ne lui permettent plus de voir ; c'est ainsi que la nuit ténébreuse et sans pitié enveloppe dans ses ombres l'objet dont se repaissait sa vue.

Confondue comme celui qui par mégarde a laissé tomber un précieux joyau dans les flots, troublée comme le sont souvent les voyageurs de nuit quand leur torche s'est éteinte dans un bois dangereux, elle reste anéantie dans l'obscurité, après avoir perdu la belle lumière découverte sur son chemin.

Alors elle frappe son cœur qui gémit de telle sorte que toutes les grottes voisines en semblent troublées et font la répétition verbale de ses plaintes : la passion ainsi redoublée répond sourdement à la passion. « Hélas de moi ! » s'écrie-t-elle, et puis vingt fois, « malheur ! malheur ! » et vingt échos lui répètent vingt fois ces cris.

La déesse, observant ce phénomène, commence une plaintive lamentation, et improvise sur-le-champ une mélancolique chanson ; — comment l'amour fait des jeunes gens des esclaves, et des vieillards des radoteurs ; comment l'amour est sage dans sa folie, et fou dans sa sagesse : — sa douloureuse complainte se termine encore par *malheur*, et le chœur des échos lui répond encore par ce mot.

Sa chanson de longueur infinie dura toute la nuit, car les heures des amants sont longues quoiqu'elles semblent courtes : s'ils se plaisent à eux-mêmes, les autres, pensent-ils, prennent plaisir à des circonstances telles que les leurs, à des amusements pareils ; leurs prolixes histoires, si souvent commencées, ne se terminent qu'après le dernier auditeur parti et n'en finissent jamais.

Car quelle autre compagnie a-t-elle pour passer la nuit, si ce n'est de vains échos, parasites sonores, qui de la parole n'ont que l'apparence, et pareils à des garçons de cabaret à la langue agile répondent à chaque appel et adoucissent ainsi l'humeur des âmes fantasques. Elle dit, *c'est ainsi :* ils répondent tous *c'est ainsi ;* si elle disait *non*, ils répondraient *non* après elle.

Voici maintenant que la gentille alouette, fatiguée du

repos, sort de sa chambre humide, monte vers le ciel et réveille le matin ; du sein d'argent de l'aurore le soleil se lève dans sa majesté et promène sur le monde des regards d'un tel éclat que les sommets des cèdres et les collines semblent de l'or fourbi.

Vénus le salue de ce noble bonjour : « Ô toi, Dieu brillant et père de toute lumière, dont tout astre et toute étincelante étoile emprunte la riche influence qui les font radieux, ici-bas vit un enfant qui a teté une mère mortelle, veuille lui prêter ta lumière, comme tu la prêtes à tout autre. »

Cela dit, elle se rend en toute hâte vers un bosquet de myrte, en s'étonnant que le matin soit si fort avancé et qu'elle n'apprenne pas encore des nouvelles de son amant : elle écoute afin de distinguer le bruit de ses chiens et de son cor : tout à coup elle les entend qui gaillardement font tapage, et tout en hâte elle s'avance du côté d'où part le bruit.

Et à mesure qu'elle court à travers les buissons du chemin, quelques-uns la prennent au cou, d'autres baisent son visage, d'autres encore s'enroulent autour de sa cuisse pour la forcer à s'arrêter ; mais elle se débarrasse avec vivacité de leurs embrassements comme une daine qui nourrit, et que ses mamelles gonflées font souffrir, court en toute hâte allaiter son faon caché dans quelque fourré.

Tout à coup elle entend que les chiens sont aux abois, et alors elle tressaille, comme l'homme qui découvre sur son chemin un serpent enroulé en des plis fatals, et qui, saisi de crainte, frémit et tremble ; c'est ainsi même que l'aboiement d'alarme des lévriers remplit de terreur ses sens, anéantit son âme.

Car elle comprend que ce n'est pas une chasse inoffensive, mais que la bête chassée est le brutal sanglier, l'ours bourru ou le lion orgueilleux, parce que le bruit reste à une même place où les chiens poussent des hurlements prolongés et craintifs : ils trouvent leur ennemi de si méchant caractère, qu'ils se font tous la politesse de se céder mutuellement l'honneur de la première attaque.

Ce bruit lugubre sonne tristement à son oreille qu'il traverse pour aller surprendre son cœur, et son cœur succombant sous l'incertitude et la pâle crainte, paralyse tous ses sens dans une faiblesse glacée, comme des soldats qui, une fois que leur capitaine a cédé, fuient bassement et n'osent plus soutenir le combat.

C'est ainsi qu'elle reste en proie à une terreur pleine de tremblements, jusqu'à ce que rappelant à elle ses sens déconcertés, elle leur dit que ce qui les effraye est une fantaisie sans cause, une erreur enfantine, et les invite à cesser de trembler, à cesser de craindre : — à ce moment même, elle aperçoit le sanglier chassé,

Dont la bouche écumeuse, toute peinte en rouge, pareille à un mélange de lait et de sang, la remplit d'une seconde terreur qui se répand dans tous ses nerfs et la pousse follement à courir sans savoir où elle va : elle court de ce côté, puis elle ne veut pas aller plus loin et revient sur ses pas pour accuser le sanglier de meurtre.

Mille mouvements contraires la portent à travers mille chemins; elle foule le sentier qu'elle a déjà quitté; sa course plus que rapide est ralentie par des pauses qui la font ressembler aux actes d'un homme pris d'ivresse, multipliant l'attention et ne la portant sur rien, voulant tout faire et ne faisant rien.

Ici elle rencontre un lévrier qui s'est blotti dans un buisson, et demande au misérable animal haletant où est son maître; là elle en trouve un autre qui lèche sa blessure, seul baume souverain contre les plaies envenimées; plus loin elle en rencontre un autre qui tristement baisse la tête; elle lui parle, et il lui répond par des aboiements.

A peine a-t-il cessé son tapage où résonne le malheur, qu'un autre hurleur à la bouche tombante, noir et hérissé, lance contre le ciel sa voix à pleine volée; un autre, puis un autre lui répondent frappant de leurs queues orgueilleuses la terre, secouant leurs oreilles écorchées, saignant à mesure qu'ils marchent.

Voyez! de même que les pauvres gens de ce monde sont effrayés par des apparitions, des signes et des prodiges qu'ils ont longtemps contemplés d'un œil alarmé et qui les ont remplis de prophéties sinistres; ainsi Vénus devant ces tristes indices sent l'haleine lui manquer, puis soupirant, elle s'emporte contre la mort.

« Tyran aux traits cruels, laid, maigre, décharné, haïssable ennemi de l'amour, » — ainsi gronde-t-elle la mort, — « spectre aux grimaces lugubres, ver de terre, à quoi penses-tu d'éteindre la beauté et de voler le souffle de celui dont la beauté et l'haleine, alors qu'il vivait, auraient ajouté de l'éclat à la rose et des parfums à la violette?

« S'il est mort, — ô non, il ne peut se faire que voyant sa beauté, tu aies osé le frapper! — ô si, cela se peut! tu n'as pas d'yeux pour voir, aussi ta haine frappe à l'aventure: ton but est l'âge affaibli, mais ton dard perfide manque cette mire et va percer le cœur d'un enfant.

« Si tu lui avais seulement dit de prendre garde, il aurait parlé, et en l'entendant ton pouvoir aurait perdu sa force. Les destinées te maudiront pour ce coup; elles t'ordonnent de cueillir une mauvaise herbe, tu arraches une fleur: c'est la flèche d'or de l'amour qui aurait dû l'atteindre, et non le dard d'ébène de la mort.

« Bois-tu donc des larmes pour provoquer de tels pleurs? En quoi un lourd soupir peut-il t'être utile? Pourquoi as-tu fermé du sommeil éternel ces yeux qui enseignaient à y voir à tous les autres yeux? Maintenant la nature ne s'inquiète plus de ta vigueur mortelle, puisque sa plus belle œuvre est ruinée par ta rigueur. »

A ces mots, vaincue et pleine de désespoir, elle abaisse ses paupières qui comme des écluses arrêtaient le flot de cristal coulant de ses deux belles joues dans le doux canal de son sein; mais la pluie argentée pousse les portes qui lui font obstacle et les force de se rouvrir par son cours vigoureux.

Ô comme ses yeux et ses larmes se prêtent et s'empruntent! Ses yeux se voient dans les larmes, les larmes dans ses yeux, double cristal qui reflète un double chagrin que les soupirs amis cherchent à sécher; mais comme dans un jour de tempête où règnent tantôt le vent et tantôt la pluie, ses soupirs sèchent ses joues et ses larmes les mouillent encore.

Des passions variables s'attroupent autour de son invariable douleur, comme luttant à qui conviendra mieux à son chagrin; toutes sont accueillies, et chacune montre un tel empressement de douleur, que chaque forme de chagrin à tour de rôle paraît la préférable, mais aucune n'est la meilleure; alors elles se réunissent toutes ensemble comme une troupe de nuages qui se consultent pour faire un mauvais temps.

A ce moment elle entend au loin le hallali d'un chasseur; jamais chant de nourrice ne plut autant à son nourrisson : ce son plein d'espérance réussit à chasser la cruelle image qui hantait son âme; car maintenant la joie revit et la flatte de l'espoir que c'est la voix d'Adonis.

Alors ses larmes commencent à refluer, et restent emprisonnées dans son œil comme des perles dans le verre; cependant parfois il s'en échappe une de ces perles d'orient que sa joue s'empresse de fondre comme si elle refusait de la laisser aller laver la sale face de la terre fangeuse qui n'est qu'enivrée lorsqu'elle semble noyée.

Ô amour qui crois si difficilement, combien il semble étrange de ne pas croire et cependant d'être en même temps trop crédule! ton bonheur et ton malheur sont également extrêmes; le désespoir et l'espérance te rendent également ridicules; l'un te flatte par d'improbables suppositions, et l'autre aussitôt te tue par des craintes probables.

Maintenant elle défait la toile qu'elle-même a tissée; Adonis vit, et la mort n'est point à blâmer; ce n'est pas elle qui tout à l'heure l'accusait de ne rien valoir; maintenant elle ajoute des titres d'honneur à son nom odieux; elle l'appelle reine des tombeaux, tombeau des rois, maîtresse impérieuse de toutes les choses mortelles.

« Non, non, dit-elle, douce mort, je ne faisais que plaisanter ; cependant pardonne-moi, j'ai senti une sorte de crainte lorsque j'ai rencontré le sanglier, cette bête sanguinaire qui ne connaît pas la pitié, mais qui est toujours cruelle ; aussi, aimable fantôme, — je dois confesser la vérité, — je t'ai insultée parce que je craignais le trépas de mon amour.

« Ce n'est pas ma faute : le sanglier a provoqué ma langue ; venge-t'en sur lui, invisible reine ; c'est lui, l'odieuse créature, qui t'a fait tort ; c'est lui qui est l'auteur des injures que je n'ai fait que répéter : la douleur a deux langues, et jamais femme ne put encore les maîtriser toutes deux sans l'esprit de dix femmes. »

C'est ainsi qu'elle excuse son soupçon précipité, dans l'espérance qu'Adonis est encore vivant, et pour que sa beauté puisse être mieux à l'abri, elle cherche humblement à s'insinuer dans les bonnes grâces de la mort ; elle lui parle de trophées, de statues, de tombes, et lui raconte ses victoires, ses triomphes et ses gloires.

« Ô Jupiter, dit-elle, quelle sotte j'étais, d'être si faible et simple d'esprit que de pleurer la mort de celui qui vit, et qui ne peut mourir sans la ruine de l'espèce humaine, car lui mort, la beauté est tuée avec lui, et la beauté une fois morte, le noir chaos revient.

« Fi, fi, amour passionné, tu es aussi plein de craintes qu'un homme chargé d'un trésor, cerné par des voleurs ; des bagatelles dont ni l'œil ni l'oreille n'ont été les témoins troublent ton lâche cœur de fausses alarmes. » Sur ce mot, elle entend le son d'un cor joyeux, et alors elle bondit, elle qui tout à l'heure était si abattue.

Elle vole, telle que le faucon vers sa proie ; le gazon ne s'incline point sous ses pas, tant elle le foule légèrement, et dans sa hâte elle aperçoit, ô douleur, le triomphe de l'ignoble sanglier sur son beau bien-aimé ; elle le voit, et ses yeux comme massacrés par cette vue, se cachent, semblables aux étoiles qu'intimide le jour ;

Ou comme le limaçon dont les tendres cornes ont été touchées, blessé rentre à reculons dans sa grotte écailleuse, et s'y tient longtemps dans l'ombre, tout ramassé sur lui-même, sans oser se montrer de nouveau ; ainsi à ce sanglant spectacle, ses yeux ont fui dans les sombres et profondes grottes de sa tête,

Où ils remettent leur office et leur lumière à la disposition du cerveau troublé qui leur ordonne de s'associer avec la nuit hideuse et de ne plus blesser par leurs regards le cœur qui pareil à un roi inquiet sur son trône, pousse à leur suggestion un gémissement lugubre.

Alors chacun de ses sens, sujet tributaire du cœur, se met à trembler ; de même que le vent emprisonné dans le sol, luttant pour s'ouvrir un passage, ébranle les fondements de la terre, et qu'à cette secousse les âmes des hommes sont paralysées d'une froide terreur, ainsi cette anarchie des sens surprend tellement chaque partie de son corps, que ses yeux tressautent de nouveau hors de leurs sombres lits ;

Et s'ouvrant, ils laissent tomber à regret leur lumière sur la large blessure que le sanglier a creusée dans le doux flanc d'Adonis dont la blancheur de lis habituelle était inondée des larmes pourprées que sa blessure avait pleurées : il n'y avait dans son voisinage gazon, herbe, feuille ou plante qui n'eût dérobé son sang et ne semblât saigner avec lui.

La pauvre Vénus remarque cette sympathie solennelle ; elle laisse tomber sa tête sur une de ses épaules ; son désespoir est muet, son délire frénétique ; elle pense qu'il ne peut pas être mort, qu'il n'est pas mort : sa voix s'arrête, ses articulations ne savent plus fléchir, ses yeux sont irrités d'avoir pleuré avant cette heure.

Elle regarde sa blessure avec une si constante fixité que sa vue s'en éblouissant fait paraître triple la plaie ; alors elle réprimande son œil brutal pour multiplier les blessures là où il ne devrait y en avoir aucune ; il semble qu'il ait deux faces, et chaque membre est double, car souvent l'œil se trompe, lorsque le cerveau est troublé.

« Ma langue ne peut parvenir à exprimer mon chagrin pour un seul Adonis, et cependant, dit-elle, j'en vois deux de morts ! Mes soupirs sont épuisés, mes larmes amères taries, mes yeux sont changés en feu, mon cœur en plomb : plomb de mon cœur pesant, fonds au feu rouge de mes yeux ! je pourrai mourir ainsi par des gouttes de brûlant désir.

« Hélas ! pauvre monde, quel trésor tu as perdu ! Quelle face vivante reste-t-il qui vaille la peine d'être vue ? Quelle est la langue qui ait une musique ? Qu'y a-t-il dans les choses du long passé, ou dans celles de l'avenir dont tu puisses tirer orgueil ? Les fleurs sont douces, leurs couleurs fraîches et pimpantes ; mais la beauté vraiment douce vécut et mourut avec lui.

« Que nulle créature ne porte désormais bonnet ou voile ! ni soleil, ni vent ne s'efforceront jamais plus de vous baiser : puisque vous n'avez pas de beauté à perdre, vous n'avez pas besoin de craindre ; le soleil vous méprise, et le vent vous siffle : mais lorsqu'Adonis vivait, le soleil et l'air âpre rôdaient comme deux voleurs pour lui dérober sa beauté.

« Aussi, quand il mettait son bonnet, le joyeux soleil s'efforçait de pénétrer sous ses bords, et le vent l'enlevait, afin qu'une fois tombé, il pût jouer avec la chevelure d'Adonis ; alors Adonis pleurait, et aussitôt, par pitié pour ses tendres années, ils luttaient tous deux à qui sécherait le premier ses larmes.

« Pour voir sa face le lion rôdait par derrière les buissons, car il ne voulait pas l'effrayer ; lorsqu'il chantait, le tigre, pour jouir de son chant, se serait apprivoisé et l'aurait tout gentiment écouté ; s'il avait parlé, le loup aurait laissé sa proie et n'aurait pas effrayé ce jour-là l'innocent agneau.

« Lorsqu'il contemplait son ombre dans le ruisseau, les poissons déployaient sur la surface leurs nageoires dorées ; lorsqu'il se trouvait près d'eux, les oiseaux éprouvaient un tel plaisir que les uns chantaient, et que les autres lui apportaient dans leur bec des mûres et de rouges cerises ; il les nourrissait de sa vue, eux le nourrissaient de fruits.

« Mais cet ignoble, hideux sanglier à groin de hérisson,

dont l'œil abaissé cherche toujours un tombeau, ne vit jamais la beauté dont il était revêtu, témoin la manière dont il l'a traité : s'il a vu sa figure, eh bien alors je suis sûre qu'il a voulu l'embrasser, et que c'est ainsi qu'il l'a tué.

« C'est cela, cela même ; c'est ainsi qu'Adonis a été tué : il courut avec sa lance aiguë sur le sanglier, qui n'aiguisait pas ses défenses contre lui, mais voulait le désarmer par un baiser, et en parcourant son côté, le porc amoureux a par mégarde enfoncé sa hure dans son flanc délicat [1].

« Si j'avais eu des dents pareilles aux siennes, je dois l'avouer, je l'aurais tué la première par mes baisers ; mais il est mort, et n'a jamais réjoui ma jeunesse de la sienne, et j'en suis d'autant plus malheureuse. » Sur ces paroles, elle tombe à terre, et tache sa face du sang congelé d'Adonis.

Elle regarde ses lèvres, elles sont pâles ; elle prend sa main, elle est froide ; elle chuchote à ses oreilles le récit de son désespoir, comme si elles pouvaient entendre les mots douloureux qu'elle prononce ; elle soulève les rideaux qui ferment ses yeux, et hélas il n'y a plus que deux lampes éteintes qui reposent dans les ténèbres !

Ces deux miroirs où elle-même avait contemplé mille fois sa personne, ne renvoient plus aucun reflet ; ils ont

---

[1]. Un fait curieux et qui n'a pas, à ma connaissance du moins, été signalé jusqu'à ce jour par les commentateurs, c'est que Marini, le poëte plein de talent et de boursouflure qui fut si célèbre parmi nos pères sous le nom du chevalier Marin, a lu l'*Adonis* de Shakespeare. Dans cet interminable poëme de l'*Adone*, qu'il écrivit en France lorsque, sorti des prisons de Charles-Emmanuel I de Savoie, il eut accepté l'asile que lui offrait Marie de Médicis, je trouve cette strophe, qui, si elle n'est pas une imitation directe de Shakespeare, est une rencontre curieuse de deux beaux esprits d'ordre fort différent. Il s'agit, comme dans le passage auquel cette note se rapporte, des blessures creusées par le sanglier dans le flanc d'Adonis :

> Col mostacchio crudel baccier gli volle.
> Il fianco, che vincea le nevi istesse,
> E credendo lambir l'avorio molle
> Del fier dente la stampa entro s'impresse.
> Vezzi fur gli urti, atti amorosi e gesti
> Non le insignò natura altri che questi.

perdu cette vertu où ils excellaient si récemment, et chacune des beautés d'Adonis est dépouillée de son pouvoir. « Merveille du siècle, dit-elle, c'est là mon dépit, que toi étant mort, le jour soit encore lumineux.

« Puisque tu es mort, eh bien je prophétise ici que désormais le chagrin accompagnera l'amour ! la jalousie l'escortera, son commencement sera doux, mais sa fin insipide ; jamais il ne s'équilibrera, il sera toujours haut ou bas, en sorte que tous les plaisirs de l'amour n'égaleront pas ses douleurs.

« Il sera faux, inconstant, plein de fraudes ; le même souffle le verra naître et se flétrir ; le fond en sera empoisonné, et le sommet tout enduit de douceurs qui tromperont la vue la plus pénétrante : il rendra faible à l'excès le corps le plus vigoureux, frappera le sage de mutisme et enseignera la parole au sot.

« Il sera économe et à la fois plein de débauches ; il enseignera l'âge décrépit à mesurer les pas de la danse, et il imposera la réserve au libertin déconcerté ; il ruinera le riche, il enrichira le pauvre de trésors ; il unira la folie frénétique à la douceur candide ; il rendra les jeunes gens vieux et les vieillards enfants.

« Il soupçonnera, alors qu'il n'aura aucune cause de crainte ; il n'aura nulle crainte là où il devrait avoir le plus de méfiance ; il sera compatissant et trop sévère à la fois, et d'autant plus trompeur alors qu'il semblera plus juste. Il sera pervers alors qu'il se présentera avec franchise, il donnera de la crainte à la valeur et du courage au lâche.

« Il sera une cause de guerre et de cruels événements, et jettera la dissension entre le fils et le père ; il sera le sujet et l'obéissant esclave de tous les mécontentements, comme une matière sèche et combustible est esclave et sujette du feu : puisque la mort m'enlève mon amour dans son printemps, ceux qui aiment le mieux ne jouiront pas de leurs amours. »

Pendant ce temps l'enfant étendu mort à ses côtés se fondait devant sa vue comme une vapeur, et de son sang ruisselant sur le sol jaillissait une fleur pourpre tachetée de blanc, parfaite image de ses joues pâles et du sang répandu en gouttes rondes sur leur blancheur.

Elle courbe la tête pour sentir la fleur nouvellement née, et compare son parfum à l'haleine de son Adonis; elle dit que cette fleur reposera sur son sein, puisqu'Adonis est retranché d'elle par la mort; elle coupe la tige, et de la blessure s'échappe une séve verte qu'elle compare aux larmes.

« Pauvre fleur, dit-elle, doux rejeton d'un père plus embaumé encore, c'était ainsi même que ton père mouillait ses yeux pour le plus petit chagrin; croître solitaire était son inclination, et c'est aussi la tienne, mais sache qu'il vaut autant te dessécher sur ma poitrine que dans son sang.

« Ici était le lit de ton père, ici dans ma poitrine; c'est ton droit, puisque tu lui es la plus proche par le sang; hélas! repose-toi dans ce berceau creux; mon cœur palpitant t'y bercera jour et nuit! il n'y aura pas une minute dans une heure que je laisse passer sans baiser ma douce fleur d'amour. »

Fatiguée du monde, elle s'éloigne et accouple ses colombes au plumage argenté; par leur vive assistance leur maîtresse est transportée rapidement sur son char léger à travers les cieux vides; elles dirigent leur course vers Paphos, où leur reine a l'intention de se cloîtrer et de ne plus se laisser voir.

LUCRÈCE

AU TRÈS-HONORABLE
HENRY WRIOTHESLY, COMTE DE SOUTHAMPTON
ET BARON DE TICHFIELD

L'affection que je voue à votre Seigneurie est infinie, et de cette affection cet opuscule sans commencement n'est qu'une insignifiante parcelle. La garantie que j'ai des dispositions de votre Honneur, et non la valeur de mes vers imparfaits, me donne l'assurance de votre acceptation. Ce que j'ai fait est vôtre; ce que j'ai à faire est vôtre; ce sont des parties du tout que je vous ai dévoué. Si mon mérite était plus grand, mon zèle se montrerait plus grand aussi; en attendant, tel qu'il est, il est assuré à votre Seigneurie, à qui je souhaite longue vie, allongée encore par toute espèce de bonheur.

De votre Seigneurie le tout dévoué serviteur,

WILLIAM SHAKESPEARE.

ARGUMENT

Lucius Tarquin, surnommé le Superbe pour son excessif orgueil, après avoir fait cruellement assassiner son propre beau-père, Servius Tullius, et s'être emparé du royaume contrairement aux lois et coutumes romaines, sans demander ou attendre les suffrages du peuple, vint mettre le siége devant Ardée en compagnie de ses fils et d'autres nobles de Rome. Pendant ce siége les principaux chefs de l'armée se trouvèrent un soir réunis dans la tente de Sextus Tarquin, fils du roi; leur conversation d'après souper les amena à faire à tour de rôle l'éloge des vertus de leurs femmes, et parmi eux Collatin exalta surtout l'incomparable chasteté de sa femme Lucrèce. Ils se rendirent tous en hâte à Rome, dans cette plaisante humeur, avec l'intention de vérifier par cette arrivée subite et secrète leurs assertions réciproques. Collatin seul trouva son épouse filant parmi ses femmes, quoiqu'il fût une heure avancée de la nuit : les autres dames furent toutes trouvées dansant et festinant, ou occupées à d'autres divertissements. Là-dessus tous les nobles cédèrent la victoire à Collatin et la palme à Lucrèce. Sextus Tarquin, enflammé par la beauté de Lucrèce, mais étouffant sa passion pour le présent, retourna au camp avec les autres; il les quitta bientôt secrètement, et fut reçu et hébergé royalement, comme le voulait son rang, par Lucrèce à Collatium. La même nuit il se glissa traîtreusement dans sa chambre, la posséda par violence, et décampa de bonne heure dans la matinée. Lucrèce, dans cette lamentable situation, envoya en toute hâte deux messagers, l'un à Rome pour son père, l'autre au camp pour Collatin. Ils vinrent accompagnés, l'un de Junius Brutus, l'autre de Publius Valerius, et trouvant Lucrèce en habits de deuil, ils lui demandèrent la cause de son chagrin. Elle, après leur avoir fait jurer de la venger, révéla le criminel, la manière dont son crime s'était accompli, et après ce récit se poignarda soudainement. Alors tous d'une voix unanime décidèrent que cette famille haïe des Tarquins serait entièrement détruite, et portant le cadavre à Rome, Brutus informa le peuple de cette vile action et du nom de celui qui l'avait commise, en se répandant en invectives amères contre la tyrannie du roi ; sur quoi le peuple fut tellement ému que d'un consentement unanime et par acclamation générale, les Tarquins furent tous exilés, et que le gouvernement fut transporté des rois aux consuls.

LUCRÈCE[1].

Porte sur les ailes perfides d'un désir impie, l'impudique Tarquin quitte l'armée romaine, et tout en hâte s'en va d'Ardée, la ville assiégée, porter à Collatium son feu encore sans clarté, mais qui, caché sous de pâles cendres, guette le moment de s'élancer et d'entourer de sa ceinture de flammes le corps de la belle bien-aimée de Collatin, Lucrèce la chaste.

Peut-être est-ce par malheur ce nom de chaste qui a si vivement aiguisé le tranchant de son irrésistible désir, lorsque Collatin ne put se retenir de vanter imprudemment ce mélange incomparable de rose et de blanc qui triomphait dans le ciel de sa félicité, où des astres mortels aussi brillants que les magnificences du ciel lui réservaient à lui seul l'hommage de leur pur éclat.

En effet, la nuit précédente, sous la tente de Tarquin, Collatin a dévoilé le trésor de son heureux ménage; il a dit quelle richesse sans prix le ciel lui avait donnée en le mettant en possession de sa belle compagne, et il a estimé sa fortune à un taux si élevé que les rois peuvent bien être mariés à plus de gloire, mais que ni roi ni pair ne pourraient être unis à une aussi incomparable dame.

Ô bonheur qui n'est le partage que de quelques-uns!

---

1. Le poëme de *Lucrèce* parut en 1594. Trois autres éditions suivirent en 1598, 1600 et 1607. Le succès de ce poëme paraît avoir été égal, sinon supérieur, à celui de *Vénus et Adonis*.

bonheur qui lorsqu'il est possédé se dissipe et passe aussi vite que la rosée d'argent de la nuit sous la splendeur dorée du soleil! date expirée, effacée avant même d'avoir bien commencé! Celui qui possède l'honneur et la beauté n'a que de bien faibles moyens pour les défendre contre un monde de dangers.

La beauté par elle-même persuade assez les yeux des hommes sans avoir besoin d'un orateur; quelle nécessité est-il alors de faire l'apologie de ce qui se loue si bien soi-même? Et pourquoi Collatin est-il le révélateur de ce riche joyau qu'il devrait laisser inconnu aux oreilles des voleurs, puisqu'il est son bien propre?

Peut-être son éloge de la supériorité de Lucrèce fut-il ce qui tenta ce rejeton orgueilleux d'un roi; — car nos cœurs sont souvent corrompus par nos oreilles : — peut-être l'envie d'une chose si riche, qui bravait toute comparaison, fut-elle l'aiguillon qui piqua ses altières pensées, et le fit s'indigner que des inférieurs pussent se vanter de ce lot heureux dont leurs supérieurs étaient privés.

Mais si ce ne fut aucun de ces motifs, ce fut quelque pensée téméraire qui lui suggéra ce parti trop précipité : négligeant tout, son honneur, ses affaires, ses amis, son pouvoir, il s'éloigne en toute hâte avec le ferme propos de bien vite éteindre le feu qui brûle dans son cœur. Ô chaleur empressée et menteuse, bientôt éteinte sous la glace du repentir, tes ardeurs précipitées tombent bien vite et n'ont jamais longue durée!

Lorsque ce perfide Seigneur arriva à Collatium, il fut bien accueilli par la Dame romaine. Sur le visage de cette Dame la beauté et la vertu luttaient à qui des deux soutiendrait le mieux sa gloire : lorsque la vertu s'énorgueillissait, la beauté rougissait de pudeur; lorsque la beauté se vantait de ces rougeurs, la vertu dépitée cherchait à effacer cet or sous une pâleur d'argent.

Mais la beauté qui a droit à cette blancheur de par la couleur des colombes de Vénus accepte ce charmant combat : alors la vertu réclame à la beauté le rouge de la beauté, qu'elle donna aux gens de l'âge d'or pour rehausser leur teint d'argent, et qu'elle appelait alors leur bouclier, leur apprenant à s'en servir dans le combat, de manière que lorsque la honte attaquerait, le rouge défendît le blanc.

Ce blason se voyait sur le visage de Lucrèce, démontré par le rouge de la beauté et le blanc de la vertu : chacune de ces couleurs était reine de l'autre, leurs droits à toutes les deux étant prouvés depuis l'enfance du monde : cependant leur ambition les pousse encore à combattre ; leur souveraineté réciproque est si grande, que souvent elles échangent leurs trônes.

L'œil traître de Tarquin embrasse dans leurs chastes rangs les lis et les roses de cette guerre silencieuse qu'il contemple sur le champ de son beau visage, et de peur d'être tué entre elles, le lâche captif vaincu cède aux deux armées qui aimeraient bien mieux le laisser partir que de triompher d'un ennemi si faux.

Maintenant il trouve que l'éloquence superficielle de son mari, — ce prodigue qui l'a louée avec avarice, — a fait tort à sa beauté dans la haute tâche qu'elle avait entreprise et qui excède de beaucoup ses stériles moyens : aussi Tarquin enchanté supplée-t-il à l'imperfection de cette louange par le silencieux étonnement de ses yeux qui ne se lassent pas de contempler.

Cette sainte terrestre adorée par ce diable soupçonne peu son hypocrite adorateur, car les pensées sans tache rêvent rarement au mal; les oiseaux qui n'ont jamais été englués ne craignent pas les piéges cachés dans les buissons : aussi naïvement et en toute confiance fait-elle bonne réception et respectueuse bienvenue à l'hôte princier dont aucun indice mauvais ne trahit à l'extérieur la mauvaise pensée intime :

Car se couvrant de son rang élevé, il cachait son vil dessein sous les plis de la majesté, si bien qu'en lui rien ne paraissait déréglé, sauf parfois une trop grande admiration de l'œil que tout ne pouvait satisfaire, quoiqu'il embrassât tout; pauvre dans sa richesse, il manque de tant de choses dans son abondance, que gorgé de beaucoup il aspire encore à davantage.

Mais elle qui n'avait jamais donné la réplique aux yeux d'un étranger, ne put surprendre aucune pensée dans ses regards parlants, ni lire les secrets subtilement transparents qui sont écrits dans les marges de cristal de tels livres : n'ayant jamais manié d'amorces inconnues, elle ne craignait pas les hameçons ; aussi ne put-elle interpréter ses regards lascifs ; tout ce qu'elle voyait, c'est que ses yeux étaient ouverts et regardaient.

Il vante à ses oreilles la gloire de son mari conquise dans les champs de la fertile Italie ; il orne de louanges le grand nom de Collatin illustré par sa chevalerie vaillante, ses armes ébréchées dans les combats, et ses couronnes de triomphe : elle exprime sa joie en levant la main, et sans mot dire, remercie ainsi le ciel des succès de son mari.

Il présente ses excuses pour son arrivée à Collatium qu'il colore de prétextes fort éloignés de ceux qui l'ont amené. Nul indice nuageux d'un temps de violentes tempêtes n'apparaît une seule fois dans son beau ciel, avant que la noire nuit, mère de la terreur et de la crainte, répande sur le monde ses tristes ombres et enferme le jour dans sa prison aux voûtes ténébreuses.

Ce moment venu, Tarquin se fait conduire à son lit, affectant la fatigue et la pesanteur de l'assoupissement ; car après le souper il a longtemps conversé avec la modeste Lucrèce, et il a laissé s'écouler la nuit : maintenant le sommeil de plomb lutte avec la force de la vie, et tous se livrent au repos, hormis les voleurs, les soucis et les esprits inquiets qui veillent.

Pareil à un de ceux-là Tarquin repose en retournant en esprit les divers dangers qu'il doit affronter pour satisfaire son désir ; mais quoique ses espérances aux faibles fondements lui conseillent de s'abstenir, il en revient toujours à la volonté d'arriver à son but : souvent pour réussir on a recours au désespoir, et lorsque la récompense qu'on se propose est un grand trésor, quoiqu'on risque la mort à l'entreprise, on ne suppose pas la mort.

Ceux qui convoitent beaucoup sont si passionnés pour

le gain, qu'ils dépensent et aliènent et ce qu'ils n'ont pas et ce qu'ils possèdent, en sorte que plus ils espèrent, et moins ils ont; ou s'ils gagnent, le profit de l'excès n'est que de rassasier et d'amener de tels chagrins, que dans ce gain à la riche pauvreté ils trouvent la banqueroute.

Le but de tous est d'entourer la vie d'honneur, de richesse et de bonheur dans l'âge du déclin, et pour atteindre ce but il faut une lutte si fertile en obstacles, que nous jouons tout contre un, ou un contre tout : par exemple, nous jouons la vie pour l'honneur dans la rage des cruelles batailles, ou l'honneur pour la richesse; et souvent cette richesse entraîne la mort de tout, et tout est perdu à la fois.

Ainsi en nous exposant aux mauvaises chances, nous abandonnons les choses que nous avons pour celles que nous espérons, et cette odieuse infirmité, qui nous fait ambitionner d'avoir beaucoup, nous tourmente par la médiocrité de ce que nous avons; en sorte donc que nous négligeons notre bien personnel, et que par manque d'esprit, nous faisons de quelque chose rien pour vouloir l'augmenter.

L'affolé Tarquin doit maintenant courir un hasard semblable, en engageant son honneur pour obtenir l'objet de sa luxure; il faut qu'il se perde lui-même pour se satisfaire lui-même : où sera la vérité, si l'on n'a plus confiance en soi-même? et comment espérera-t-il trouver un étranger juste, lorsque lui-même se détruit de ses propres mains, et se livre en proie aux langues calomnieuses et aux jours misérables et odieux?

Maintenant les heures en s'écoulant ont amené le milieu de la nuit, et le sommeil pesant a fermé tous les yeux mortels : nulle charitable étoile ne prête sa lumière; on n'entend d'autre bruit que les cris prophétiques de mort des hiboux et des loups; maintenant est venue l'heure propice où ils peuvent surprendre les innocents agneaux : les pensées pures sont mortes et paisibles, au contraire la luxure et le meurtre veillent pour salir et tuer.

Alors ce voluptueux Seigneur saute hors de son lit,

en jetant brusquement son manteau sur son bras; il est follement ballotté entre le désir et la crainte : le premier le flatte délicieusement, l'autre lui fait redouter le mal; mais l'honnête crainte, ensorcelée par les charmes ignobles de la luxure, ne l'invite que trop, trop souvent, à se retirer battu par la violence du désir insensé.

Il frappe doucement de son épée sur un caillou, et il fait jaillir de la froide pierre des étincelles de feu où il allume un flambeau de cire, qui doit servir d'étoile conductrice à son œil luxurieux; puis il adresse à la flamme ces paroles conformes à sa pensée : « Comme j'ai forcé ce dur caillou à me livrer son feu, ainsi dois-je forcer Lucrèce à céder à mon désir. »

Ici, pâle de crainte, il passe en revue les dangers de son horrible entreprise, et discute dans son for intérieur les douleurs qui peuvent surgir comme conséquence de son action : puis dardant le dédain de ses yeux, il méprise cette armure misérable d'une luxure toujours vaincue dont il a revêtu son cœur, et censure ainsi avec justice ses injustes pensées.

« Brillante torche, épuise ta lumière, et ne la prête pas pour noircir celle dont la lumière surpasse la tienne! Mourez, pensées impies, avant de tacher de vos souillures celle qui est divine! Offrez un pur encens à un si pur sanctuaire, et que la noble humanité abhorre l'acte qui souille et tache la modeste robe à la blancheur de colombe de l'amour.

« Ô honte pour la chevalerie et les armes brillantes! Ô ignoble déshonneur pour le sépulcre de ma maison! Ô acte impie qui renferme tous les désastres odieux? Un guerrier être l'esclave d'une douce fantaisie d'amour! La véritable valeur devrait toujours s'unir au véritable respect; aussi ma faute sera-t-elle si vile, si basse, qu'elle restera toujours gravée sur mon visage.

« Oui, et quand bien même je mourrais, le scandale me survivrait et serait une tache sur l'or de mon blason! Le héraut inventera quelque odieuse barre d'infamie pour me mettre sous les yeux l'excès de mon délire coupable;

si bien que ma postérité honteuse de cette marque maudira mes os, et ne tiendra pas pour péché de souhaiter que moi, leur père, je n'eusse pas été[1].

« Qu'est-ce que je gagne si j'obtiens la chose que je cherche? un rêve, un souffle, une écume de joie fugitive. Qui donc achète la gaieté d'une minute par les pleurs d'une semaine, ou vend l'éternité pour acquérir une bagatelle? Qui voudrait détruire la vigne pour un seul doux raisin? Ou quel fou mendiant, rien que pour toucher la couronne voudrait s'exposer à être incontinent assommé par le sceptre?

« Si Collatin rêve de mon intention, ne se réveillera-t-il point en sursaut, et désespéré de rage n'accourra-t-il pas ici en toute hâte pour prévenir ce vil dessein, ce siége qui investit son mariage, cette tache pour le jeune homme, cette douleur pour le sage, ce dernier soupir de la vertu, cette éternelle infamie dont le crime encourra un blâme sans fin?

« Oh! quelle excuse pourra trouver mon imagination lorsque tu m'accuseras d'un acte si noir? Ma langue ne restera-t-elle pas muette? mes frêles articulations ne trembleront-elles pas? mes yeux n'oublieront-ils pas la lumière? mon cœur perfide ne saignera-t-il pas? Quand le crime est grand, la crainte qu'il éveille est plus grande encore, et l'extrême crainte ne peut ni combattre, ni fuir, mais doit mourir lâchement dans un tremblement de terreur.

« Si Collatin avait tué mon fils ou mon père, s'il avait dressé des embûches pour me ravir la vie, s'il n'était pas mon cher ami, ce désir de corrompre sa femme pourrait trouver excuse dans la vengeance ou le payement de telles offenses; mais comme il est mon parent, mon cher ami, la honte et la faute n'ont ni excuse ni fin.

« Cela est honteux; — oui si le fait est connu : cela

---

[1]. « Les livres de blason font mention d'une marque particulière de disgrâce dont étaient flétris les écussons de ceux qui *discourtoisement* avaient abusé, contre sa volonté, d'une veuve, d'une vierge ou d'une femme mariée. » (MALONE.)

est haïssable; — mais il n'y a pas de haine à aimer: j'implorerai son amour; — mais elle ne s'appartient pas : le pire qui puisse arriver, c'est le refus et les reproches : ma passion est forte, la raison est faible pour l'écarter : quiconque craint une sentence ou un adage de vieillard peut être intimidé par une tapisserie peinte. »

C'est ainsi que répréhensiblement il maintient la dispute entre la conscience glacée et la passion brûlante, congédie ses bonnes pensées, et s'efforce d'interpréter les mauvaises à son avantage, ce qui en un moment confond et détruit les effets des bonnes influences et va si loin que ce qui est vil apparaît comme une action vertueuse.

Il reprit : « Elle m'a pris tendrement par la main et a regardé dans mes yeux passionnés pour y chercher des nouvelles, craignant quelque fâcheux événement pour la bande guerrière dont son bien-aimé Collatin fait partie. Ô comme la crainte a fait monter ses couleurs! d'abord rouge, comme les roses que nous jetons sur la toile, ensuite blanche comme la toile lorsque nous en avons enlevé les roses.

« Et comme sa main, emprisonnée dans ma main, m'a forcé de trembler de sa crainte loyale! ce mouvement la frappa de tristesse, et elle serra ma main plus étroitement, jusqu'à ce qu'elle eût appris le bon état de son mari; alors sa physionomie s'éclaira d'un si doux sourire que si Narcisse l'eût vue en ce moment, l'amour de soi ne l'aurait jamais fait se noyer dans la source.

« A quel propos fais-je donc ainsi la chasse aux prétextes et aux excuses? Tous les orateurs sont muets lorsque la beauté plaide : c'est aux pauvres hères à trouver le remords dans de pauvres fautes : l'amour ne prospère pas dans le cœur qu'épouvantent les ombres : l'amour est mon capitaine et il me conduit, et lorsque sa joyeuse bannière est une fois déployée, le lâche lui-même combat et ne se laisse pas dérouter.

« Ainsi arrière, crainte enfantine! meurs, hésitation! respect et raison, allez faire escorte à l'âge ridé! mon cœur ne démentira jamais mes yeux : la grave circonspection et les méticuleuses considérations conviennent au sage; mon rôle est la jeunesse et proscrit ces vertus de son théâtre : le désir est mon pilote, la beauté mon butin; qui donc craint de faire naufrage là où se trouve un tel trésor? »

Comme le blé est étouffé par les mauvaises herbes, ainsi la crainte prudente est presque étranglée par l'irrésistible luxure. Il se glisse hors de la chambre, l'oreille toute aux écoutes, plein d'ignoble espérance, et plein de défiance désespérée, et l'une et l'autre servantes de l'injustice qu'elles sont, le troublent tellement de leurs affirmations opposées, que tantôt il projette une ligue et tantôt une invasion.

La divine image de Lucrèce siége dans sa pensée, et sur ce même trône siége aussi Collatin : celui de ses yeux qui la contemple porte la confusion dans tout son être; celui qui regarde Collatin, plus divin d'inclination, se refuse à un spectacle si perfide, et cherche par un appel de pureté à retenir le cœur qui une fois corrompu prend le pire parti,

Et alors fait appel intérieurement à ses serviles agents, qui flattés par la joyeuse apparence de leur chef, emplissent sa luxure, comme les minutes emplissent les heures, et l'orgueil que leur inspire leur capitaine grandit tellement qu'ils lui payent un hommage servile plus grand que celui qu'ils lui doivent. C'est ainsi que conduit follement par un désir réprouvé, le Seigneur romain marche au lit de Lucrèce.

Les serrures qui séparent la chambre de Lucrèce de son désir, successivement forcées par lui, abdiquent leur garde; mais en s'ouvrant elles qualifient son méfait par leur grincement, et ce reproche force le larron furtif à quelque réflexion : le seuil fait bruire la porte pour avertir de son approche; les belettes, rôdeuses de nuit, crient en le voyant; elles l'effrayent, mais il n'en continue pas moins à marcher au-devant de l'objet de ses craintes.

A mesure que chacune de ces portes récalcitrantes lui ouvre passage, le vent se glissant au travers des petites fentes et des lézardes des murailles combat avec sa torche pour le forcer à s'arrêter, et lui en soufflant la fumée au visage, éteint la lumière qui lui sert de guide; mais son cœur brûlant qu'enflamme un désir passionné pousse un autre vent qui rallume la torche.

La lumière rallumée, il aperçoit à sa clarté le gant de Lucrèce où son aiguille est restée fixée; il le relève de la natte de roseaux où il est tombé, et en le saisissant, l'aiguille pique son doigt, comme pour lui dire, — ce gant n'est pas habitué aux jeux folâtres; retourne-t'en en toute hâte; tu vois que les ornements de notre maîtresse sont chastes.

Mais tous ces faibles obstacles ne peuvent l'arrêter; il interprète leur refus dans le pire sens; les portes, le vent, le gant qui le retardent, il les prend comme des accidents d'épreuve, ou comme ces rouages qui règlent le cadran, et ralentissent son mouvement en mesurant sa course, jusqu'à ce que chaque minute ait payé sa dette à l'heure.

« Là, là, dit-il, ces obstacles se présentent dans mon aventure, comme ces petites gelées qui quelquefois menacent le printemps pour ajouter aux jouissances des premiers beaux jours et donner aux oiseaux transis plus de raison de chanter. La peine paye l'intérêt de toute chose précieuse; les rochers énormes, les vents furieux, les hardis pirates, les écueils et les sables, sont les craintes du marchand, avant qu'il débarque riche dans sa patrie. »

Maintenant le voici parvenu à la porte de la chambre qui lui ferme le ciel de sa pensée; un loquet qui peut aisément céder, et rien d'autre, c'est ce qui le séparait du bonheur qu'il cherchait. L'impiété a tellement perverti son âme, qu'il se met à prier pour obtenir sa proie, comme si les cieux pouvaient protéger son crime.

Mais au milieu de cette stérile prière, après avoir supplié la suprême puissance d'accorder à ses odieux désirs le triomphe sur cette beauté charmante, et de lui être propice à cette heure, il s'arrête tout à coup en tressaillant : — « Il me faudra la violer, dit-il : les puissances que je prie abhorrent cet acte, comment donc pourraient-ils m'aider à l'accomplir ?

« Eh bien, soyez mes dieux et mon guide, toi Fortune, et toi Amour ! Ma passion est appuyée de résolution : les pensées ne sont que des rêves jusqu'à ce que leur réalisation soit essayée ; le plus noir péché est blanchi par l'absolution ; la glace de la crainte se dissout devant le feu de l'amour. L'œil du ciel est fermé, et la nuit ténébreuse cache la honte qui suit la douce volupté. »

Cela dit, sa main coupable fait sauter le loquet, et il ouvre la porte en la poussant du genou. La colombe que ce hibou de nuit va saisir est en proie au sommeil : c'est ainsi que la trahison accomplit son œuvre avant que les traîtres soient découverts. Quiconque aperçoit le serpent aux aguets se met à l'écart ; mais elle, qui est endormie profondément et qui ne craint rien de pareil, est là étendue à la merci de son mortel aiguillon.

Il avance dans la chambre d'un pas scélérat, et contemple son lit encore sans souillure. Les rideaux étant fermés, il erre tout autour, et ses yeux pleins d'appétit roulent dans leurs orbites : son cœur est égaré par leur haute trahison qui donne bien vite à sa main le mot d'ordre pour ouvrir le nuage qui cache la lune argentée.

De même que le beau soleil aux rayons de flamme, quand il se précipite hors d'un nuage, éblouit notre vue, ainsi, une fois le rideau tiré, les yeux de Tarquin commencèrent à clignoter aveuglés par une trop grande lumière : est-ce de l'éclat de Lucrèce que vient cet éblouissement ? est-ce la honte qui l'engendre ? toujours est-il que ses yeux sont aveugles et restent clos.

Oh que ne sont-ils morts dans cette ténébreuse prison ! ils auraient vu alors la fin de leur forfait, et Collatin aurait pu encore reposer dans sa couche honorée, aux côtés de Lucrèce : mais il faut qu'ils s'ouvrent pour tuer cette union bénie ; et Lucrèce aux saintes pensées doit abandonner à leur vue sa joie, son bonheur et sa vie.

Sa main de lis est placée sous sa joue de rose, frustrant ainsi d'un légitime baiser l'oreiller qui de fureur semble se partager en deux; des deux côtés il se gonfle par dépit de manquer son bonheur, et entre ces deux collines la tête de Lucrèce repose comme dans une tombe : c'est ainsi qu'elle se présente comme une chaste statue à l'admiration de ces yeux libertins et profanes.

Son autre main sortant du lit tombait sur la courtepointe verte; sa parfaite blancheur que baignait une sueur perlée pareille à la rosée de la nuit, la faisait ressembler à une marguerite d'avril sur le gazon. Ses yeux comme des boutons d'or avaient refermé leur lumière, et enchâssés sous un dais de ténèbres ils reposaient doucement jusqu'à ce qu'ils pussent s'ouvrir pour orner le jour.

Ses cheveux, pareils à des fils d'or, jouaient avec son souffle. Ô modestes voluptueux! ô voluptueuse modestie! ils montraient le triomphe de la vie sur la surface de la mort, et l'aspect sombre de la mort dans la suspension de la vie : toutes les deux s'embellissent tellement par son sommeil qu'on dirait qu'il n'y a entre elles aucun combat, mais que la vie respire dans la mort et la mort dans la vie.

Ses seins, comme des globes d'ivoire, entourés d'un cercle bleu, couple de mondes vierges non encore conquis, ne connaissaient d'autre joug que celui que leur faisait porter leur maître, et ils lui étaient fidèles sous la foi du serment. Ces mondes ont engendré dans Tarquin une ambition récente, et il vient comme un criminel usurpateur pour renverser de ce beau trône son légitime propriétaire.

Que pouvait-il voir qu'il ne remarquât de toute la puissance de son admiration? que pouvait-il remarquer qu'il ne convoitât de toute la force de son désir? Ce qu'il contemple le fait délirer avec une frénésie sans relâche, et son œil qui si volontiers plonge dans sa contemplation, se fatigue sous l'excès que lui impose sa volonté. Il admire avec plus que de l'admiration ses veines d'azur, sa peau d'albâtre, ses lèvres de corail, son menton blanc comme neige creusé de fossettes.

Comme le lion farouche joue avec sa proie, quand le plaisir de la victoire émousse un instant l'âpreté de sa faim, ainsi Tarquin se tient penché sur cette âme endormie ; la rage de son désir est amortie par la contemplation ; elle est diminuée, mais non supprimée, car restant à ses côtés, son œil, qui tout à l'heure restreignait cette révolte, allume un plus grand incendie encore dans ses veines.

Et elles, pareilles à des esclaves épars qui combattent pour le pillage, à des vassaux endurcis par de cruels exploits qui se réjouissent dans le meurtre sanglant et dans le rapt, et qui ne respectent ni les larmes des enfants ni les gémissements des mères, s'enflent dans leur orgueil, attendant l'attaque : tout à coup son cœur qui palpite, battant la charge, donne le signal d'un chaud combat, et leur dit d'en faire à leur désir.

Son cœur qui tambourine encourage son œil enflammé, son œil remet le commandement à sa main ; sa main, comme fière d'une telle dignité, fumant d'orgueil, marche pour prendre poste sur la poitrine nue de Lucrèce, centre de tout son royaume, et au moment où elle tente l'escalade, les rangées de veines bleues du sein abandonnent leurs tourelles rondes, et les laissent languissantes et pâles.

Ces bleues sentinelles se rendent en foule dans le tranquille cabinet où repose leur chère Dame et maîtresse, lui disent qu'elle est périlleusement assiégée, et l'effrayent par leurs cris confus. Elle, très-étonnée, ouvre ses yeux fermés, et comme ils se hâtent de regarder d'où vient ce tumulte, ils sont éblouis et vaincus par la torche enflammée de Tarquin.

Imaginez qu'elle est comme une personne éveillée d'un lourd sommeil au plus profond de la nuit, qui croit avoir contemplé quelque spectre effroyable dont l'aspect sinistre fait trembler tous ses membres ; quelle terreur n'est-ce pas là ? Mais son aventure est pire encore, car sortie du sommeil, elle aperçoit en toute réalité l'apparition qui rend véritable sa terreur d'imagination.

Étreinte et anéantie par mille craintes, elle est là couchée tremblante, pareille à un oiseau qui vient d'être frappé ; elle n'ose pas regarder ; cependant, en fermant les paupières, elle voit des fantômes hideux qui passent rapidement devant ses yeux : de telles visions sont les impostures du cerveau affaibli qui, furieux que les yeux fuient devant la lumière, les épouvante dans les ténèbres par des spectacles plus terribles.

La main de Tarquin qui repose encore sur le sein de Lucrèce, — brutal bélier qui bat en brèche une telle forteresse d'ivoire! — peut sentir son cœur (pauvre citoyen!) qui se blessant à mort dans son épouvante, se soulève et retombe, et bat contre le rempart que cette main saccage : cela excite encore en lui plus de rage et moins de pitié; il faut qu'il ouvre la brèche et qu'il entre dans cette douce cité.

D'abord, comme une trompette, sa langue commence à sonner un pourparler à son ennemie anéantie, qui, pardessus le drap blanc, passe son menton plus blanc encore, pour connaître la raison de cet assaut téméraire qu'il s'efforce de lui expliquer par gestes muets; mais elle, avec de véhémentes prières, le presse encore pour savoir sous quel prétexte[1] il commet ce forfait.

Il répond ainsi : « Le teint de ton visage, qui fait pâlir le lis de colère, et rougir la rose de sa disgrâce, parlera pour moi et te dira l'histoire de mon amour : c'est là l'étendard sous lequel je suis venu pour escalader ta forteresse qui ne fut jamais conquise : la faute en est à toi, car ce sont tes yeux qui t'ont trahie aux miens.

« Voici ce que je réponds d'avance à tes reproches, si tu as l'intention de m'en faire : c'est ta beauté qui t'a tendu un piége cette nuit, où il te faut patiemment céder à ma passion : ma passion t'a marquée pour mon plaisir terrestre : j'ai cherché de toute ma puissance à dompter mon désir; mais à peine les reproches de la conscience et la raison l'avaient-ils laissé pour mort, que l'éclat de ta beauté lui donnait une vie nouvelle.

« Je sais quels malheurs entraînera mon entreprise; je

---

1. *Under what colour*, sous quelle couleur. Ce mot de *colour* est pris par Tarquin dans le sens de couleur de drapeau, d'étendard, et aussi dans le sens de couleur du visage, de teint, et amène dans la strophe suivante deux jeux de mots intraduisibles.

sais quelles épines défendent la rose sur sa tige, je n'ignore pas que le miel est gardé par un aiguillon ; tout cela, la réflexion me l'a fait comprendre d'avance : mais le désir est sourd et n'écoute pas les amis prudents ; il n'a qu'un œil pour contempler la beauté, et il raffole de ce qu'il contemple, contre toute loi et tout devoir.

« J'ai passé en revue en mon âme les torts, la honte, le chagrin que je vais engendrer ; mais rien ne peut contenir le cours de la passion, ni arrêter la furie aveugle de son impétuosité. Je sais que viendront, à la suite de cet acte, larmes de repentir, reproches, dédains, mortelle inimitié, et cependant j'aspire à embrasser mon infamie. »

En disant ces mots, il agite au-dessus d'elle son épée romaine, toute semblable au faucon planant dans l'air, dont les ailes couvrent l'oiseau placé au-dessous de lui, et dont le bec recourbé le menace de mort s'il monte : c'est ainsi que sous son insultante épée gît l'innocente Lucrèce, écoutant ses paroles avec terreur et tremblement, comme l'oiseau lorsqu'il entend les clochettes du faucon.

« Lucrèce, dit-il, il faut que cette nuit je jouisse de toi : si tu refuses, la force m'ouvrira la route, car je me propose de te tuer dans ton lit ; cela fait, je tuerai quelqu'un de tes misérables esclaves pour tuer ton honneur en même temps que ta vie ; puis je le placerai entre tes bras, et je jurerai que j'ai tué cet homme en le voyant t'embrasser.

« Alors ton époux survivra pour rester la marque de mépris de tous les yeux ; tes parents courberont la tête sous cette flétrissure, ta postérité sera tachée d'une bâtardise sans nom, et ton trépas, à toi l'auteur de leur honte, sera mis en couplets et chanté par les enfants dans les jours à venir.

« Mais si tu me cèdes, je reste ton ami secret : une faute inconnue est comme une pensée non exécutée ; un petit mal accompli dans un but bon et grand est tenu pour légitime politique. L'herbe empoisonnée est quelquefois distillée en un composé exempt de dangers, et appliqué de la sorte, son venin se trouve purifié par ses effets salutaires.

« Ainsi donc, pour le bonheur de ton mari et de tes enfants, exauce mes vœux : ne leur lègue pas en héritage cette honte qu'aucun démenti ne pourrait effacer, cette tache qui ne sera jamais oubliée, tache pire que la flétrissure de l'esclavage, ou les marques de naissance ; car les marques que les hommes apportent en naissant sont les fautes de la nature, non de leur propre infamie. »

Cela dit, il se relève et fait un temps d'arrêt en la fixant de son regard pareil à l'œil meurtrier du basilic ; tandis qu'elle, portrait de la piété pure, est pareille à une biche blanche qui, sous les serres aiguës d'un cruel griffon, intercède, dans un désert où les lois n'existent point, auprès de la bête brutale qui ne connaît pas de clémente justice, et n'obéit à rien d'autre qu'à son infâme appétit.

Lorsqu'un nuage noir menace la terre et cache sous son voile de sombres brouillards les monts à la cime ambitieuse, il arrive souvent qu'une douce brise, s'échappant de la terre obscurcie, frustre de leur espoir les vapeurs ténébreuses, et prévient, en les divisant, leur chute imminente ; c'est ainsi que l'empressement impie de Tarquin retarde les paroles de Lucrèce, et tandis qu'Orphée joue, le morose Pluton accorde son consentement.

Cependant, odieux chat rôdeur de nuit, il joue avec la faible souris toute pantelante sous l'étreinte serrée de sa griffe ; la contenance désespérée de Lucrèce aiguise son appétit de vautour, gouffre vorace qui reste vide même dans l'abondance : son oreille admet les prières de sa victime, mais son cœur n'accorde aucun accès à ses plaintes : quoique la pluie use le marbre, les larmes endurcissent la concupiscence.

Les yeux de Lucrèce, qui demandent pitié, sont fixés tristement sur les plis impitoyables de sa face ; son éloquence modeste est mêlée de soupirs qui ajoutent encore plus de grâce à ses discours. Souvent elle met ses périodes hors de place, et pendant qu'elle parle, la douleur l'interrompt de telle sorte, qu'elle est obligée de recommencer ce qu'elle veut dire.

Elle le conjure par le très-haut et très-puissant Jupiter, par la chevalerie, par la noblesse, par le serment d'une douce amitié, par ses larmes qu'elle ne s'attendait pas à verser, par l'amour de son époux, par la sainteté des lois humaines, par la foi commune, par le ciel et la terre, et leur double puissance, de vouloir bien retourner à la couche que l'hospitalité lui a prêtée, et d'obéir à l'honneur et non à un odieux désir.

Elle lui dit : « Ne récompense pas l'hospitalité par le sinistre payement que tu te proposes de lui donner ; ne trouble pas la fontaine qui t'a donné à boire ; ne détruis pas la chose qui ne peut être réparée ; renonce à ton but criminel avant de tirer ta flèche : c'est un mauvais chasseur, celui qui bande son arc pour frapper hors de saison une pauvre biche.

« Mon mari est ton ami, épargne-moi par égard pour lui : — tu es puissant, laisse-moi par égard pour toi : — je suis un être faible, ne me rends donc pas victime d'un piége : — tu n'as pas la figure de la tromperie, ne me trompe donc pas. Mes soupirs, comme des tourbillons, s'efforcent de t'emporter hors d'ici : si jamais homme fut ému par les gémissements d'une femme, laisse-toi émouvoir par mes larmes, mes soupirs, mes sanglots.

« Larmes, soupirs, sanglots, pareils à un océan troublé, battent ensemble contre ton cœur de rocher qui me menace du naufrage, afin de l'adoucir par leur continuel mouvement, car les pierres dissoutes se convertissent en eau. Oh ! si tu n'es pas plus dur qu'une pierre, laisse-toi attendrir par mes larmes, et sois compatissant ! la douce pitié ouvre même les portes de fer.

« Je t'ai reçu parce que tu ressemblais à Tarquin ; as-tu donc revêtu sa forme pour le déshonorer ? Je me plains à toutes les tribus du ciel de ce que tu outrages son honneur, de ce que tu blesses son nom princier. Tu n'es pas ce que tu sembles, ou si tu es Tarquin, tu ne ressembles pas à ce que tu es, c'est-à-dire à un dieu, à un roi ; car les rois comme les dieux devraient gouverner toute chose.

« A quel point ton immoralité ne grandira-t-elle pas dans ton âge mûr, si tes vices bourgeonnent ainsi avant ton printemps! Si tu oses commettre un tel outrage lorsque tu n'en es encore qu'à l'espérance, que n'oseras-tu pas une fois que tu seras roi? Souviens-t'en, si aucune action criminelle, commise seulement par des vassaux ne peut être effacée, la terre de la tombe ne peut cach les mauvaises actions des rois.

« Cette action fera qu'on ne t'aimera que par crainte mais les monarques heureux sont toujours craints p amour : tu seras contraint de tolérer d'odieux coupables, lorsqu'ils te montreront que tu es coupable des mêmes crimes qu'eux : renonce à ton désir, ne fût-ce que par cette considération-là, car les princes sont le miroir, l'école, le livre où les yeux des sujets regardent, s'instruisent, lisent.

« Veux-tu donc être l'école où s'instruira la luxure? veux-tu qu'elle lise en toi les leçons d'une telle honte? veux-tu donc être le miroir où elle découvrira l'autorisation du péché, l'immunité contre le blâme? Pour privilégier en toi le déshonneur, tu préfères le mépris à la louange immortelle, et tu fais une entremetteuse de la bonne renommée.

« As-tu commandement? au nom de celui qui te l'a donné, commande d'un cœur pur à ta volonté rebelle : ne tire pas ton épée pour protéger l'iniquité, car elle te fut prêtée pour anéantir toute sa lignée. Comment pourras-tu remplir l'office d'un prince, lorsque, prenant exemple sur toi, l'odieux crime dira que le péché lui fut enseigné, et que cet enseignement, c'est toi qui le lui donnas?

« Pense seulement quel vil spectacle ce serait pour toi que de contempler dans un autre ton présent forfait. Les fautes des hommes leur apparaissent rarement; ils étouffent partialement leurs propres transgressions : cette faute, dans ton frère, te semblerait digne de mort. Oh! comme ils sont enveloppés par l'infamie, ceux qui détournent les yeux de leurs propres forfaits!

« C'est vers toi, vers toi, que je tends mes mains levées, et non vers la luxure séductrice, ta téméraire confidente; j'implore le rappel de ta majesté exilée; laisse-la revenir, et fais retirer ces pensées corrompues; son franc honneur emprisonnera ces faux désirs, et, dissipant l'épais nuage qui couvre tes yeux affolés, te montrera ta situation et t'amènera à compatir à la mienne. »

« Cesse, répond-il; le flux irrésistible de mon désir ne rebrousse pas chemin, mais ne fait que monter encore plus haut par cette résistance. Les petites lumières sont vite éteintes, les grands feux persistent, et le vent ne fait qu'augmenter leur furie. Les petits courants qui payent leur dette journalière à leur souveraine, la mer salée, ajoutent au volume de ses flots par le frais tribut de leurs eaux, mais n'en changent pas la saveur. »

« Tu es, lui dit-elle, une mer, un roi souverain, et, hélas! vers tes flots infinis, courent la noire luxure, le déshonneur, la honte, le déréglement, qui cherchent à salir l'océan de ton sang. Si tous ces vils fleuves de mal changent ta vertu, ta mer va se renfermer dans un lit de vase, et cette vase ne sera plus dispersée dans l'étendue entière de ta mer.

« Ainsi, ces esclaves seront rois, et toi, tu seras leur esclave : ta noblesse s'avilira, leur bassesse s'ennoblira; tu seras leur vie brillante, eux seront ton affreux tombeau; tu seras exécrable par leur honte, ils seront exécrables par ton orgueil : la chose moindre ne devrait pas cacher la plus grande; le cèdre ne s'abaisse pas au pied du vil buisson, mais les petits buissons se dessèchent aux racines du cèdre.

« Ainsi, fais que tes pensées, vassales soumises de ton pouvoir…. » — « Assez, répond-il, par le ciel, je ne veux pas t'écouter! Cède à mon amour, ou sinon, la haine brutale, remplaçant l'amour aux délicats attouchements, va te déchirer cruellement; et cela fait, je te transporterai par vengeance dans la vile couche de quelque goujat de valet, pour qu'il soit ton associé dans cette destinée honteuse. »

Cela dit, il pose son pied sur la torche, car la lumière et la luxure sont ennemies mortelles : le crime, enveloppé dans l'aveugle nuit qui cache tout, est d'autant plus tyrannique qu'il est plus invisible. Le loup a saisi sa proie ; le pauvre agneau crie, jusqu'à ce que sa voix, maîtrisée avec sa propre toison, soit forcée d'ensevelir ses clameurs dans le doux repli de ses lèvres :

Car, se servant du linge de nuit qu'elle porte, il refoule au dedans de sa bouche ses plaintives clameurs ; il rafraîchit son visage brûlant dans les plus chastes larmes qu'aient jamais versées des yeux modestes sous l'empire de la douleur. Oh ! pourquoi faut-il que la luxure précipitée souille un lit si pur ! Si les taches de ce lit pouvaient être purifiées par les larmes, Lucrèce y laisserait perpétuellement couler ses pleurs.

Mais elle a perdu une chose plus chère que la vie, et il a gagné ce qu'il voudrait bien perdre maintenant. Cette alliance obtenue par contrainte, entraîne un nouveau combat ; cette joie d'un moment engendre des mois de chagrin ; ce chaud désir se convertit en froid dédain : la pure chasteté est volée de son trésor, et la voleuse luxure est bien plus pauvre qu'auparavant.

Vous avez vu comment le limier trop repu, ou le faucon gorgé, devenus incapables de délicatesse d'odorat ou de vol rapide, poursuivent lentement, ou même dédaignent la proie qu'ils préfèrent par instinct ; telle est dans cette nuit l'attitude de Tarquin assouvi : son mets délicieux, s'aigrissant par la digestion, dévore son désir que faisait vivre une odieuse voracité.

Ô crime plus profond que ne peut le comprendre la pensée qui plonge dans la mer paisible de la rêverie ! Le désir qui s'est soûlé est obligé de vomir ce qu'il a pris avant d'apercevoir sa propre abomination. Tant que la luxure est dans son orgueil, aucune remontrance ne peut arrêter son ardeur, ni refréner ses désirs téméraires ; mais enfin cette volonté entêtée se fatigue et tombe comme une rosse.

Et alors, les joues pâles, maigres et flasques, l'œil appesanti, le sourcil tiré, la démarche chancelante, le faible désir, tout penaud, tout pauvre, tout humble, pareil à un mendiant banqueroutier, se met à gémir sur son cas: tant que la chair est orgueilleuse, le désir lutte avec la vertu, car alors il est enivré; mais lorsque son orgueil tombe, le coupable rebelle prie pour obtenir pardon.

Ainsi en est-il de ce criminel seigneur de Rome, qui tout à l'heure poursuivait si chaudement l'exécution de son désir; car maintenant il prononce sur lui-même cette sentence, — que le voilà déshonoré pour tous les temps à venir; qu'en outre, le superbe temple de son âme est dégradé, et que, sur ses tristes ruines, s'attroupent des bandes de soucis, qui viennent demander à cette reine souillée en quel état elle est.

Elle répond que ses sujets, par une odieuse insurrection, ont renversé ses murailles consacrées; que, par leur faute mortelle, ils ont réduit en servitude son immortalité, et qu'ils l'ont faite esclave d'une mort vivante et d'une peine éternelle : grâce à sa prescience, elle leur avait toujours résisté, mais cette prévoyance n'a pu surmonter leur volonté.

C'est en proie à ces pensées qu'il se glisse à travers la nuit ténébreuse, vainqueur captif, qui a perdu en gagnant, emportant la blessure que rien ne guérira, la cicatrice qui restera en dépit de tout remède, et laissant sa victime en proie à de plus grandes peines encore. Elle porte le fardeau de la luxure qu'il a laissé derrière lui, et lui, il porte le fardeau d'une âme coupable.

Comme un chien voleur, il s'esquive tristement de la chambre; comme un agneau épuisé, elle gît pantelante sur son lit; il se méprise et se hait lui-même pour son crime; désespérée, elle déchire sa chair avec ses ongles : il fuit accablé, suant par frayeur de son crime; elle reste, maudissant cette nuit fatale; il s'éloigne et se reproche son plaisir évanoui et exécré.

Il part, pénitent anéanti; elle reste, naufragée sans espérance; dans sa hâte, il appelle la lumière du matin;

elle prie le ciel de ne jamais plus contempler le jour :
« Car, dit-elle, le jour découvre les fautes de la nuit,
et mes yeux sincères n'ont jamais appris à cacher les
fautes sous le voile d'un regard dissimulé.

« Ils croient que tout œil pourra voir la même disgrâce qu'ils contemplent eux-mêmes, et c'est pourquoi ils voudraient toujours être dans les ténèbres, pour
que le crime, inaperçu, ne fût jamais raconté ; car, ils
révéleront leur faute par leurs larmes, et, comme l'eau
qui mord l'acier, graveront sur mes joues la honte désespérée que je ressens. »

Alors, elle se récrie contre le repos et le sommeil, et
ordonne à ses yeux d'être désormais aveugles. Elle éveille
son cœur en frappant sur sa poitrine, lui commande d'en
sortir, et d'aller chercher quelque poitrine plus pure, qui
soit digne d'enfermer un cœur aussi pur. Frénétique de
douleur, elle exhale ainsi sa haine contre la discrétion
silencieuse de la nuit.

« Ô nuit meurtrière du bonheur, image de l'enfer !
sombre registre et notaire de honte ! sinistre théâtre de
tragédies et de meurtres cruels ! vaste chaos recéleur de
crimes ! nourrice de blâmes ! entremetteuse aveugle et
voilée ! port ténébreux de l'infamie ! affreuse caverne de
mort ! chuchotante conspiratrice de compagnie avec la
trahison à la langue muette et le viol !

« Ô nuit haïssable, faite de brouillards épais et de vapeurs ! puisque tu es coupable de mon crime irrémédiable, rassemble tes nuages, qu'ils aillent à la rencontre de la lumière d'Orient, et qu'ils fassent la guerre
au cours réglé du temps ; ou, si tu veux permettre au
soleil d'atteindre à sa hauteur accoutumée, au moins,
avant qu'il se couche, ceins sa tête d'or de nuages empestés.

« Corromps l'air du matin d'une humidité fétide, afin
que ses exhalaisons putrides frappent de maladie cette
pureté vivante, cette beauté suprême, avant qu'il atteigne sa pénible étape de midi ; fais marcher en bataillons si épais tes vapeurs nuageuses, que sa lumière,

étouffée dans leurs rangs fumeux, se couche à midi, et rende la nuit perpétuelle.

« Si Tarquin était la nuit, au lieu de n'être que l'enfant de la nuit, il souillerait la reine à la lumière d'argent, et ses suivantes étincelantes, par lui violées aussi, n'oseraient plus se montrer sur le sein ténébreux de la nuit : j'aurais ainsi des compagnes de douleur, et des compagnons de malheur adoucissent le malheur, comme les causeries des pèlerins leur font paraître court leur pèlerinage.

« Tandis que maintenant je n'ai personne pour rougir avec moi, pour se croiser les bras et baisser la tête avec moi, pour se voiler la face et cacher sa honte ; seule, seule, il me faut gémir, arrosant la terre d'une pluie de rosée argentée, mêlant des larmes à mes paroles, des sanglots à ma douleur, pauvres expressions cruelles d'une éternelle lamentation.

« Ô nuit, fournaise d'odieuses et épaisses vapeurs, ne permets pas au jour jaloux de contempler cette face qui sous ton noir manteau qui couvre tout, se cache avec les stigmates dont l'a flétri l'impudeur ! Reste en possession perpétuelle de ton pouvoir ténébreux, afin que toutes les fautes qui furent commises sous ton règne puissent pareillement être ensevelies sous tes ombres !

« Ne me rends pas l'objet des révélations du jour ! La lumière montrera inscrite sur mon front l'histoire de la ruine de l'aimable chasteté, la violation impie des serments sacrés du mariage : oui, l'illettré qui ne sait pas déchiffrer ce qui est écrit dans les livres savants, lira lui-même dans mes regards mon odieuse aventure.

« La nourrice, pour apaiser son enfant, racontera mon histoire, et effrayera son poupon pleurard avec le nom de Tarquin ; l'orateur, pour orner son éloquence, accouplera ma honte au crime de Tarquin ; dans les fêtes, les ménestrels, chantant ma disgrâce, captiveront les oreilles des auditeurs, et leur apprendront, détail après détail, comment Tarquin m'outragea, et comment moi j'outrageai Collatin.

« Que mon honneur, cette insaisissable renommée, reste sans souillures pour l'amour de mon cher Collatin : si mon honneur devient un thème de discussion, les branches d'un autre tronc vont se pourrir, et un reproche immérité va s'abattre sur celui qui est aussi pur de ma tache, qu'avant cet accident j'étais moi-même pure pour Collatin.

« Ô honte inaperçue ! disgrâce invisible ! ô plaie insensible ! blessure intime, outrage au blason ! La honte est inscrite sur le front de Collatin, et l'œil de Tarquin pourra lire de loin la devise qui racontera comme il fut blessé dans la paix et non dans la guerre. Hélas ! combien n'en est-il pas qui portent de telles blessures odieuses qu'ils ne connaissent pas eux-mêmes et que connaissent seulement ceux qui les ont faites !

« Collatin, si ton honneur était déposé en moi, il en est maintenant enlevé par l'assaut de la violence : mon miel est perdu, et, abeille semblable à un frelon, il ne me reste rien des trésors de mon été qui m'ont été pillés et volés par un injurieux larcin : une guêpe vagabonde s'est glissée dans ta ruche fragile, et a sucé le miel que conservait ta chaste abeille.

« Suis-je cependant coupable du naufrage de ton honneur ? C'est pour ton honneur que j'ai reçu Tarquin ; venant de ta part, je ne pouvais le renvoyer, car cela eût été un déshonneur que de le dédaigner : en outre, il se plaignait de la fatigue, et parlait de vertu ; — ô le malheur imprévu lorsque la vertu est profanée par un tel démon !

« Pourquoi le ver s'introduit-il dans le virginal bouton ? pourquoi les haïssables coucous viennent-ils couver dans les nids des moineaux ? pourquoi les crapauds infectent-ils les claires fontaines d'une boue venimeuse ? pourquoi la démence tyrannique se glisse-t-elle dans les nobles cœurs ? pourquoi les princes violent-ils leurs propres décrets ? Il n'est pas de perfection si absolue que quelque impureté ne la souille.

« Le vieillard, qui encoffre son or, est affligé de crampes, de gouttes, de cruelles douleurs ; il lui reste à peine des yeux pour contempler son trésor, mais pareil à Tantale à la soif éternelle, il engrange inutilement la moisson de son habileté, sans tirer de son gain d'autre plaisir que le tourment de penser que cela ne peut guérir ses souffrances.

« Il possède donc la richesse lorsqu'il ne peut s'en servir, et la laisse à ses fils qui, dans leur orgueil, en abusent incontinent : leur père était trop faible, et eux ils sont trop forts pour conserver longtemps cette fortune à la fois maudite et bénie. Les douceurs que nous avons souhaitées se changent en exécrable amertume au moment même où nous pouvons les appeler nôtres.

« Les tourmentes capricieuses accompagnent le tendre printemps ; les herbes malfaisantes mêlent leurs racines à celles des fleurs précieuses ; la vipère siffle là où chantent les doux oiseaux ; l'iniquité dévore ce qu'engendre la vertu : il n'est aucun des biens que nous appelons nôtres dont la malencontreuse occasion ne détruise la vie ou n'altère la qualité.

« Occasion, ô que ta culpabilité est grande ! C'est toi qui exécutes la trahison du traître ; c'est toi qui portes le loup à la place où il peut atteindre l'agneau ; tu montres l'heure propice à quiconque complote le crime ; c'est toi qui fais outrage au droit, à la loi, à la raison ; et dans ta sombre caverne, où personne ne peut l'apercevoir, se tient blotti le crime pour saisir les âmes qui passent près de lui.

« Tu pousses la vestale à violer son serment ; tu souffles le feu qui fond la glace de la tempérance ; tu étouffes l'honnêteté, tu assassines la vérité. Ô indigne provocatrice ! ô entremetteuse notoire ! tu plantes le scandale et tu déracines la louange. Larronne, traîtresse, déloyale voleuse, ton miel se change en fiel, ta joie en douleur !

« Tes plaisirs secrets se changent en honte déclarée, tes festins intimes en jeûne public, tes titres flatteurs en un nom déshonoré, ton éloquence sucrée en amère absinthe : tes vanités violentes n'ont jamais de durée. Comment se fait-il donc, vile occasion, qu'étant si détestable, tant de gens te recherchent ?

« Quand donc consens-tu à être l'amie de l'humble suppliant, et à le conduire là où sa requête pourrait être exaucée? Quand donc présentes-tu l'heure favorable pour terminer de grandes querelles ou pour délivrer l'âme que la misère a garrottée? Quand donc apportes-tu le remède au malade, le soulagement à celui qui souffre? Le pauvre, le boiteux, l'aveugle languissent, se traînent, soupirent après toi; mais pour eux l'occasion ne se présente jamais.

« Le malade meurt pendant que le médecin sommeille; l'orphelin languit pendant que l'oppresseur se gorge; la justice festoie pendant que la veuve pleure; la sagesse se divertit pendant que l'infection se répand; tu n'accordes jamais un moment aux actes charitables, tandis que la colère, l'envie, la trahison, le viol, la rage meurtrière escortent comme leurs pages tes haineuses heures.

« Lorsque la vérité et la vertu ont besoin de toi, mille obstacles les séparent de ton appui; elles sont obligées de l'acheter; mais le crime ne donne jamais une obole, il t'approche gratis, et tu es aussi complaisante pour l'écouer que pour accorder ce qu'il demande. Mon Collatin aurait dû venir vers moi en même temps que Tarquin, mais tu sus le tenir éloigné.

« Tu es coupable de meurtre et de vol; coupable de parjure et de subornation; coupable de trahison, d'imposture et de fausseté; coupable d'inceste, cette abomination: tu es de ta propre inclination promotrice de tous les crimes passés et à venir, depuis la création jusqu'au dernier jugement.

« Temps difforme, compère de l'odieuse nuit, agile et subtil courrier, messager de l'affreux souci, destructeur de la jeunesse, esclave menteur du plaisir menteur, vil gardien des douleurs, cheval de bât du crime, piège de la vertu, tu nourris tout ce qui est, et tu tues tout ce qui est. Ô écoute-moi, temps injurieux et déloyal! sois coupable de ma mort puisque tu l'es de mon crime.

« Pourquoi ta servante l'occasion a-t-elle trahi les heures que tu m'avais données pour le repos, brisé ma fortune et enchaîné ma vie à la date éternelle d'une douleur qui ne doit pas finir ? L'office du temps est de mettre fin à la haine des ennemis, de détruire les erreurs engendrées par l'opinion, et non pas de ruiner le douaire d'un lit légitime.

« La gloire du temps est d'apaiser les rois en guerre, de démasquer la fausseté, d'amener la vérité à la lumière, d'imprimer le sceau des siècles sur les choses passées, de réveiller le matin et de servir de sentinelle à la nuit, de frapper l'injuste jusqu'à ce qu'il revienne au droit, de ruiner sous le poids de tes heures les édifices orgueilleux, et de barbouiller de poussière leurs tours étincelantes d'or;

« De cribler de trous de ver les somptueux monuments, de nourrir l'oubli de la décadence des choses, d'effacer les vieux livres et d'altérer leur contenu, d'arracher les plumes des ailes des vieux corbeaux, de dessécher la séve des vieux chênes et de fournir à l'abondance des sources, de ronger l'airain des monuments antiques, et de tourner la roue capricieuse de la Fortune ;

« De montrer à l'aïeule les filles de sa fille, de faire de l'enfant un homme, de l'homme un enfant, de tuer le tigre qui vit de meurtre, de dompter la licorne et le lion sauvage, de se moquer du rusé en le trompant par lui-même, de réjouir le laboureur par d'abondantes moissons, de détruire les pierres énormes par de petites gouttes d'eau.

« Pourquoi commets-tu le mal dans ton pèlerinage, si tu ne peux revenir sur tes pas pour le réparer ? Une seule misérable minute dans un siècle entier te créerait un million d'amis, puisqu'elle prêterait de la sagesse à ceux qui prêtent à de mauvais débiteurs : ô cette terrible nuit ! si tu pouvais rétrograder d'une heure, je pourrais prévenir cette tempête et éviter le naufrage !

« Laquais immortel de l'éternité, traverse Tarquin dans sa fuite par quelque mésaventure ; invente au delà du possible tout ce qui se peut concevoir d'extraordinaire pour lui faire maudire cette nuit maudite et criminelle :

que des spectres terribles effrayent ses yeux débauchés, et que la cruelle pensée du mal qu'il a commis fasse dresser devant lui dans chaque buisson un diable hideusement difforme.

« Trouble ses heures de repos par des transes inquiètes ; afflige-le dans son lit par des sanglots douloureux ; accable-le d'accidents déplorables qui le fassent gémir, mais n'aie pas pitié de ses gémissements : lapide-le au moyen de cœurs endurcis plus durs que les pierres ; que les douces femmes perdent pour lui leur douceur et soient pour lui plus féroces que les tigres dans leurs déserts.

« Accorde-lui le temps pour qu'il arrache sa chevelure bouclée, accorde-lui le temps pour qu'il délire de fureur contre lui-même, accorde-lui le temps pour qu'il désespère du secours du temps, accorde-lui le temps pour qu'il vive la vie d'un esclave abhorré, accorde-lui le temps pour qu'il sollicite les restes d'un mendiant, et le temps pour se voir refuser par un homme vivant d'aumônes les rebuts qu'il dédaigne.

« Accorde-lui le temps pour qu'il voie ses amis devenir ses ennemis, et les fous joyeux le railler au passage ; accorde-lui le temps afin qu'il sente combien lentement le temps s'écoule dans le temps de l'affliction, et combien vifs et rapides furent son temps de folie et son temps de plaisir ; qu'éternellement son crime irrémissible ait le temps de gémir sur l'abus qu'il a fait de son temps.

« Ô temps, toi qui es également le tuteur des bons et des méchants, enseigne-moi à maudire l'homme à qui tu enseignas ce crime ! Que le larron devienne fou devant son ombre et cherche à chaque heure à se tuer lui-même ! Des mains aussi misérables devraient seules verser un sang aussi misérable, car qui donc est assez vil pour désirer l'office d'ignominieux bourreau d'un si vil esclave ?

« Descendant d'un roi, il n'en est que plus bas puisqu'il détruit ses espérances par des actes dégénérés. Plus l'homme est puissant, et plus puissante est la chose qui lui conquiert l'honneur ou lui engendre la haine, car le scandale est d'autant plus grand qu'il accompagne une plus grande condition : lorsqu'un nuage recouvre la lune, on s'aperçoit immédiatement de l'absence de l'astre, mais les petites étoiles peuvent se cacher quand il leur fait plaisir.

« Le corbeau peut baigner dans la boue son aile noire comme charbon et s'envoler avec la souillure sans qu'on s'en aperçoive; mais si le cygne à la blancheur de neige fait la même chose, la tache restera sur son duvet argenté. Les pauvres valets sont pareils à la nuit aveugle, les rois au jour glorieux. En quelque lieu qu'ils volent, les moucherons ne sont pas remarqués; mais tous les yeux suivent le vol des aigles.

« Arrière, mots stériles, serviteurs des sots au cerveau creux! Arrière, sons inutiles, faibles arbitres! allez chercher votre emploi dans les écoles où l'on fait assaut de disputes; allez tenir vos débats là où de stupides disputeurs ont le temps de s'en amuser; servez d'avocats à des clients pleins de crainte : pour moi, je n'ai pas souci du raisonnement plus que d'une paille, puisque mon cas est hors du secours de la loi.

« En vain j'insulte à l'occasion, au temps, à Tarquin, à la nuit morose, en vain je chicane avec mon infamie, en vain je repousse mon malheur trop certain : cette inutile fumée de mots ne me fait aucune réparation. Le seul remède qui puisse me profiter, est de forcer à s'écouler hors de mes veines mon sang odieusement souillé.

« Pauvre main, pourquoi tressailles-tu devant ce décret? Honore-toi en me délivrant de cette honte : car si je meurs, mon honneur vit en toi; mais si je vis, tu vivras dans mon déshonneur. Puisque tu n'as pas pu défendre ta loyale maîtresse, et que tu n'as pas déchiré le visage de son criminel ennemi, tue-toi, et tue-la en même temps pour avoir ainsi reculé. »

Elle dit, et s'élance de la couche où elle est étendue pour chercher quelque instrument de mort : mais cette demeure qui n'est pas une maison de meurtre ne contient aucun instrument capable d'ouvrir un plus large passage à son souffle qui s'envolant par ses lèvres s'évanouit comme la fumée de l'Etna qui se consume dans l'air, ou comme celle qui s'échappe d'un canon déchargé.

« C'est en vain, dit-elle, je vis, et je cherche en vain un heureux moyen de terminer une vie malheureuse. J'ai craint d'être tuée par l'épée de Tarquin, et cependant je cherche un couteau pour qu'il me rende le même office : mais lorsque je craignais, j'étais une loyale épouse; ainsi suis-je encore : — ô non, cela ne peut être, Tarquin m'a dépouillée de ce noble caractère !

« Ô cela est perdu qui me faisait souhaiter de vivre, je n'ai donc pas à craindre maintenant de mourir. En effaçant cette tache par la mort, je donne au moins à la livrée du scandale un galon d'honneur, je donne une vie mourante à la vivante infamie; triste ressource du désespoir que de brûler l'innocente cassette qui contenait le trésor, une fois qu'il a été volé !

« Bien, bien, cher Collatin, tu ne connaîtras pas le goût corrompu du serment violé; je n'outragerai pas ta sincère affection au point de te bercer dans l'erreur que mon lien conjugal est resté sans atteinte; cette greffe bâtarde n'arrivera jamais à croissance : celui qui souilla ta racine ne dira pas en se vantant que tu es le tendre père de son propre fruit.

« Il ne sourira pas de toi dans ses pensées secrètes, il ne rira pas de ton malheur avec ses compagnons; tu sauras que ton bien ne fut pas bassement vendu pour de l'or, mais arraché par violence hors de tes propres portes. Pour moi, je suis la maîtresse de ma destinée, et je ne me croirai pas quitte de mon injure avant que ma vie ait payé à la mort le prix de mon offense forcée.

« Je ne t'empoisonnerai pas de ma souillure, je ne couvrirai pas ma faute d'excuses habilement forgées; je ne peindrai pas mon noir péché pour cacher la réalité des outrages de cette nuit déloyale : ma bouche avouera tout; mes yeux, pareils à des écluses, pareils aux sources des montagnes qui vivifient les vallées, laisseront couler de purs courants qui laveront mon impur récit. »

Pendant qu'elle parlait ainsi, Philomèle avait achevé le gazouillement harmonieux de sa douleur nocturne, et la nuit solennelle était descendue d'un pas triste et lent au hideux enfer : maintenant le matin rougissant prête sa lumière à tous les beaux yeux qui la désirent; mais la sombre Lucrèce a honte de s'apercevoir elle-même, et voudrait pouvoir encore s'enfermer dans la nuit.

Le jour révélateur perce à travers toute fente et semble vouloir la montrer à la place où elle est assise en pleurant; elle lui parle ainsi au milieu des sanglots : « Ô œil des yeux, pourquoi épies-tu à travers ma fenêtre? Cesse ton espionnage; va caresser rieusement les yeux endormis du chatouillement de tes rayons; ne marque pas mon front de ta perçante lumière, car le jour n'a rien à démêler avec ce qui est fait de nuit. »

C'est ainsi qu'elle chicane avec tout ce qu'elle voit : le véritable chagrin est fantasque et querelleur comme un enfant qui une fois en mutinerie, ne peut accorder son humeur avec rien de ce qu'il voit. Ce sont les vieilles douleurs, non les douleurs jeunes, qui savent souffrir avec douceur; la durée dompte les premières; les secondes, impétueuses et semblables à un nageur novice qui s'enfonce toujours, se noient par trop d'efforts, faute d'habileté.

De même, Lucrèce profondément plongée dans une mer de soucis entreprend une dispute avec toute chose qu'elle aperçoit et rapporte toute douleur à elle-même; il n'est pas d'objet qui ne renouvelle la force de son chagrin; lorsque l'un disparaît, un autre arrive : tantôt son désespoir est muet et n'a pas de paroles, tantôt il est frénétique et surabonde en discours.

Les petits oiseaux qui chantent leur joie matinale exaspèrent sa douleur par leurs douces mélodies, car la gaieté blesse à fond une âme torturée, et les cœurs tristes sont poignardés par une société joyeuse; le chagrin ne se plaît vraiment qu'en compagnie du chagrin : la douleur véritable trouve l'aliment qui lui plaît lorsqu'elle rencontre la sympathie d'une douleur semblable à elle.

C'est une double mort que de se noyer en vue du rivage ; il jeûne dix fois celui qui jeûne avec la nourriture sous les yeux ; voir le baume fait sentir plus profondément la blessure ; un grand chagrin se désole plus fortement en présence de ce qui pourrait le soulager ; les profondes douleurs roulent comme un grand fleuve qui barré déborde sur ses rives ; le malheur raillé ne connaît plus ni loi, ni limites.

« Oiseaux moqueurs, dit-elle, enfermez vos chants dans la grotte palpitante de vos poitrines emplumées, et soyez sourds et muets pour mon ouïe ! Mon angoisse sans trêve n'aime pas les pauses et les intervalles[1] : une hôtesse en larmes ne supporte pas des convives joyeux : caressez de vos notes agiles les oreilles qui les aiment ; le désespoir préfère les chants qui font accord avec les larmes.

« Viens, Philomèle, toi dont les chants parlent de viol, fais ton triste bosquet de ma chevelure en désordre : de même que la terre humide pleure à tes accents de langueur, ainsi moi je verserai une larme à chacune de tes mesures mélancoliques, et je soutiendrai le diapason par mes profonds soupirs : en guise d'accompagnement, je murmurerai sans relâche le nom de Tarquin, pendant que tu vocaliseras avec tout ton talent de musicienne sur le souvenir de Térée.

« Et pendant que tu feras ta partie contre un buisson pour tenir éveillées tes douleurs aiguës, moi malheureuse, pour bien t'imiter, je fixerai contre mon cœur un poignard aigu afin d'effrayer mes yeux ; s'ils consentent, ce cœur se brisera et mourra. Ces moyens comme les touches sur un instrument accorderont les cordes de nos cœurs au ton de la véritable douleur.

« Et, pauvre oiseau, puisque tu ne chantes pas pendant le jour, comme si tu redoutais d'être aperçu par tout œil, nous trouverons quelque désert ténébreux et profond, écarté de tout sentier, un désert qui ne connaisse ni la

---

1. C'est-à-dire que la douleur de Lucrèce étant sans discontinuité ne connaît pas ces temps de repos rapides qu'on appelle *soupirs* dans la langue musicale.

chaleur brûlante ni le froid glacial, et là nous chanterons des mélodies plaintives aux bêtes cruelles afin de changer leur nature ; puisque les hommes se montrent bêtes, eh bien, que les bêtes prennent des âmes nobles. »

Comme le pauvre daim effrayé qui s'arrête, cherchant à reconnaître sa route et débattant avec inquiétude quel sentier il suivra, ou comme l'homme embarrassé dans un fourré plein de détours qui ne peut réussir à trouver son chemin directement, ainsi Lucrèce reste indécise en face d'elle-même, se demandant lequel vaut mieux de vivre ou de mourir, lorsque la vie est déshonorée et que la mort ne peut échapper au blâme.

« Me tuer, dit-elle, hélas ! que serait-ce, sinon faire partager à ma pauvre âme la souillure de mon corps ? Ceux qui perdent une moitié de leurs biens supportent cette catastrophe avec plus de patience que ceux qui perdent le tout. Elle agit avec une impitoyable déraison la mère qui, possédant deux aimables enfants, tue le second quand la mort lui enlève le premier, et n'est nourrice d'aucun.

« De mon corps ou de mon âme lequel m'était le plus cher lorsque l'un était pur et que l'autre était d'essence divine ? Lequel était le plus aimé de moi lorsque je les gardais tous deux pour le ciel et Collatin ? Hélas de moi ! le pin altier, une fois son écorce enlevée, voit ses feuilles se flétrir et sa séve tarir ; ainsi fera mon âme maintenant que son écorce est enlevée.

« Sa demeure est saccagée, son repos interrompu, son château éventré par l'ennemi, son temple sacré souillé dépouillé, sali, obscènement environné d'audacieuse infamie : qu'on ne dise donc pas que c'est un acte impie si je fais quelque trou dans cette forteresse déshonorée par où je puisse faire enfuir cette âme troublée.

« Cependant je ne veux pas mourir avant que mon Collatin ait connu la cause de ma mort imprévue, afin qu'à cette triste dernière heure de ma vie il puisse jurer qu'il tirera vengeance de celui qui me força à éteindre mon souffle. Je léguerai à Tarquin mon sang souillé ; déshonoré par lui, il sera répandu pour lui, et j'inscrirai le legs dans mon testament comme lui appartenant.

« Je léguerai mon honneur au couteau qui blessera mon corps déshonoré. C'est honneur de mettre fin à une vie déshonorée ; car l'honneur vivra, la vie une fois éteinte. Ainsi ma renommée sortira des cendres de la honte, car par ma mort je tuerai le mépris de la honte, et ma honte mourant ainsi, mon honneur vient au monde.

« Mais quel legs te léguerai-je, à toi, cher seigneur du cher joyau que j'ai perdu? Chéri, ma résolution sera ton sujet d'orgueil et l'exemple qui t'apprendra quelle vengeance tu dois chercher. Apprends par moi comment Tarquin doit être traité : moi, ton amie, je me tuerai moi-même qui suis ton ennemie ; pour l'amour de moi sers de la sorte le déloyal Tarquin.

« Voici le court abrégé que je fais de mon testament : je lègue aux cieux et à la terre mon âme et mon corps ; quant à ma résolution, prends-la pour ta part, mon époux ; je lègue mon honneur au couteau qui fera ma blessure, ma honte à celui qui a flétri ma renommée, et toute ma renommée je la laisse en partage à ceux qui vivent et ne pensent rien de honteux de moi.

« Toi, Collatin, tu seras le témoin de ce testament, afin que tu puisses voir comment je fus trahie par surprise. Mon sang lavera le scandale de mon malheur, et le beau dénoûment de ma vie affranchira ma vie de son acte impur. Faible cœur, ne faiblis pas, mais dis courageusement : « Qu'il en soit ainsi. » Cède à ma main, ma main te vaincra ; toi mort, elle meurt aussi, et tous deux vous serez vainqueurs. »

Lorsqu'elle eut tristement arrêté ce projet de mort, et essuyé les perles humides de ses yeux brillants, d'une voix tremblante d'émotion elle appelle sourdement sa suivante, qu'une prompte obéissance amène auprès de sa maîtresse, car le devoir aux ailes agiles vole avec la rapidité de la pensée. Les joues de la pauvre Lucrèce semblent à sa suivante pareilles aux prairies en hiver quand le soleil fond leurs neiges.

D'une voix doucement lente, vraie marque de réserve, elle souhaite à sa maîtresse un respectueux bonjour, et donne à son visage une expression de tristesse en accord avec la douleur de la Dame, dont le visage porte la livrée du chagrin; mais elle n'ose pas lui demander audacieusement pourquoi ses deux soleils sont éclipsés sous de tels nuages, ni pourquoi ses belles joues portent la trace des ravages des larmes.

De même que la terre pleure, une fois le soleil couché, chaque fleur devenant humide comme un œil attendri, ainsi la suivante commence à mouiller de grosses larmes ses yeux rougis, atteints par la sympathie de ces beaux soleils éclipsés dans le ciel de sa maîtresse : ces soleils ont noyé leur lumière dans un océan de larmes salées, en sorte que la suivante pleure comme la nuit à la rosée abondante.

Un instant ces belles créatures pleurent silencieuses, pareilles à des aqueducs d'ivoire qui rempliraient des citernes de corail : l'une pleure avec trop juste cause, l'autre n'a de motif de larmes que de s'associer à la douleur qu'elle voit : souvent leur sexe aimable est enclin aux larmes; les femmes s'affligent en cherchant à deviner les douleurs d'autrui, et alors leurs yeux se mouillent ou leur cœur se serre.

Car les hommes ont des cœurs de marbre, et les femmes des cœurs de cire, et c'est pourquoi elles sont formées au gré du marbre : livrées à l'oppression par leur faiblesse, elles reçoivent par force, par fraude ou par adresse l'empreinte des natures étrangères : ne les appelez donc pas les auteurs de leurs vices; pas plus qu'on ne doit appeler la cire mauvaise parce qu'elle portera l'empreinte d'un diable.

Leur tendresse, pareille à une riche plaine, est ouverte à tout petit ver qui rampe : dans les hommes, pareils à un fourré farouche et épais, sont blottis des vices qui y dorment obscurément comme les dragons des cavernes : la plus petite paille apparaît à travers des murs de cristal, et si les hommes savent couvrir leurs crimes sous des regards audacieusement sévères, les visages des pauvres femmes sont en revanche les livres révélateurs de leurs propres fautes.

Que personne n'accuse la fleur flétrie, c'est le vent brutal qui a tué la fleur qu'il faut gronder : le blâme appartient justement à ce qui dévore et non à ce qui est dévoré. Oh, ne tenez pas à faute aux pauvres femmes d'être si souillées des abus des hommes! ces orgueilleux et coupables seigneurs rendent les femmes créées faibles vassales de leur honte, et c'est eux qu'il faut blâmer.

La preuve en est dans l'exemple de Lucrèce, assaillie de nuit par les violentes menaces d'une mort immédiate et de la honte qui s'ensuivrait pour son époux : ces dangers de mort et de honte, sa résistance pouvait les créer ; aussi une terreur mortelle se répandit-elle à travers tout son corps; et qui ne peut abuser d'un corps mort?

Cependant la douce patience invite la belle Lucrèce à parler à la pauvre imitatrice de sa douleur. « Ma fille, lui dit-elle, pourquoi ces larmes qui coulent sur tes joues? Si tu pleures pour des chagrins qui m'appartiennent, sache, charmante enfant, que j'en retire peu de profit : si les larmes pouvaient soulager, les miennes me guériraient.

« Mais, dis-moi, ma fille, quand donc.... — ici elle s'arrêta, puis après un profond soupir, — Tarquin est-il parti d'ici?»—« Madame, avant que je fusse levée, répondit la suivante, et j'en suis d'autant plus à blâmer pour ma négligence paresseuse : cependant je puis excuser suffisamment ma faute en disant que je me suis levée avant le point du jour, et que Tarquin était parti avant que je fusse levée.

«Mais, Madame, si votre servante l'osait, elle vous demanderait de lui faire connaître votre chagrin. » — « Oh, paix! répond Lucrèce ; si je le révélais, la révélation ne l'amoindrirait pas, car il est plus grand que mes mots ne peuvent le dire ; et cette profonde torture peut bien être appelée un enfer lorsqu'on sent plus vivement qu'on n'a pouvoir d'exprimer.

« Vas, et apporte-moi ici du papier, de l'encre et une

plume ; — mais non, épargne-toi cette peine, j'ai tout cela ici. Que dirai-je? — Vas tout de suite ordonner à un des hommes de mon mari de se tenir prêt à porter une lettre à mon Seigneur, à mon amour, à mon chéri; avertis-le de se préparer bien vite à la porter ; la cause requiert toute promptitude, et la lettre sera bientôt écrite. »

Sa servante est partie, et promenant d'abord sa plume au-dessus de son papier, elle se prépare à écrire : la pensée et le chagrin se livrent un ardent combat ; ce que l'esprit vient d'écrire, la réflexion l'efface aussitôt : ceci est trop recherché, cela trop cru et trop brutal : pareilles à une foule qui se précipite à travers une porte ses pensées se pressent pour savoir à qui passera la première.

Enfin elle commence ainsi : « Digne Seigneur de l'indigne épouse qui t'envoie ce salut, que la santé soit avec toi ! Accorde-moi, mon bien-aimé, si tu veux voir encore ta Lucrèce, de faire immédiatement diligence pour venir et me visiter. C'est ainsi que je me recommande à toi de notre maison en deuil : mes douleurs sont immenses quoique mes paroles soient brèves. »

Alors elle plie la teneur de son désespoir, incertaine expression de sa douleur certaine. Grâce à ce court billet, Collatin connaîtra son chagrin, mais non la vraie nature de son chagrin ; elle n'ose pas la découvrir de crainte qu'il ne se persuade que la responsabilité de cette faute lui revient, et avant qu'elle ait trempé de son sang l'excuse de sa souillure.

D'ailleurs elle réserve la vie et l'énergie de son désespoir pour les répandre lorsqu'il sera près d'elle et qu'il pourra l'entendre, pour ce moment où les soupirs, les gémissements et les larmes, accompagnement légitime de la disgrâce, pourront le mieux l'absoudre de ces soupçons que le monde pourrait concevoir. Pour éviter cette tache, elle n'a pas voulu tacher la lettre de mots, jusqu'à ce que l'action puisse servir de commentaire aux paroles.

Voir de tristes spectacles émeut davantage que de les entendre raconter, car alors l'œil explique à l'oreille la douloureuse action qu'il contemple : lorsque chaque sens perçoit isolément une partie d'une catastrophe, ce n'est qu'une partie d'une douleur que nous comprenons : les eaux profondes font moins de bruit que les eaux guéables, et le chagrin reflue lorsqu'il est poussé par le vent des paroles.

Sa lettre est maintenant scellée, et sur l'adresse elle écrit : « plus que pressée, à mon Seigneur, à Ardée. » Le courrier se présente, et elle lui remet la missive en ordonnant au valet à la face morose de voler aussi rapidement que le font les oiseaux paresseux devant les tempêtes du Nord : une rapidité plus qu'excessive, elle la juge encore lente et traînarde, tellement les situations extrêmes amènent à tout mesurer à l'extrême.

Le rustique esclave s'incline humblement devant elle, et rougissant à sa face, reçoit d'un œil fixe le billet, et sans répondre ni oui ni non, s'éloigne en toute hâte avec une timidité naïve. Mais ceux dont le sein renferme une faute s'imaginent que tout œil voit leur honte; car Lucrèce pense qu'il a rougi en voyant son déshonneur.

Lui, ce naïf valet ! Dieu le sait, sa rougeur était manque d'esprit, de vivacité, de téméraire audace. De telles honnêtes créatures ont un vrai respect qui parle par leurs actes, tandis que d'autres impertinemment promettent plus de rapidité, mais font les choses à leur loisir : c'est ainsi que ce type du bon vieux temps s'était engagé par ses regards, mais n'avait pas donné de paroles pour arrhes.

Le zèle enflammé du valet enflamme la méfiance de Lucrèce, si bien que deux rouges feux illuminèrent leurs visages; elle crut qu'il rougissait parce qu'il connaissait la luxure de Tarquin ; rougissant avec lui, elle le fixa avec pénétration, et son œil perçant l'enfonça plus encore dans sa confusion : plus elle voyait le sang monter à ses joues, plus elle soupçonnait qu'il remarquait en elle quelque souillure.

Elle pense longtemps en attendant son retour, et cependant le loyal serviteur s'est à peine éloigné. Elle ne sait comment faire passer le temps à la fatigante lenteur, car maintenant elle a épuisé pleurs, soupirs et sanglots : la douleur a fatigué la douleur, le gémissement a fatigué le gémissement ; aussi arrête-t-elle un instant ses plaintes et cherche-t-elle un moyen de se désoler sous une nouvelle forme.

Enfin elle se rappelle un appartement où est accroché un morceau d'habile peinture représentant la Troie de Priam : sur le devant, l'armée grecque venue pour détruire la ville, en punition du rapt d'Hélène, menace de ses coups Ilion à la cime perdue dans les nuages ; car cette citadelle, l'habile peintre l'a représentée si haute que le ciel, semble-t-il, se baisse pour baiser ses tours.

L'art y avait su donner, en dépit de la nature, une illusion de vie à mille lamentables objets : plus d'une tache sèche y semblait une larme versée par une épouse sur son mari massacré ; le sang pourpre qui fumait montrait l'effort de l'artiste, et des yeux des mourants s'échappaient de pâles rayons, comme les clartés mourantes des charbons consumés dans les longues soirées.

Vous y pouviez voir le pionnier à sa tâche, tout inondé de sueur et tout barbouillé de poussière ; en haut des tours de Troie, on apercevait à travers les meurtrières les yeux des assiégés regardant les Grecs avec une médiocre confiance ; car telle était l'habile exactitude de cette œuvre, qu'on pouvait distinguer, malgré la distance, que ces regards étaient empreints de tristesse.

Sur les visages des grands chefs, on pouvait contempler le triomphe de la grâce et de la majesté ; chez les jeunes gens, l'agilité de la démarche et l'adresse du corps ; ici et là le peintre avait placé de pâles lâches marchant d'un pas tremblant, et si semblables à des paysans saisis de peur, qu'on aurait juré les voir trembler et claquer des dents.

Chez Ulysse et Ajax, oh quel art d'expression on pouvait remarquer ! leurs visages expliquaient leurs cœurs et révélaient avec la plus extrême précision leurs manières : dans les yeux d'Ajax roulaient la rage brutale et la dureté ; mais le doux regard de l'astucieux Ulysse révélait une observation profonde et une tranquille domination de soi.

Vous y pouviez voir le grave Nestor discourant comme s'il encourageait les Grecs au combat ; le geste de sa main était si sobre qu'il captivait l'attention et charmait le regard : pendant qu'il parlait, sa barbe aussi entièrement blanche que l'argent semblait s'agiter, et de ses lèvres s'échappait un mince filet de souffle qui montait vers le ciel.

Autour de lui se pressait une foule qui, bouche béante, semblait avaler ses solides conseils : leur attitude, à tous ensemble, était celle de l'attention, mais avec une expression particulière pour chacun ; ils écoutaient comme si quelque sirène avait enchanté leurs oreilles ; quelques-uns étaient grands, d'autres petits ; si adroit avait été le peintre qu'on apercevait par derrière les têtes de personnages presque entièrement cachés qui semblaient faire effort pour s'élever, avec une telle vérité que le spectateur en était confondu.

Ici la main d'un guerrier est posée sur la tête d'un autre, et son nez est masqué par l'oreille de son voisin ; là un personnage repoussé par la foule, recule tout rouge et haletant ; un autre, presque étouffé, semble se dégager et jurer, et tous montrent de tels signes de colère qu'on dirait qu'ils sont prêts à se servir d'épées furieuses, n'était la crainte de perdre les sages paroles de Nestor.

L'artiste en effet avait appelé l'imagination du spectateur à travailler à son œuvre avec lui, car il avait montré à la fois tant d'art, de naturel, d'ingéniosité, qu'il lui avait suffi, pour faire apparaître le personnage d'Achille, d'une lance serrée par une main armée ; quant au personnage lui-même, il était caché au dernier plan, invisible, sauf à l'œil de l'esprit : une main, un pied, un visage, une jambe, une tête suffisaient ; le soin de compléter le reste de la figure était laissé à l'imagination.

Sur les remparts de Troie l'assiégée, les mères troyennes, au moment où le brave Hector, leur vaillante espérance, marche au combat, éclatent de joie en voyant leurs fils brandir des armes brillantes, et leur pantomime a quelque chose de si particulier, qu'une sorte de sombre crainte (pareille à une tache sur un objet brillant) semble se mêler à leur joie radieuse.

De la plage de Dardanus, où se passait le combat, jusqu'aux bords couverts de roseaux du Simoïs, coulait le rouge sang dont les flots, comme pour imiter la bataille, luttaient avec les hautes rives : leurs vagues se brisaient sur le rivage assailli, et puis se retiraient jusqu'à ce que, grossies de nouveaux flots, elles revinssent lancer leur écume contre les bords du Simoïs.

C'est devant ce chef-d'œuvre de peinture que Lucrèce s'est rendue pour chercher un visage où toute douleur fût exprimée. Elle en voit beaucoup où les soucis ont gravé l'image de quelques chagrins particuliers, mais aucun où toute détresse et toute douleur habitent, jusqu'à ce qu'enfin elle rencontre Hécube en proie au désespoir contemplant avec ses vieux yeux les blessures de Priam qui gît saignant sous le pied orgueilleux de Pyrrhus.

En elle, le peintre avait représenté la ruine du temps, le naufrage de la beauté, et le règne du sombre souci; ses joues n'étaient que rides et gerçures; de ce qui fut elle, rien ne restait, et dans ses veines son sang bleu, privé de la source fraîche qui avait alimenté ces canaux desséchés, s'était changé en une noire liqueur, et présentait l'image de la vie emprisonnée dans un corps mort.

Lucrèce attache ses yeux sur cette triste image, accordant ses douleurs avec celles de la vieille reine, à qui rien ne manque pour lui répondre, si ce n'est les cris et les paroles amères de malédiction contre ses cruels ennemis : le peintre n'étant pas un Dieu, n'avait pu la douer de la parole, et c'est pourquoi Lucrèce jure qu'il lui a fait tort de lui donner une si grande douleur sans lui donner la voix.

« Pauvre instrument privé de son, dit-elle, je dirai tes malheurs avec ma voix plaintive; je verserai le doux baume sur la blessure peinte de Priam, j'invectiverai Pyrrhus qui lui a fait ce mal, j'éteindrai avec mes larmes Troie qui brûle si longtemps; j'arracherai avec mon poignard les yeux féroces de tous les Grecs qui sont tes ennemis.

« Montre-moi la prostituée qui commença cette guerre, afin que je déchire sa beauté avec mes ongles. Fou Pâris, ce fut la chaleur de ta convoitise qui attira sur Troie brûlante le poids de cette colère : ton œil alluma l'incendie qui brûle ici ; et ici dans Troie, pour ce crime de ton œil, périssent à la fois le père et le fils, la mère et la fille.

« Pourquoi le plaisir particulier d'un seul deviendrait-il la malédiction publique d'un si grand nombre ? Que le péché commis par un seul retombe seulement sur la tête de celui qui a transgressé ; que les âmes innocentes soient affranchies de la douleur méritée par le coupable. Pourquoi tant de gens périraient-ils pour l'offense d'un seul ? pourquoi un péché individuel serait-il une malédiction générale ?

« Hélas ! ici pleure Hécube, là Priam meurt ; ici le vaillant Hector succombe, là Troïlus défaille ; plus loin l'ami est étendu avec l'ami dans le même sanglant sillon, et l'ami blesse l'ami sans le connaître, et c'est la luxure d'un seul homme qui détruit toutes ces existences : si le trop tendre Priam avait réprimé les désirs de son fils, Troie brillerait de gloire et non des flammes de l'incendie. »

C'est ainsi qu'elle pleure avec émotion sur les malheurs peints de Troie, car la douleur, pareille à une cloche pesante, une fois mise en mouvement, va par son propre poids, et il faut alors une bien petite force pour en tirer le glas funèbre : c'est ainsi que Lucrèce, une fois ébranlée, converse avec ces mélancolies dessinées et ces chagrins colorés ; elle leur prête des paroles et elle leur emprunte leur énergie d'expression.

Elle parcourt des yeux toute la peinture, et se lamente sur chaque personnage qu'elle voit délaissé. Enfin elle aperçoit l'image d'un malheureux enchaîné qui jette des regards lamentables sur des bergers phrygiens : son visage, quoique plein de soucis, exprime pourtant la satisfaction. Il marche vers Troie sous la conduite des rustiques bergers avec tant de douceur que sa patience semble mépriser son malheur.

Pour cacher la dissimulation sous un aspect inoffensif, le peintre lui avait habilement donné une humble démarche, de calmes regards, des yeux humides de larmes, un front serein qui semblait souhaiter la bienvenue au malheur, des joues qui n'étaient ni rouges ni pâles, mais d'une couleur si bien mêlée que l'incarnat rougissant ne montrait aucun indice de culpabilité, ni la pâleur rien de cette crainte qui s'empare des cœurs fourbes.

Comme un démon invétéré et invariable dans sa nature, il présentait une apparence si honnête et dérobait si bien sous ce masque ses mauvais desseins secrets, que le soupçon lui-même n'aurait pu deviner que la ruse déloyalement subtile et le parjure fussent capables de cacher des tempêtes si ténébreuses sous un jour si brillant, ou de tacher des péchés de l'enfer des formes si pareilles à celles des saints.

L'habile artiste avait créé cette douce figure pour représenter le perfide Sinon, dont le récit flatteur fut par la suite la cause de la mort du vieux et crédule Priam, dont les paroles, comme un feu dévorant, incendièrent la gloire brillante de la magnifique Ilion, catastrophe dont les cieux furent tellement affligés, que les petites étoiles s'élancèrent hors de leurs sphères fixes, lorsque fut brisé le miroir où elles aimaient à se contempler.

Elle examine attentivement cette peinture et gronde le peintre pour sa merveilleuse habileté, disant que quelque chose a été faussé dans cette image de Sinon, qu'une forme si belle n'a pu loger une âme si méchante : elle le regarde toujours, et à mesure qu'elle le regarde, elle aperçoit sur son honnête visage de tels signes de franchise, qu'elle en conclut que cette image a été calomniée.

« Il ne se peut, dit-elle, qu'une telle duplicité.... » elle allait ajouter : « puisse se cacher derrière un tel regard; » mais à ce moment même l'image de Tarquin se présenta à son esprit, et sa langue remplaçant *cela ne se peut pas* par *cela se peut*, elle formula ainsi sa pensée : « il ne se peut pas, j'en suis sûre, qu'un tel visage ne recouvre pas une âme scélérate.

« Car Tarquin est venu à moi armé, tout pareil à ce subtil Sinon ici représenté, tout aussi sérieux, tout aussi doux, tout aussi fatigué, comme s'il eût été épuisé par le travail ou le chagrin ; il vint comme Sinon avec un aspect extérieur d'honnêteté, mais intérieurement gangrené de vice ; j'accueillis Tarquin comme Priam accueillit Sinon, c'est pourquoi ma Troie a péri.

« Regardez, regardez, comme Priam attentif essuie ses yeux en voyant les larmes empruntées que répand Sinon ! Priam, pourquoi ta sagesse n'est-elle pas en rapport avec ton grand âge ? Pour chacune de ses larmes, le sang d'un Troyen va couler ; ce n'est pas de l'eau, c'est du feu qui découle de ses yeux ; ces perles limpides et rondes qui excitent ta pitié sont des globes de feu inextinguible qui vont brûler ta cité.

« De tels démons vont chercher leurs sortiléges dans le ténébreux enfer, car Sinon tremble de froid au milieu de son feu, et un feu brûlant réside cependant au sein de cette glace : ces contraires ne se fondent en une pareille unité que pour séduire les simples et leur donner audace ; c'est ainsi que la bonne foi de Priam accueille les larmes menteuses de Sinon, et qu'il trouve moyen de brûler sa Troie avec de l'eau. »

Alors exaspérée, une telle fureur la possède, que la patience en échappe presque de son sein, et qu'elle déchire avec ses ongles l'image inanimée de Sinon, en le comparant à cet hôte scélérat dont le crime la force à se détester elle-même : enfin elle abandonne en souriant cette vengeance imaginaire : « folle, folle que je suis ! dit-elle, ces blessures ne lui feront aucun mal. »

Ainsi monte et reflue la marée de son chagrin pendant qu'elle emploie le temps à fatiguer le temps de ses plaintes. Elle désire la nuit, et puis elle soupire après l'aurore, et trouve que l'un et l'autre sont trop lentes à partir : le temps, si court, semble long lorsqu'il faut soutenir le poids lourd du chagrin : quoique la douleur soit accablée, elle sommeille rarement ; et ceux qui veillent savent combien le temps marche lentement.

Tout ce temps qu'elle a employé avec des images peintes, elle a au moins échappé à sa pensée ; elle s'est absentée de son propre chagrin en s'absorbant dans la contemplation du malheur des autres ; elle a oublié ses douleurs devant des peintures de douleur. Il en est que cela soulage, bien que cela n'ait jamais guéri personne, de penser que d'autres ont enduré leurs tourments.

Mais voici que le zélé messager est arrivé, amenant son époux et d'autres personnes avec lui. Collatin trouve sa Lucrèce en habits de deuil ; autour de ses yeux flétris par les larmes courent deux cercles bleus comme des arcs-en-ciel dans le firmament : ces arcs sombres sur son visage attristé prédisent que de nouvelles tempêtes vont s'ajouter à celles qui sont déjà passées.

Son époux, en voyant ce sombre aspect, fixe avec étonnement son triste visage : ses yeux, quoique trempés de larmes, étaient rouges et enflammés, et ses vives couleurs avaient été effacées par de mortels soucis. Il n'a pas la force de lui demander de ses nouvelles, mais tous deux restent en face l'un de l'autre comme de vieilles connaissances qui, se rencontrant loin de leurs foyers, restent confondues de surprise devant le hasard qui les réunit.

Enfin, il prend sa main que le sang a désertée, et commence ainsi : « Quel étrange malheur t'est-il donc arrivé pour que tu trembles de la sorte ? Ma douce bien-aimée, quel chagrin a pâli tes belles couleurs ? Pourquoi es-tu revêtue de ces habits de deuil ? Révèle-nous, chère bien-aimée, la cause de cette tristesse sombre, et dis-nous ton chagrin, afin que nous puissions le réparer. »

Trois fois elle donne par ses soupirs à sa douleur le signal d'éclater, avant qu'elle puisse faire retentir aucune détonation de chagrin ; enfin, elle est préparée à répondre à son désir, et elle se dispose modestement à leur apprendre que son honneur a été fait prisonnier par l'ennemi, tandis que Collatin et les seigneurs assemblés aspirent à ses paroles avec une triste attention.

Alors ce pâle cygne dans son nid de larmes commence

le triste chant funèbre de sa mort certaine : « De brèves paroles, dit-elle, vaudront mieux que de longs discours, pour raconter le malheur qu'aucune excuse ne peut réparer ; mon âme a maintenant plus de douleurs que de paroles, et il serait trop long de raconter tous mes sujets de plainte avec une seule pauvre voix épuisée.

« Qu'aux quelques mots que voici se réduise donc toute sa tâche : — cher époux, un étranger s'est introduit dans le domaine de ton lit, et s'est couché sur cet oreiller où tu avais coutume de reposer ta tête fatiguée[1], et ta Lucrèce, hélas ! n'a point été exempte de l'outrage dont tu peux imaginer la violence capable.

« Car au milieu du silence solennel du ténébreux minuit, un homme s'est glissé dans ma chambre, une épée brillante d'une main, une torche enflammée de l'autre, et il m'a crié doucement : « Réveille-toi, Dame romaine, et « donne satisfaction à mon amour ; mais si tu te refuses aux « désirs de mon amour, je vous infligerai cette nuit, à toi « et aux tiens, une tache éternelle.

« Car si tu n'accordes pas ton consentement à ma pas- « sion, je tuerai d'abord quelque esclave hideux de ta mai- « son, et puis je te tuerai ensuite, et je jurerai que vous « ayant trouvés en train d'accomplir l'acte ignoble de la « luxure, j'ai massacré les libertins au sein de leur crime : « cette action sera ma gloire et ta perpétuelle infamie. »

« A ces mots, je tressaillis et je commençai à crier ; mais alors il posa son épée contre mon cœur, jurant que si je ne prenais pas tout patiemment, je ne vivrais plus pour prononcer une autre parole, en sorte que ma honte resterait éternelle et qu'on n'oublierait jamais dans la puissante Rome la mort adultère de Lucrèce et de son valet.

« Mon ennemi était fort, ma pauvre personne était faible, et d'autant plus faible que ma terreur était plus forte : mon juge sanguinaire défendait à ma bouche de parler, et il n'était pas possible de faire un légitime appel à la

---

1. Ce sont à peu près les paroles de Lucrèce dans Tite Live : « Vestigia viri alieni, Collatine, in lecto tuo sunt. » Livre I, LVIII.

justice : sa luxure en robe de pourpre venait jurer que ma pauvre beauté avait dérobé ses yeux ; or lorsque le juge est volé, le prisonnier meurt.

« Ô enseignez-moi à m'excuser moi-même, ou à tout le moins qu'il reste à mon âme ce refuge de se dire qu'elle est immaculée et sans tache, quoique mon sang matériel ait été souillé par cet abus ; mon âme ne fut pas contrainte, elle ne céda pas avec faiblesse aux entraînements de cette violence, mais elle reste toujours pure dans sa demeure empoisonnée. »

Hélas, le possesseur désespéré de ce navire naufragé, la tête inclinée, la voix étouffée par les sanglots, les yeux tristement immobiles, les bras douloureusement croisés, de ses lèvres devenues pâles cherche à pousser la douleur qui retarde sa réponse : mais, malheureux qu'il est, ses efforts sont vains ; les paroles qu'il veut faire entendre, son souffle les reprend aussitôt.

De même que sous l'arche d'un pont un flot mugissant de violence échappe par sa vitesse à l'œil qui suit son cours, et cependant bondissant dans son orgueil, reflue vers le passage qui l'a forcé à cette course rapide, et parti furieux, revient furieux vers le point d'où il s'est précipité, ainsi les soupirs et les sanglots de Collatin faisant effort pour donner passage à sa douleur, la ramenaient encore en lui.

Lucrèce observe le désespoir muet de son malheureux époux, et réveille ainsi sa fureur en retard : « Cher époux, ta douleur prête à la mienne une nouvelle force ; jamais flot ne fut ralenti par la pluie. Ton désespoir rend plus pénible encore ma souffrance qui n'est que trop sensible : qu'il suffise donc de deux yeux en pleurs pour noyer un seul chagrin.

« Pour l'amour que tu me portais lorsque je pouvais te charmer, pour l'amour de celle qui fut ta Lucrèce, écoute-moi : venge-toi immédiatement de mon ennemi, du tien, du mien, du sien même : suppose que tu me défends contre le forfait accompli ; le secours que tu peux me prêter vient trop tard ; cependant que le traître meure, car une justice clémente nourrit l'iniquité.

« Mais avant que je vous le nomme, mes nobles Seigneurs, dit-elle à ceux qui étaient venus avec Collatin, vous allez vous engager sur l'honneur à poursuivre sans délais la vengeance de mon outrage, car c'est une action noble et méritoire de poursuivre l'injustice avec des armes vengeresses : les chevaliers, par leurs serments, sont tenus à réparer les torts faits aux pauvres Dames. »

A cette requête, tous les Seigneurs présents s'empressent d'un cœur généreux de promettre l'appui que leur imposent les lois de la chevalerie, et brûlent d'entendre dévoiler ce haïssable ennemi ; mais elle, qui n'a pas encore achevé sa triste tâche, arrête leurs protestations. « Ô parlez, dit-elle ; comment peut être effacée cette flétrissure imposée par la violence ?

« Quelle est la nature de mon offense ? Contrainte comme je le fus par de terribles circonstances, mon âme pure peut-elle s'absoudre de cette odieuse souillure ? Est-il quelques conditions qui puissent réparer ce hasard et relever mon honneur terrassé ? La fontaine empoisonnée se purifie elle-même ; pourquoi ne pourrais-je pas me purifier de cette souillure imposée ? »

A ces mots, tous, d'une voix unanime, s'écrient que la pureté de son âme efface la souillure de son corps ; mais elle, avec un triste sourire, détourne son visage, cette sphère où ses larmes ont gravé l'impression profonde du dur malheur. « Non, non, dit-elle, jamais dans l'avenir aucune Dame ne sera autorisée à présenter mes excuses comme excuse de sa conduite. »

Alors, avec un soupir, comme si son cœur allait se briser, elle profère le nom de Tarquin : « C'est lui, lui, » dit-elle ; et sa pauvre voix ne peut en dire plus long que ce *lui !* Enfin, après bien des délais, des accents interrompus, des syllabes entrecoupées, de courts et douloureux efforts, elle s'écrie : « C'est lui, lui, nobles Seigneurs, c'est lui qui guide cette main pour me faire cette blessure ! »

Elle dit, et donne son sein innocent pour gaîne à un coupable couteau qui enlève son âme à la gaîne de son corps : ce coup la délivre de la profonde détresse de cette prison souillée où elle respirait : ses soupirs repentants poussetn son âme ailée vers les nuages, et par ses blessures s'échappe la dernière minute de sa vie, date éternelle de sa destinée brisée.

Collatin et toute sa compagnie de Seigneurs restèrent pétrifiés devant cet acte terrible, jusqu'à ce que le père de Lucrèce, qui contemplait sa fille sanglante, se précipita sur son corps percé de sa propre main, et que Brutus retira le couteau meurtrier de cette fontaine de pourpre. Au moment où il l'en retira, le sang de Lucrèce, comme poursuivant une impuissante vengeance, courut après le couteau,

Et bouillonnant sur sa poitrine, se divisa en deux rivières au cours lent qui entourèrent d'un cercle pourpre son corps pareil, au sein de cet affreux océan, à une île nouvellement saccagée, nue et dépeuplée. Une partie de ce sang reste encore pure et rouge; une autre devient noire, et c'est cette partie que souilla le déloyal Tarquin. A la surface hideuse et caillée de ce sang noir, se montre un cercle d'eau qui semble pleurer sur cette place souillée : toujours, depuis lors, comme s'il s'apitoyait sur les malheurs de Lucrèce, le sang corrompu montre quelques parties aqueuses; le sang préservé de souillure, au contraire, conserve son rouge comme s'il rougissait de celui qui est ainsi putréfié.

« Ma fille, ma chère fille, crie le vieux Lucrétius, cette vie que tu viens de t'enlever était à moi. Si l'image du père vit dans l'enfant, où vivrai-je maintenant que Lucrèce est morte? Ce n'est pas pour cette fin que tu naquis de moi. Si les enfants précèdent leurs pères dans la tombe, nous sommes leurs rejetons, et ils ne sont pas les nôtres.

« Pauvre miroir brisé! je contemplai souvent dans ta douce image ma vieillesse rajeunie; mais maintenant ce beau et frais miroir obscurci et détruit me montre un squelette de mort usé par le temps : oh! tu as arraché mon image de tes joues, et brisé à tel point mon beau miroir que je ne puis plus voir ce que je fus jadis !

« Ô temps, arrête ta course et ne dure pas plus longtemps, si ceux qui devraient survivre cessent d'être ! La mort putride fera-t-elle donc sa proie du plus fort, et laissera-t-elle vivre les âmes faibles et chancelantes ? Les vieilles abeilles meurent et les jeunes héritent de leurs ruches : ainsi donc, vis, ma douce Lucrèce, revis ; c'est à toi à voir mourir ton père, et non à ton père à te voir mourir. »

En ce moment Collatin se réveille comme d'un rêve et invite Lucrétius à céder la place à sa douleur : il se précipite dans le sang glacé de Lucrèce, y teint de ses couleurs la pâle terreur de son visage, et semble un instant comme mort avec elle ; mais enfin une honte virile lui ordonne de reprendre son souffle, et de vivre pour venger la mort de son épouse.

L'angoisse profonde de son âme a posé comme un sceau de mutisme sur sa langue qui, furieuse que le chagrin lui impose cette contrainte et l'empêche de donner leur vol aux paroles qui soulagent le cœur, commence à vouloir parler ; mais les mots accourus au secours de son cœur se pressent en si grand nombre sur ses lèvres et sont si faibles, que personne ne pourrait distinguer ce qu'il dit.

Cependant, quelquefois on entendait distinctement, *Tarquin* ; mais ce nom, il le prononçait entre ses dents, comme s'il le broyait. Cette tempête de sons furieux jusqu'au moment où elle se résolut en pluie, retarda le déluge de sa douleur, mais ce fut pour le rendre plus fort encore ; il pleut enfin, et les vents furieux s'apaisent : alors le père et le fils, comme en rivalité de douleur, luttent à qui pleurera le plus, l'un pour sa fille, l'autre pour son épouse.

L'un l'appelle sienne, l'autre sienne également, et cependant aucun des deux ne peut plus posséder le bien qu'il réclame. Le père dit : « elle est à moi ; » « elle est à moi, répond son époux ; ne me ravissez pas la propriété de ma douleur ; que personne ne dise qu'il pleure pour elle, car elle n'était qu'à moi, et ne doit être pleurée que par Collatin. »

« Oh ! dit Lucrétius, c'est à moi qu'elle devait cette vie qu'elle a tranchée trop tôt et trop précipitamment[1]. »
— « Malheur! malheur! dit Collatin, elle était mon épouse, je la possédais, c'est mon bien qu'elle a tué! » *Ma fille! Mon épouse!* ces clameurs remplissaient l'air épars qui, retenant l'âme de Lucrèce, répondait à leurs cris : *Ma fille! Mon épouse!*

Brutus, qui avait arraché le poignard du flanc de Lucrèce, voyant cette rivalité de leurs douleurs, commence à revêtir son esprit de gravité et de fierté, et ensevelit sa folie apparente dans la blessure de Lucrèce. Parmi les Romains, il était considéré comme les bouffons plaisants le sont à la cour des rois, pour ses bons mots enjoués et ses dires extravagants.

A cette heure, il rejette le vêtement trompeur sous lequel il avait déguisé sa profonde politique, et il fait usage des armes de sa sagesse longtemps cachée pour arrêter les larmes dans les yeux de Collatin. « Lève-toi, dit-il, seigneur Romain outragé, et laisse un homme longtemps ignoré et tenu pour fou donner une leçon à ta longue expérience.

« Eh quoi! Collatin, la douleur est-elle donc le remède à la douleur? Les blessures soulagent-elles les blessures? Le chagrin guérit-il les maux du chagrin? Diriger tes coups contre toi-même, est-ce te venger de l'acte infâme pour lequel saigne ta belle épouse? Ces accès de fureur enfantine n'appartiennent qu'à de faibles esprits : ta malheureuse épouse s'est méprise à ce point de se tuer elle-même au lieu de tuer son ennemi.

« Courageux Romain, ne trempe point ton cœur dans cette pluie amollissante des larmes, mais agenouille-toi avec moi, et aide-moi à réveiller par nos prières nos

---

[1]. Il y a ici une pointe intraduisible : *too soon and too late*. *Late*, qui signifie en dernier lieu, emporte le même sens que le mot latin *novissimus*, et doit se traduire par récent, récemment, et en outre, par tard ou en retard. Le vieux Lucrétius veut bien, il est vrai, faire entendre que sa fille s'est tuée à la fois trop tôt et trop tard, puisque sa mort n'a eu lieu qu'après l'outrage; mais il dissimule sa véritable pensée sous le double sens des mots *too late*.

Dieux romains et à obtenir d'eux qu'ils permettent que de telles abominations, qui déshonorent Rome, soient balayées de ses superbes rues par nos bras vigoureux.

« Vraiment! par le Capitole que nous adorons, par ce chaste sang si injustement souillé, par ce beau soleil du ciel qui nourrit les produits de la grasse terre, par tous les droits de notre pays maintenus dans Rome, par l'âme de cette chaste Lucrèce qui, tout à l'heure encore, nous révélait ses malheurs au milieu de ses plaintes, et par ce poignard sanglant, nous vengerons la mort de cette fidèle épouse ! »

Cela dit, il frappa sa poitrine de sa main et baisa le fatal poignard pour confirmer son serment ; puis il pressa de se joindre à sa protestation les autres Seigneurs qui, frappés d'admiration par sa conduite, approuvèrent ses paroles : alors, tous ensemble, ils s'agenouillèrent ; Brutus répéta le serment solennel qu'il venait de proférer, et tous le jurèrent.

Quand ils eurent prononcé ce vœu de vengeance, ils prirent la résolution d'enlever le corps de Lucrèce, de le montrer dans Rome avec ses blessures sanglantes, et de publier ainsi l'infâme attentat de Tarquin. Ce projet fut aussitôt accompli, et les Romains donnèrent avec acclamation leur consentement à l'exil éternel des Tarquins.

PETITS POËMES

LA PLAINTE D'UNE AMANTE [1].

Je me trouvais un jour sur le penchant d'une colline dont le sein creux répétait une histoire plaintive qui partait d'une vallée voisine ; mon âme se sentit curieuse d'écouter cette double voix, et je m'étendis à terre pour prêter l'oreille à ce récit mélancolique : bientôt je vis apparaître une jeune fille égarée et d'une pâleur extrême qui déchirait des papiers, brisait des anneaux, et bouleversait des tempêtes du désespoir le petit univers de son être [2].

Sa tête était couverte d'un large chapeau de paille qui protégeait contre le soleil son visage que parfois on pouvait prendre pour la ruine d'une beauté détruite et disparue : cependant, le temps n'avait pas fauché tout ce que la jeunesse avait commencé, et la jeunesse n'avait pas entièrement disparu ; mais, en dépit de la rage cruelle

---

1. Ce poëme fut imprimé pour la première fois en 1609, à la fin de l'édition in-quarto des *Sonnets*.

2. *Her world*, expression familière à Shakespeare, qui, comme certains philosophes modernes, l'Américain Émerson entre autres, considère chaque individu comme un *microcosme* ou condensation du monde entier.

du ciel, quelque beauté perçait encore à travers les lézardes de sa personne ravagée.

Souvent, portant à ses yeux son mouchoir qui était brodé de dessins et de devises, elle en lavait les figures soyeuses dans l'eau amère que sa douleur extrême arrondissait en larmes, et souvent elle en relisait les lettres et leur signification ; chaque fois sa douleur se révélait par des clameurs de toute taille, tantôt éclatantes, tantôt sourdes.

Quelquefois ses yeux levés au ciel dardent des foudres comme s'ils voulaient faire la guerre aux sphères ; d'autres fois leurs pauvres globes sont baissés, comme enchaînés à la terre ; parfois encore ils regardent tout droit devant eux, puis tout à coup ils errent de tous les côtés à la fois, et son esprit et sa vue, sans se fixer nulle part, s'unissent dans un commun égarement.

Sa chevelure, qui n'est ni flottante, ni tressée avec un soin sérieux, proclame en elle l'insouciance de toute vanité de parure ; car quelques-unes des tresses s'échappant en désordre de son chapeau de paille, pendent tout le long de sa joue pâle et amaigrie, tandis que les autres restent emprisonnées dans son filet de soie, et, fidèles à leur captivité, consentent à ne pas s'en échapper, quoiqu'elles le puissent aisément, tant le lien qui les unit a été noué avec négligence et abandon.

D'un coffret elle tira mille babioles d'ambre, de cristal et de jais, qu'elle jeta l'une après l'autre dans un ruisseau sur le bord murmurant duquel elle s'était assise, ajoutant des larmes aux larmes du courant, pareille en cela à l'usure ou à la générosité d'un monarque qui ne laisse pas tomber ses dons là où le besoin crie : *quelque chose, s'il vous plaît*, mais là où l'excès sollicite tout[1].

Elle avait un grand nombre de billets bien pliés qu'elle relut en soupirant, déchira et livra au ruisseau ; elle brisa plus d'un anneau fait d'or et d'os en les invitant à aller chercher leur tombeau dans la vase ; elle découvrit en-

---

1. Le philosophe Jacques, dans *Comme il vous plaira*, dit quelque chose de semblable à cette sentence.

core d'autres lettres tristement écrites avec du sang, et soigneusement protégées contre l'indiscrétion curieuse par les rubans de soie qui affermissaient les cachets[1].

Elle baigna longtemps ces lettres dans le flot de ses larmes, et les baisa souvent, et souvent aussi s'apprêtant à les déchirer, elle s'écria : « Ô sang menteur, ô scribe d'impostures, quel témoignage odieux ne rends-tu pas ! l'encre aurait semblé plus noire et plus criminelle ici ! » Cela dit, possédée de rage, elle déchire les lettres, et sa violente douleur détruit ainsi leur contenu[2].

Un vieillard respectable faisait paître ses troupeaux tout près de là ; il avait été autrefois un mondain, connaissait le jeu de la cour et de la ville, et n'avait pas laissé s'écouler sans les employer les heures rapides ; — il se dirige en toute hâte vers cette belle affligée, et, s'autorisant des priviléges de son âge, il lui demande de lui dire en abrégé les causes et les motifs de sa douleur.

Il se traîne donc vers elle appuyé sur son bâton noueux et s'assied à ses côtés, en maintenant entre eux une distance courtoise ; une fois assis, il lui demande de nouveau de lui faire connaître son chagrin, et lui promet, avec la charité de la vieillesse, que s'il peut quelque chose pour adoucir la souffrance de son désespoir, elle l'obtiendra de lui.

« Père, lui dit-elle, quoique vous contempliez en ma personne les injures de bien des heures dévastatrices, ne croyez point que je sois vieille ; ce n'est pas l'âge, mais bien le chagrin, qui a eu pouvoir sur moi : je pourrais être encore une fleur épanouie, et jouir de ma propre fraîcheur, si je m'étais aimée moi-même, et si je n'avais aimé personne d'autre.

« Mais, malheureuse que je suis, j'écoutai trop vite les

---

1. Autrefois, fait remarquer Steevens, on cachetait les lettres en posant des bouts de ruban entre la cire et l'enveloppe de la lettre, afin que le cachet fût plus solide.

2. *Big discontent so breaking their contents.* Il y a ici un jeu de mots intraduisible, qui porte sur une opposition entre *discontent*, mécontentement, et *contents*, contenu des lettres.

sollicitations d'un jeune homme (elles avaient pour but de gagner ma faveur) si brillant des dons extérieurs de la nature, que les yeux des jeunes filles ne pouvaient se détacher de son visage : l'amour ayant besoin d'un logement, le choisit pour son palais, et lorsqu'il se fut installé dans son beau corps, il eut une nouvelle demeure, et fut de nouveau déifié.

« Les flots de sa brune chevelure tombaient en boucles frisées, et le plus léger souffle du vent poussait sur ses lèvres leurs mèches soyeuses. Ce qui est doux à faire, trouve facilement à se faire : toute personne qui le voyait avait l'âme enchantée de l'image que l'œil lui présentait, car sur son visage on contemplait l'abrégé de tous les dons qui furent, dit-on, prodigués au paradis.

« Son menton montrait encore une bien faible marque de sa virilité ; son duvet de phénix, semblable à un velours qu'on n'a pas tondu, commençait à peine à paraître sur cette peau incomparable, dont la finesse surpassait le tissu qu'elle semblait porter ; cependant, son visage n'en paraissait que plus précieux, et l'amour, dans ses délicatesses, hésitait à dire s'il était mieux avec ou sans ce duvet.

« Les qualités de son âme étaient belles comme sa forme, car il avait la douceur et la liberté du parler des jeunes filles ; cependant, lorsque les hommes l'excitaient, il devenait pareil à un de ces ouragans que nous voyons entre avril et mai, alors que les vents soufflent avec douceur, quoiqu'ils puissent souffler avec rudesse. Sa violence, autorisée par sa jeunesse, pouvait ainsi revêtir le mensonge d'une livrée d'orgueilleuse franchise.

« Il chevauchait à merveille, et souvent les gens disaient : « Ce cheval emprunte son ardeur à son cavalier : fier dans sa soumission, noble dans sa docilité, quels cercles, quelles caracolades, quel galop, quel temps d'arrêt il vous sait faire ! » et alors la discussion s'élevait pour savoir si c'était à lui que le coursier devait son manège, ou si c'était à l'intelligence de l'animal que le cavalier devait son art d'équitation.

« Mais la décision était bientôt rendue en sa faveur; ses habitudes naturelles donnaient grâce et vie à tout ce qui lui appartenait et l'ornait; il était accompli par lui-même et non par les choses qui relevaient de lui : tous les auxiliaires dont il s'aidait et qui devenaient plus beaux encore par leur maître, n'étaient que des choses qu'il ajoutait à lui-même, et cependant l'élégance qu'elles se proposaient ne rehaussait pas sa grâce, c'était au contraire sa grâce qui les rehaussait.

« Au bout de sa langue séduisante dormaient prêts à s'éveiller pour son service toutes sortes d'arguments et de questions profondes, de promptes répliques et de raisons plaisantes : il savait faire rire le mélancolique, pleurer le rieur, et envelopper dans l'adresse de sa volonté toutes les passions dont il possédait les dialectes divers et qu'il maniait avec une habileté toujours différente.

« Aussi régnait-il sur tous les cœurs, et des jeunes et des vieux, et les deux sexes, enchantés d'être en communion de pensée avec lui ou de se dévouer à le servir, le suivaient partout où il allait : les volontés ensorcelées exauçaient ses désirs avant qu'ils fussent exprimés, et dialoguant en elles-mêmes pour savoir ce qu'il pourrait dire, mettaient leur obéissance d'accord avec la réponse qu'elles s'étaient faite.

« Combien de personnes se procurèrent son portrait pour charmer leurs yeux et y suspendre leur âme, semblables en cela aux insensés qui s'approprient en pensée les terres et les palais superbes qu'ils rencontrent sur leur chemin, dont leur imagination reste frappée, et qui en jouissent bien plus diversement que le seigneur goutteux qui les possède réellement.

« C'est ainsi que bien des femmes qui ne touchèrent jamais sa main, se bercèrent de la flatteuse illusion d'être maîtresses de son cœur. Moi, malheureuse, qui marchais dans ma liberté, qui me possédais entièrement et librement, séduite par son art que sa jeunesse rendait irrésistible, et par sa jeunesse que son art rendait invincible, je jetai mon cœur à sa puissance enchanteresse ; je ne me réservai que la tige et je lui donnai toute ma fleur.

« Cependant, je n'imitai pas quelques-unes de mes égales ; je ne lui fis pas d'avance, je ne désirai pas céder à ses sollicitations ; l'honneur m'interdisant une telle conduite, je protégeai mon honneur par la sécurité de la distance : mon expérience me fit autant de boulevards des douloureuses aventures que j'avais vues récemment se passer, aventures qui faisaient l'orgueilleuse parure de ce bijou menteur et le butin de ses exploits d'amour.

« Mais, hélas ! quelle est la femme qui a pu éviter par l'expérience des précédents la malheureuse destinée qu'elle doit subir ? quels exemples ont eu jamais assez de force pour soustraire quelqu'un contre sa volonté aux périls de son chemin ? La sagesse ne peut arrêter qu'un instant à peine ce qui ne veut pas être arrêté ; car il arrive souvent que lorsque nous nous emportons, le conseil en nous retenant ne fait que rendre notre passion plus vive.

« Cela ne donne pas satisfaction à notre sang de nous dire qu'il faut le dompter par la pensée de ce qui est arrivé à d'autres, et de nous interdire des plaisirs qui semblent si doux en nous faisant peur des maux qui nous prêchent pour notre plus grand bien. Ô appétit, que tu es loin du jugement ! L'appétit possède un palais qui voudra goûter à toute force, quoique la raison en pleure et lui crie : *C'est pour toi la mort !*

« Je pouvais me défendre en me disant : cet homme est faux ; car je connaissais les exemples de sa perfide astuce ; j'avais appris où ses plantes croissaient dans les jardins d'autrui ; je voyais comment ses sourires doraient ses mensonges ; je savais que les serments sont les entremetteurs de la honte ; j'étais persuadée que lettres et paroles n'étaient qu'artifices et enfants bâtards de son cœur adultère et pervers.

« Longtemps je protégeai ma forteresse sur ce terrain-là, jusqu'à ce qu'enfin il commença à m'assiéger ainsi :

« Charmante vierge, ayez quelque pitié de ma souffrante

jeunesse, et ne soyez pas en défiance de mes serments sacrés ; ce que je vous jure, je ne le jurai jamais à aucune autre : j'ai été souvent appelé à des festins d'amour ; mais jusqu'à présent je n'ai jamais invité personne ni jamais fait de serment.

« Toutes mes fautes, dont vous avez entendu parler ici et là, sont des erreurs du sang, non de l'âme ; l'amour ne les commit pas ; elles furent le résultat d'un acte mutuel où aucune des deux parties n'était ni sincère ni tendre : ces fautes cherchaient leur honte, et elles ont trouvé leur honte ; le blâme est divisé, et la part qu'elles veulent m'en faire porter est diminuée précisément par leur reproche même.

« Parmi toutes les femmes que mes yeux ont contemplées, il n'y en a pas une dont la flamme ait tant soit peu échauffé mon cœur, pas une qui ait causé le plus petit chagrin à ma sensibilité, pas une qui ait jamais charmé mes loisirs : je leur ai fait du mal, mais jamais elles ne m'en ont fait ; j'ai tenu des cœurs en esclavage, mais le mien était libre et régnait impérieusement dans sa monarchie.

« Voyez quels tributs leurs imaginations blessées m'ont envoyés ; voyez ces perles pâles et ces rubis rouges comme le sang ; elles se figuraient qu'en m'envoyant ces emblèmes parfaits du blanc et du cramoisi elles me communiquaient en même temps leurs pâleurs et leurs rougeurs passionnées, effets d'une terreur et d'une tendre modestie campées dans leur cœur, mais livrant leurs combats à l'extérieur.

« Et voyez maintenant ces jolis ouvrages faits de leur chevelure, amoureusement reliés par des fils d'or, je les ai reçus de plus d'une belle, et plus d'une m'a supplié tout en larmes de les accepter, avec l'accompagnement de belles pierres précieusement ornées, et de sonnets soigneusement élaborés, où étaient expliquées la nature, la valeur et la qualité de chaque pierre.

« Le diamant, eh bien ! il était beau et dur en vertu de la puissance de ses propriétés secrètes ; — l'émeraude au vert profond réparait par son frais éclat la vue maladive des yeux affaiblis; — le saphir à la teinte céleste et l'opale s'accordaient avec les objets changeants; bref, chacune de ces pierres, bien *illustrée* d'esprit, m'adressait un sourire ou me faisait entendre quelque plainte.

« Eh bien! tous ces trophées de chaudes affections, tributs de désirs pensifs et soumis, la nature me commande de ne pas les conserver, mais de vous les donner à vous à qui je dois me rendre, à vous mon premier et mon dernier amour; il faut bien que ces objets soient vos oblations, puisque moi je suis leur autel et que vous êtes ma sainte.

« Avancez donc cette main incomparable dont la blancheur rend vain tout effort de la louange; disposez de tous ces emblèmes sanctifiés par les soupirs qui sortirent de cœurs passionnés; ce qui m'appartient, à moi votre ministre, doit vous obéir, et travailler sous vos ordres, et, partis de points séparés, voilà tous ces cadeaux réunis en un même tout qui se remettent à votre discrétion.

« Voyez, cette devise me fut envoyée par une nonne, une sœur sanctifiée du plus pieux renom, et qui a renoncé tout récemment aux nobles hommages qui la suivaient à la cour. Ses rares dons la faisaient adorer de la fleur de notre jeunesse et rechercher par les blasons les plus fiers; mais elle gardait une froide distance, et à la fin elle s'est retirée pour passer sa vie dans l'amour éternel.

« Mais, ô ma chérie, quelle difficulté y a-t-il à laisser la chose que nous ne possédons pas, à dominer ce qui ne lutte pas, à donner à la place qui n'a encore aucune forme la forme que nous voulons, à nous jouer avec patience dans des liens qui ne sont pas serrés? celle qui acquiert et protége de la sorte sa renommée, échappe par la fuite aux blessures de la bataille, et se montre vaillante par son absence, non par son courage.

« Ô pardonnez-moi, mais j'ai bien le droit de m'en vanter; — l'accident qui m'amena devant ses yeux fut en un instant vainqueur de toute son énergie, et alors elle aurait bien voulu fuir la cage du cloître : le religieux amour éteignit le flambeau de la religion : elle avait voulu se cloîtrer pour éviter la tentation, et voilà que maintenant elle désire la liberté pour tenter toute chose.

« Ô laissez-moi vous dire combien grande est votre puissance ! Les cœurs brisés qui m'appartiennent ont vidé toutes leurs fontaines dans mon fleuve, et mon fleuve je le jette à mon tour dans votre océan : j'ai été plus fort qu'elles, et vous qui êtes à votre tour plus forte que moi, acceptez-nous réunis, elles et moi, comme un trophée de votre victoire, et un remède d'amour pour fondre la glace de votre cœur.

« Mes dons eurent la puissance de charmer une nonne sacrée, qui, disciplinée et apaisée par la grâce, se rendit à ses yeux, dès leur première tentation, oubliant tous les vœux et toutes les consécrations. Ô très-puissant amour ! les serments, les liens, l'espace, n'ont aiguillon, nœud, ou limite pour toi, car tu es tout, et toutes choses sont tiennes.

« Lorsque tu agis, que sont les préceptes d'une expérience surannée ? lorsque tu enflammes, combien froids pour te résister sont tous ces empêchements de la crainte filiale, de la loi, de la parenté, du renom ! Les armes de l'amour sont fortes contre la règle, contre le bon sens, contre la honte, et les cuisantes souffrances qu'il entraîne sont le baume même qui adoucit les blessures de toutes les forces, de tous les chocs, de toutes les craintes.

« Oui, tous ces cœurs qui dépendent de mon cœur, sentant qu'il se brise, languissent avec de sanglants gémissements, et poussent vers vous leurs soupirs pour vous supplier de cesser les coups que vous dirigez contre mon cœur, de prêter bienveillante audience à mon doux dessein, et d'accorder une âme croyante à ce serment solennel qui vous présente et vous garantit ma sincérité. »

« Cela dit, il détourna ses yeux humides, dont il avait jusqu'alors attaché les regards sur mon visage ; sur chacune de ses joues, un fleuve de larmes sorti de la fontaine des yeux descendit comme un torrent rapide. Oh comme le lit de ce fleuve prêtait de la grâce à ses larmes! à travers leur cristal brillaient les roses de son teint dont leurs eaux emprisonnaient les couleurs prismatiques.

« Ô père! quel enfer de sorcellerie se cache dans le petit globe d'une seule larme! mais lorsque les yeux sont inondés, quel cœur de pierre ne se fondrait en eau? quel est le sein si froid qui ne se soit alors senti réchauffé? Ô effet discordant! froide modestie, vous en êtes enflammée; chaude colère, vous en êtes éteinte!

« Hélas! sa passion, qui n'était qu'un artifice de la ruse, fit fondre alors ma raison en larmes; je jetai ma blanche étole de chasteté, je dépouillai les vêtements de la réserve et les craintes de la vertu; je me montrai à lui, semblable à lui-même, c'est-à-dire tout en larmes: mais il y avait entre nos larmes cette différence que les siennes m'empoisonnèrent, et que les miennes le guérirent.

« Chez lui, il y a une richesse de subtilité qui, pour tromper, est capable de prendre les formes les plus extraordinaires, rougeurs vives de la timidité, flots de larmes, pâleur de l'évanouissement; et selon que la circonstance le demande, et que le succès est plus certain, il peut à volonté rougir en écoutant des propos grossiers, pleurer devant la douleur, ou devenir blanc et s'évanouir en face de scènes tragiques.

« Aussi, il n'y avait pas un cœur se trouvant à sa portée qui pût échapper à la flèche de son arc toujours victorieux, ce qui montre combien les belles natures sont à la fois tendres et timides. Caché sous ses ruses, il blessait celle qu'il voulait vaincre: il se récriait contre l'objet qu'il désirait; lorsque son cœur brûlait le plus fortement des flammes de la luxure, il prêchait comme une vierge pure et louait la froide chasteté.

« Pour cacher la nudité du démon, il ne lui fallait que le simple manteau de la grâce; aussi, les âmes sans expérience s'ouvraient-elles au tentateur qu'elles voyaient suspendu au-dessus d'elles comme un chérubin. Quelle est la femme jeune et naïve qui n'aurait pas cédé à pareil amour?

Je succombai, et cependant je me demande ce que je ferais encore en pareil cas.

« Ô cette humidité contagieuse de son œil ! ô ce feu perfide qui brillait sur sa joue ! ô ce tonnerre menteur de gémissements qu'il forçait son cœur à pousser ! ô ce soupir de tristesse qu'il tirait de sa poitrine ! toute cette émotion empruntée, et sincère en apparence, serait encore capable de trahir celle qui fut déjà trahie, et de pervertir de nouveau une jeune fille repentante ! »

LE PÈLERIN AMOUREUX [1].

I

N'est-ce pas la céleste rhétorique de ton œil contre laquelle le monde ne peut lutter d'éloquence qui sut persuader à mon cœur ce traître parjure? les serments brisés pour toi ne méritent pas de punition. J'ai violé ma foi envers une femme, mais je prouverai que je ne l'ai pas violée envers toi, puisque tu es une déesse. Mon serment était terrestre, tu es, toi, un amour céleste; ta grâce une fois gagnée me purge de toute disgrâce. Mon serment était un souffle, et le souffle est une vapeur; ainsi donc beau soleil qui brilles sur cette terre, exhale la vapeur de ce serment, c'est en toi qu'elle est : si ce serment est brisé, ce n'est donc en rien ma faute. Et s'il est brisé par moi, c'est qu'il n'est pas de fou qui ne soit assez sage pour perdre un serment afin de gagner un paradis [2].

1. Cette collection de petits poëmes, dont plusieurs ne sont pas de Shakespeare, fut publiée pour la première fois en 1599. Une seconde édition fut donnée en 1612 par le même libraire, W. Jaggard, avec augmentation dans le titre de deux épîtres amoureuses de Pâris à Hélène et d'Hélène à Pâris. Ces deux épîtres étaient non de Shakespeare, mais de Thomas Heywood; ce dernier réclama vivement contre cet acte de piraterie dans un pamphlet publié en cette même année, sous ce titre: *Apologie pour les acteurs.*
2. C'est avec quelques très-légères variantes le sonnet de Longueville dans *Peines d'amour perdues*, acte IV, scène III.

II

La douce Cythérée assise au bord d'un ruisseau avec le jeune Adonis, charmant de fraîcheur et de grâce adolescente, couvrait amoureusement l'enfant de regards passionnés, de regards comme peut seule en lancer la reine d'amour. Elle lui racontait des histoires pour charmer son oreille ; elle lui montrait des *faveurs* pour séduire son œil[1] ; pour conquérir son cœur, elle le touchait, et par ici, et par là, — doux attouchements qui triomphent toujours de la chasteté ; — mais soit que ses jeunes années manquassent d'esprit, soit qu'il ne voulût pas accepter ce qu'elle lui tendait, le jeune goujon ne mordait pas à l'hameçon, mais souriait et plaisantait à chacune de ces douces offres : alors elle tomba sur son dos, la belle reine, et se ivra ; mais lui se leva et s'enfuit, — oh le sot trop timide !

III

Si l'amour me rend parjure, comment oserai-je jurer l'aimer ? Ah ! jamais serment ne devrait obliger s'il n'est ait à la beauté ! Quoique parjure envers moi-même, je ne montrerai fidèle envers toi ; ces pensées qui étaient our moi des chênes, se sont courbées devant toi comme es osiers. L'étude abandonne ses habitudes, et fait son vre de tes yeux, où vivent tous les plaisirs que l'art peut mbrasser. Si la connaissance est le but de l'étude, te onnaître suffit ; très-savante est la langue qui peut dinement te louer, et tout ignorance est l'âme qui te voit ans étonnement ; c'est donc pour moi un certain éloge ue de savoir admirer tes mérites. Ton œil semble l'éclair e Jupiter, ta voix son redoutable tonnerre, tonnerre sans acas de courroux qui est musique et douce flamme. Céste comme tu l'es, abhorre qu'on te fasse le tort de chanr les louanges du ciel avec une si terrestre langue[2] !

---

1. C'est-à-dire que Vénus lui montre des rubans, des bijoux, des baoles pour amuser ses yeux.
2. C'est avec quelques variantes, dont une au moins est importante, sonnet trouvé par Nathaniel, dans *Peines d'amour perdues*, acte IV, ène II.

IV

A peine le soleil avait-il séché la rosée du matin, [à] peine les troupeaux commençaient-ils à chercher l'ombr[e] sous les haies, quand Cythérée, tout éperdue d'amour[,] vint impatiente attendre Adonis sous un saule qui crois[-] sait près d'un ruisseau, ruisseau où Adonis avait coutum[e] de rafraîchir sa mélancolie : chaude était la journée, mai[s] plus chaude encore la déesse qui venait en ces lieux at[-] tendre l'arrivée de celui qu'ils avaient vu si souvent. I[l] vient enfin, jette son manteau, et se met tout nu sur l[e] bord verdoyant du ruisseau : le soleil jetait sur le mond[e] des regards de triomphe, mais ces regards n'étaient poin[t] aussi ardents que ceux dont cette reine couvrait Adonis[;] tout à coup il l'aperçoit, et plonge soudain de la plac[e] où il était. Ô Jupiter, dit-elle, pourquoi n'étais-je pas u[n] flot !

V

Belle est ma bien-aimée, mais encore plus volage qu[e] belle ; douce comme une colombe, mais ni sincère, ni fi[-] dèle ; plus brillante que le cristal, mais comme le crista[l] fragile ; plus molle que la cire, et cependant rouillé[e] comme le fer ; lis pâle embelli d'une nuance de pourpre[,] nulle plus belle n'est enlaidie de plus de perfidie.

Combien de fois ses lèvres se sont jointes aux mienne[s] en jurant entre chaque baiser des serments de sincèr[e] amour ! Combien de contes, redoutant mon amour et crai[-] gnant de le perdre, ne m'a-t-elle pas faits dans le but d[e] me plaire ! Cependant au moment même de toutes se[s] protestations de pureté, sa foi, ses serments, ses larme[s] n'étaient que jeu.

Son amour s'enflammait comme la paille s'enflamme a[u] feu, son amour s'éteignait aussi vite que la paille brûle[;] elle savait façonner l'amour, et cependant elle gâtait so[n] ouvrage ; elle invitait l'amour à ne pas la quitter, et ce[-] pendant elle l'oubliait au premier tournant. Était-ce un[e] amante ou une libertine ? Elle était mauvaise dans le meil[-] leur des deux emplois, quoiqu'elle n'excellât dans aucu[n].

VI

Si la musique et le doux art de poésie se conviennent, comme ils se conviennent en effet étant frère et sœur, l'amour doit être grand entre toi et moi, puisque tu aimes l'une et que j'aime l'autre. Dowland t'est cher[1], Dowland dont la touche céleste ravit par le moyen du luth les sens humains ; Spenser m'est cher à moi[2], Spenser dont la profonde imagination est telle que, dépassant toute imagination, elle n'a pas besoin qu'on la défende. Tu aimes à entendre le son délicieusement mélodieux que rend le luth de Phœbus, ce roi des instruments de musique, et moi je plonge dans les mêmes profondes délices dès que mon poëte se prend à chanter. Un même dieu est le dieu de la musique et de la poésie, comme le prétendent les poëtes ; un même chevalier les aime toutes les deux, et toutes les deux habitent en toi[3].

VII[4]

Belle était la matinée, lorsque la belle reine d'amour.... plus pâle de chagrin que ses colombes à la blancheur de

---

1. Dowland était un célèbre joueur de luth. Le roi de Danemark l'aimait tant qu'il pria le roi Jacques I de lui permettre de quitter l'Angleterre. En conséquence il se rendit en Danemark, et il y mourut. (MALONE.) Dans les registres de la corporation des libraires, à la date du 31 octobre 1597, est enregistré un livre intitulé : « *Le premier livre des chants et airs, composé pour quatre parties, avec accompagnements pour le luth, par John Dowland, maître de musique.* » Au 16 juillet 1600, est enregistré un livre intitulé : « *Le second livre des chants et airs composé pour deux, quatre et cinq parties, avec accompagnement pour le luth ou orphérion et la viole de Gambo, composé par John Dowland, maître de musique et joueur de luth du très-fameux Christian IV, par la grâce de Dieu roi de Danemark, de Norwége,* etc. » En avril 1604, est enregistré un livre intitulé : « *Les sept larmes de John Dowland, représentées sous la forme de sept pavanes passionnées, et adaptées au luth,* etc., *pour cinq parties.* » D'autres œuvres de Dowland sont enregistrées dans les années suivantes, notamment en 1608. (STEEVENS.)

2. Ce passage semble faire allusion à la *Reine des fées*. S'il en est ainsi, cette pièce n'a pu être écrite qu'après 1590, époque où furent publiés les premiers livres de ce poëme. (MALONE.)

3. Ce sonnet, selon M. Collier, fut publié dans la première édition de l'*Encomion of Lady Pecunia* (Panégyrique de Dame Fortune), de R. Baresfield, 1598, mais fut retranché par l'auteur dans l'édition de 1605. De là, M. Collier conclut que ce sonnet est bien de Shakespeare.

4. Le second vers de ce sonnet a été perdu.

lait, par amour pour Adonis, jeune homme orgueilleux et sauvage, descendit sur la pointe escarpée d'une colline. Voici qu'arrive Adonis avec son cor et ses chiens; elle, la bonne reine, avec une charité plus qu'amoureuse, recommande au jeune homme de ne pas franchir ces limites : « Une fois, lui dit-elle, j'ai vu un beau et ravissant jeune homme profondément blessé par un sanglier dans ces fourrés que voilà, profondément blessé à la cuisse, spectacle à faire pleurer! Regarde à ma cuisse, ajouta-t-elle ; c'est là qu'était la blessure. » Elle lui découvrit ses cuisses, il y vit plus d'une blessure; rougissant, il s'enfuit, et la laissa toute seule [1].

VIII

Douce rose, belle fleur, prématurément cueillie, si vite flétrie, cueillie dans ton bourgeon, flétrie dans ton printemps! Brillante perle d'Orient, hélas trop prématurément ternie! Belle créature trop vite tuée par le perçant aiguillon de la mort, tu fus pareille à la prune verte qui pend à un arbre, et tombe avant son heure sous l'action du vent!

Je pleure sur toi, et cependant je n'en ai aucune cause, car tu ne m'as rien laissé dans ton testament : et cependant tu m'as laissé plus que je ne te demandais, car je ne te demandais rien du tout : — oh oui, cher ami, je te demande bien pardon, tu m'as légué ton mécontentement [2].

---

1. Rabelais a badiné avec ce même sujet dans le chapitre où il raconte l'histoire de la vieille femme et du lion. La Fontaine en a plaisanté à son tour dans le *Diable de Papefiguière*, avec tout aussi peu de chasteté dans le langage :

> Bref, aussitôt qu'il aperçut l'énorme
> Solution de continuité,
> Il demeura si fort épouvanté,
> Qu'il prit la fuite et laissa là Perrette.

Shakespeare peut s'être rappelé en cette occasion la vieille ballade du *Diable châtré*, qui commence ainsi : « Je vais vous dire un joli conte, » et maintenant il me souvient qu'une histoire semblable se rencontre dans le *Speculum majus* de Vincent de Beauvais. (HAMNER.)

2. Malone conjecture que ce sonnet était une complainte funèbre chantée par Vénus sur Adonis.

IX

Vénus assise sous l'ombrage d'un myrte avec le jeune Adonis, commence à lui faire la cour : elle raconte à l'enfant comment le dieu Mars s'y était pris pour la posséder, comment il avait succombé à ses charmes, et elle à son amour. « C'est ainsi, dit-elle, que m'embrassa le dieu de la guerre, » et en même temps elle entourait Adonis de ses bras : « c'est ainsi, dit-elle, que le dieu de la guerre me délaça, » comme si l'enfant allait user des mêmes manéges amoureux : « c'est ainsi, dit-elle, qu'il s'empara de mes lèvres, » et ce disant la déesse pose ses lèvres sur les lèvres d'Adonis; mais pendant qu'elle cherchait à reprendre haleine, voilà qu'il s'esquive, et qu'il ne veut lui donner ni attention ni plaisir. Oh ! que n'ai-je ma Dame en telle situation pour me baiser et m'embrasser jusqu'à ce que je prisse la fuite !

X

Vieillesse bourrue et jeunesse
Ne peuvent vivre unies,
Jeunesse est pleine de liesse,
Vieillesse de soucis;
Jeunesse est l'aube de l'été,
Vieillesse d'hiver la soirée;
Jeunesse est l'opulent été,
Vieillesse l'hiver dépouillé.
Jeunesse est pleine de gaieté,
Vieillesse est bien vite essoufflée;
Jeunesse est leste et vieillesse boiteuse;
Jeunesse est chaude et audacieuse;
Vieillesse est faible et refroidie;
Jeunesse est impétueuse et vieillesse engourdie.
Vieillesse, je t'abhorre,
Jeunesse, je t'adore;
Ô jeune est mon amie, mon amie !
Vieillesse, je te défie :

Ô charmant berger, va-t'en !
Je crois que tu restes trop longtemps[1].

XI

La beauté n'est qu'un bien douteux et vain, un brillant lustre qui subitement s'éteint, une fleur qui meurt lorsqu'elle commence à bourgeonner, un verre fragile qui se brise tout de suite : bien douteux, lustre, verre, fleur, perdu, éteint, brisé, mort en une heure !

Et de même que les biens perdus sont rarement ou même ne sont jamais retrouvés, qu'aucun frottement ne peut jamais ranimer un lustre terni, que les fleurs mortes gisent desséchées sur la terre, que nul ciment ne peut rétablir le verre brisé, ainsi la beauté flétrie est pour toujours perdue, en dépit de la médecine, du fard, des peines et des dépenses.

XII

« Bonne nuit, bon repos. » Ah ! ni l'un ni l'autre ne sera mon partage ! Elle me souhaita bonne nuit, celle qui me retient mon repos, et qui m'a poussé vers une chambre tendue de soucis pour y moduler les tourments de ma mauvaise fortune. « Portez-vous bien, a-t-elle dit, et revenez demain ; » me bien porter, je ne le pouvais, car j'avais soupé avec le chagrin.

Cependant à mon départ elle a souri doucement ; par amitié ou par dédain, je ne saurais trop le dire, peut-être s'amusait-elle à plaisanter de mon exil, peut-être souriait-elle pour me faire errer par ici. *Errer !* c'est un mot qui convient aux ombres comme moi qui prennent la peine, mais ne peuvent récolter le gain.

XIII

Dieu, quels regards mes yeux jettent vers l'Orient ! Mon cœur s'ennuie de veiller ; le lever du matin secoue

---

[1]. Nous avons essayé de reproduire, par le moyen des assonances, une partie du mouvement et de la vive musique de cette poésie.

tout sens vivant hors de son paresseux repos. N'osant pas me fier à l'office de mes yeux pendant que Philomèle chante posée sur son arbre, assis, je l'écoute, et je souhaiterais que ses chants fussent accordés au ton de ceux de l'alouette;

Car par sa chanson celle-là souhaite la bienvenue au jour, et chasse la nuit ténébreuse aux rêves sinistres : la nuit ainsi congédiée, je me rends en hâte auprès de ma gentille bien-aimée; le cœur alors a trouvé la réalisation de son espérance, et les yeux ont trouvé le spectacle qu'ils désiraient. Le chagrin s'est changé en consolation, la consolation s'est mêlée de tristesse; pourquoi? c'est qu'elle a soupiré et m'a dit de revenir demain.

Si j'étais avec elle, la nuit ne s'écoulerait que trop vite; mais maintenant les heures ont des minutes de surcroît : comme pour me vexer, chaque minute a la durée d'une lune[1]. Brille donc, soleil, sinon pour moi, au moins pour venir en aide aux fleurs! Disparais, nuit; pointe, jour; jour charmant, emprunte un peu à la nuit; et toi, nuit, raccourcis-toi pour cette fois, tu t'allongeras demain.

SONNETS SUR DIFFÉRENTS AIRS DE MUSIQUE[2].

XIV

C'était la fille d'un petit seigneur,
La plus belle de trois sœurs;
Elle fut aimée de son maître
Autant qu'aimée elle pouvait être,
Jusqu'à ce que, voyant un Anglais,
Le plus beau que l'œil pût contempler,
Son caprice tourna de l'aile.

1. Au lieu de *moon*, lune, Steevens propose de lire *hour*, heure, correction qui nous paraît médiocrement heureuse.
2. M. Oldys, dans un de ses manuscrits, nous dit que ces sonnets furent mis en musique par John et Thomas Morley. (MALONE.)

Longtemps fut douteux le combat
Que l'amour à l'amour livra ;
Laisser sans amour son amant,
Ou tuer le chevalier galant,
L'un ou l'autre de ces deux cas
Était un bien grand embarras
Pour la pauvre donzelle.

Il fallait en refuser un ;
Ne pouvoir user de chacun
A sa guise et sa convenance,
Ah ! pour elle quelle souffrance !
Ce fut le confiant chevalier
Que son dédain alla blesser ;
Hélas ! qu'y pouvait-elle ?

L'art avec les armes luttant
Remporta la victoire ;
Ainsi les ruses d'un savant
De l'amour eurent la gloire :
Tire la lira, l'homme lettré
Eut pour butin la dame gaie ;
Là-dessus ma chanson s'arrête.

XV [1]

Un certain jour, — hélas ! quel jour ! —
L'amour dont le mois fut toujours mai [2]
Aperçut une rose belle au delà de toute expression
Qui jouait dans l'air folâtre.
A travers les feuilles de velours le vent
Invisible avait trouvé passage,
Et alors l'amant malade à la mort
Souhaita qu'il pût être le souffle du ciel.
L'air, dit-il, peut caresser tes joues ;

---

1. Ce sonnet est celui que lit du Maine dans *Peines d'amour perdues*, acte IV, scène III.

2. Dans *Peines d'amour perdues*, le texte porte *est toujours mai*, au lieu de *fut toujours*, etc.

Air, que ne puis-je triompher ainsi!
Mais, hélas! ma main a juré
De ne jamais t'enlever de ton épine!
Serment, hélas! peu fait pour la jeunesse,
Pour la jeunesse si portée à cueillir les douceurs.
Ne me dis pas que c'est un péché,
Si pour toi je me parjure[1],
Pour toi qui ferais jurer à Jupiter
Que Junon n'est qu'une Éthiopienne,
Qui lui ferais nier qu'il est Jupiter,
Et le ferais devenir mortel par amour pour toi.

XVI

Mes troupeaux ne mangent pas, mes brebis n'agnèlent pas, mes béliers ne bondissent pas, tout va de travers; et la cause de tout cela, c'est un déni d'amour, c'est un renoncement de fidélité, c'est un reniement du cœur. J'ai presque oublié toutes mes danses joyeuses, et, Dieu le sait, j'ai perdu tout l'amour de ma Dame : là où sa fidélité était solidement fixée dans l'amour, un *non* inébranlable s'est installé. Une sotte contrariété a engendré toutes mes pertes. Ô Fortune à l'humeur bourrue, Dame capricieuse et maudite! maintenant je vois bien que l'inconstance réside plus chez les femmes que chez les hommes.

Je gémis en proie au deuil, je méprise toutes les craintes, l'amour m'a abandonné et je vis dans l'esclavage : mon cœur qui saigne et qui a besoin de secours de toute espèce, se trouve, — ô cruelle ressource! — chargé de fiel! Mon chalumeau de berger ne sait plus résonner; la clochette de mon bélier tinte un glas funèbre; mon chien à la queue coupée, qui avait coutume de jouer, ne joue plus du tout, mais semble avoir peur; mes soupirs profonds l'invitent à pleurer, ce qu'il fait par les hurlements

---

[1]. Ce vers et le précédent ne se trouvent pas dans le sonnet du *Pèlerin amoureux*, mais nous prenons la liberté de les rétablir d'après le sonnet de *Peines d'amour perdues*, car sans eux la fin de la pièce ne se comprend plus.

qu'il pousse en voyant ma douloureuse situation. Ô comme ces soupirs résonnent à travers la terre insensible, pareils aux gémissements d'un millier d'hommes tués dans un combat sanglant !

Les claires fontaines ne coulent plus, les doux oiseaux ne chantent plus, les vertes plantes n'étalent plus leurs couleurs ; les bergers pleurent, les troupeaux sommeillent ; les nymphes regardent par derrière elles avec inquiétude : tous les plaisirs que nous connaissions, nous pauvres bergers, toutes nos gaies rencontres dans la plaine, tous nos amusements de la veillée, tout ce qui faisait notre amour est perdu, car l'amour est mort. Adieu, douce fille ; ta semblable ne fut jamais pour donner une douce joie, toi qui es la cause de toutes mes lamentations : le pauvre Coridon doit vivre seul ; je vois qu'il n'y a pas pour lui d'autre ressource.

XVII

Puisque ton œil a choisi la Dame, et marqué le daim que tu dois frapper, permets à la raison de régler les choses qui encourent le blâme, aussi bien que la puissance partiale de la passion : prends conseil de quelqu'un de plus sage qui ne soit pas trop jeune et qui soit déjà marié.

Et lorsque viendra le moment de déclarer ton amour, n'orne pas tes discours de paroles trop soignées, de crainte qu'elle ne soupçonne quelque ruse ; — un boiteux découvre bien vite ceux qui clochent du pied ; — mais dis-lui simplement que tu l'aimes bien, et propose-lui d'accepter ta personne.

Qu'importent ses sourcils froncés ? ses regards nuageux s'éclairciront avant la nuit ; alors elle se repentira trop tard d'avoir ainsi dissimulé sa satisfaction, et elle désirera deux fois avant qu'il soit jour ce qu'elle aura repoussé avec mépris.

Qu'importe qu'elle lutte pour essayer sa force, qu'elle insulte, qu'elle crie, qu'elle te dise non, sa faible résistance cédera à la fin, et alors la ruse lui suggérera de dire : « Si les femmes étaient aussi fortes que les hommes, en vérité vous n'auriez pas obtenu cela. »

Conforme à sa volonté toutes tes actions; n'épargne pas la dépense, et principalement dans les occasions qui pourront t'acquérir de la louange en faisant sonner ton mérite aux oreilles de ta Dame : le boulet d'or renverse château, tour ou ville, quelle que soit leur force.

Sers-la toujours avec une confiance assurée, sois toujours humble et véridique dans tes requêtes; à moins que ta Dame ne se montre injuste, ne cherche jamais à en choisir une autre : lorsque l'occasion s'en présentera, ne sois pas lent à offrir tes services quoiqu'elle t'ait repoussé.

Le coq qui monte les femmes ne connaîtra jamais les ruses et les manœuvres qu'elles emploient en les dissimulant sous une apparence trompeuse, les finesses et les stratagèmes qui se cachent chez elles. N'avez-vous pas entendu dire bien souvent que le *non* d'une femme ne doit compter pour rien?

Réfléchis que les femmes aiment à se marier aux hommes, et non pas à vivre comme des saintes : la terre n'est pas le ciel; elles ne commencent à devenir saintes que lorsque le temps commence à les atteindre. S'il n'y avait au lit que des baisers pour toute joie, les femmes se marieraient entre elles.

Mais doucement, c'en est assez; je crains même que ce n'en soit trop; car si ma maîtresse entend ma chanson, elle ne se fera pas faute de me frotter les oreilles pour apprendre à ma langue à être si longue; mais elle rougira, je vous le dis, en voyant ainsi ses secrets mis au jour.

XVIII [1]

Vis avec moi et sois ma bien-aimée, et nous goûterons tous les plaisirs que peuvent donner les vallées et les

---

1. Ce chant est attribué à Marlowe et ne se trouve pas pour cette raison dans l'édition de Malone. On doit se rappeler qu'au second acte des *Joyeuses Commères de Windsor*, Messire Hugh Evans, le curé, chante en les écorchant quelques-unes des strophes de cette pièce.

collines, les plaines et les campagnes, et les montagnes escarpées.

Nous nous assiérons sur les rochers, et nous regarderons les bergers faire paître leurs troupeaux, au bord de légers ruisseaux au murmure desquels de mélodieux oiseaux chantent des madrigaux.

Là je te ferai un lit de roses avec mille odorants bouquets, un chapeau de fleurs, et un corsage tout brodé de feuilles de myrte,

Une ceinture de paille et de bourgeons de lierre avec des agrafes de corail et des boutons d'ambre; si ces plaisirs peuvent t'émouvoir, viens vivre avec moi et sois ma bien-aimée.

RÉPONSE DE LA BIEN-AIMÉE.

Si le monde et l'amour étaient jeunes, et que la vérité fût sur la langue de tout berger, ces gentils plaisirs pourraient me tenter, et j'aimerais à vivre avec toi et à être ta bien-aimée.

XIX[1]

Il arriva qu'un jour, dans le joyeux mois de mai, j'étais assis sous l'ombre délicieuse que formait un bosquet de myrte; les bêtes sautaient, les oiseaux chantaient, les arbres poussaient, les plantes grandissaient; tout être bannissait le chagrin, hormis le seul rossignol : lui, le pauvre oiseau, tout solitaire, appuyait sa poitrine contre une aubépine, et chantait une chanson si triste que c'était grande pitié de l'entendre : « Fi, fi, fi, criait-il parfois, Térée, Térée! » si bien qu'en l'entendant ainsi se plaindre, je pus à peine retenir mes larmes, car ses chagrins qu'il révélait avec tant de vivacité, me firent penser aux miens propres. Ah! pensai-je, tu pleures en vain! nul ne prend pitié de ta peine : les arbres insensibles ne peuvent t'en-

---

[1]. Une partie de cette pièce se trouve dans un recueil intitulé l'*Hélicon anglais*, avec cette signature *ignoto*, signature attribuée selon les uns à Spenser, selon les autres à sir Walter Raleigh.

tendre, les bêtes impitoyables ne te consoleront pas. Le roi Pandion est mort, tous tes amis sont dans le cercueil, tous les oiseaux tes compagnons chantent, insoucieux de tes chagrins. Ainsi que toi, pauvre oiseau, nul vivant n'aura pitié de moi.

XX

Tant que l'inconstante fortune a souri, toi et moi nous fûmes trompés ; tous ceux qui nous flattent ne nous sont pas amis dans la misère. Les paroles sont aisées comme le vent, les amis fidèles sont difficiles à trouver : chacun sera ton ami tant que tu pourras dépenser ; mais si tu viens à avoir disette d'écus, nul ne fournira à tes besoins. Si quelqu'un est prodigue, on l'appellera généreux, et on l'accablera de flatteries de ce calibre : *Quel dommage qu'il ne soit pas roi!* S'il est adonné au vice, on lui tend bien vite des amorces ; s'il est enclin aux femmes, elles le possèdent à commandement : mais si la fortune vient à froncer le sourcil, adieu alors à son grand renom ; ceux qui faisaient le plus les chiens couchants évitent désormais sa société. Celui qui est vraiment ton ami te secourra dans tes besoins ; si tu as du chagrin, il pleurera ; si tu veilles, il ne pourra sommeiller ; il prendra sa part de chacun des chagrins de ton cœur. Voilà les signes certains auxquels on reconnaît un fidèle ami d'un ennemi qui flatte.

XXI

Éloigne, oh! éloigne ces lèvres
Qui si doucement furent parjures,
Et ces yeux, aubes du jour,
Lumières qui abusent l'aurore,
Mais rapporte-moi mes baisers,
  Rapporte-les :
Sceaux de l'amour en vain scellés,
  En vain scellés.

Cache, oh! cache ces collines de neige
Que porte ton sein glacé,

Dont les sommets sont couronnés de roses
Pareilles à celles que porte Avril;
Mais d'abord mets en liberté mon pauvre cœur
Lié par toi dans ces chaînes de glace[1].

LE PHÉNIX ET LA TOURTERELLE.

FAISANT PARTIE DES POËMES AJOUTÉS AU POËME DE CHESTER :

Le Martyre de l'amour ou la plainte de Rosaline (1601 [2]).

Que l'oiseau dont le chant est le plus puissant, perché sur l'arbre solitaire d'Arabie, soit le triste héraut et le trompette au son duquel obéissent de chastes ailes.

Mais toi, messager criard, ignoble précurseur du démon, augure de la fin des fièvres, n'approche pas de cette réunion !

1. Cette délicieuse petite chanson, dont le premier couplet est chanté dans *Mesure pour mesure* par la désolée Mariana, ne se trouve pas dans *le Pèlerin amoureux*. Nous avons cru avec Malone que cette omission était un oubli qui devait être réparé.
2. En 1601, il fut publié un livre intitulé : *Le Martyre de l'amour ou la plainte de Rosaline montrant emblématiquement la loyauté de l'amour par la destinée de constance du phénix et de la tourterelle, poëme mêlé de beaucoup de variétés et de raretés, traduit pour la première fois du vénérable Italien Torquato Cœliano, par Robert Chester; avec la vraie légende du fameux roi Arthur, le dernier des neuf preux, par un nouveau poëte anglais, composé d'après divers mémoires authentiques. A ces poëmes sont ajoutées quelques compositions nouvelles de divers écrivains modernes dont les noms sont au bas de leurs œuvres réciproques; ces poëmes se rapportent au premier sujet, c'est-à-dire, le phénix et la tourterelle.* Parmi ces compositions nouvelles se trouve le poëme suivant avec le nom de notre auteur. Le second titre placé en tête de ces vers est aussi ample que celui que nous venons de donner : *Suivent divers essais poétiques sur le premier sujet, c'est-à-dire le phénix et la tourterelle, par les meilleurs et les principaux de nos écrivains modernes avec leurs noms à la suite de leurs œuvres, poëmes encore inédits, et maintenant dédiés par eux tous pour la première fois à l'amour et au mérite de ce vraiment noble chevalier, sir John Salisbury.* Les principaux écrivains associés à Shakespeare dans cette collection sont Ben Jonson, Marston et Chapman. Les explications si particulièrement circonstanciées qui précèdent ne laissent, je crois, aucune raison de douter de l'authenticité de ce poëme.

Que de cette assemblée soient exclus tous les oiseaux aux ailes tyranniques, hormis l'aigle, le roi emplumé : que les obsèques soient strictement réglées.

Que le cygne devin de la mort soit le prêtre en blanc surplis savant dans la musique funèbre, afin que le *requiem* ne manque pas.

Et toi, corneille, trois fois centenaire, qui engendres ta noire postérité par la vie que tu donnes et que tu prends[1], tu feras partie de nos pleureurs.

Ici commence l'antienne. — L'amour et la constance sont morts; le phénix et la tourterelle ont fui d'ici dans une flamme mutuelle.

Ils s'aimaient tant que l'amour de tous les deux ne formait qu'une seule essence; deux êtres distincts, et nulle division : le nombre était tué par l'amour.

Les cœurs étaient éloignés, non séparés; entre la tourterelle et son roi, on voyait une distance et aucun espace : ils présentaient un vrai miracle.

L'amour brillait tellement entre eux que la tourterelle voyait ses droits étinceler dans les yeux du phénix; chacun était l'âme de l'autre.

La propriété se troubla en voyant que le *moi* n'était pas le *moi*, et que le double nom d'une nature unique n'était ni un ni deux.

La raison confondue en elle-même voyait des êtres séparés mêler leurs existences et qui ne savaient plus ce qu'ils étaient tant leurs individualités étaient unies;

Et alors elle cria : comme cette unité pleine d'accord semble une vraie dualité! c'est l'amour qui est la raison, et la raison n'en a aucune, si ce qui est séparé peut être ainsi réuni.

Là-dessus elle composa ce chant funèbre sur le phénix et la tourterelle, maîtres souverains et étoiles de l'amour, pour servir de chœur à leur scène tragique.

---

1. *With the breath thou givest and takest*, mot à mot, avec le souffle que tu donnes et prends. Cela veut dire sans doute, comme l'a conjecturé Steevens, qu'elle donne la vie à ses petits avec ses propres forces, et qu'elle puise à son tour la vie dans ses habitudes carnassières.

CHANT FUNÈBRE.

La beauté, la vérité, la rareté, la grâce dans toute sa simplicité, gisent ici renfermées réduites en cendres.

La mort est maintenant le nid du phénix, et le cœur loyal de la tourterelle repose dans l'éternité.

Ils n'ont pas laissé de postérité ; ce ne fut pas impuissance de leur part, mais chasteté dans leur mariage.

La vérité peut s'envelopper d'apparences, mais elle n'est plus ; la beauté peut se vanter, mais ce n'est plus elle : vérité et beauté sont ensevelies.

Qu'à cette urne se rendent les vrais et les beaux, et qu'ils soupirent une prière pour ces oiseaux morts.

SONNETS

SONNETS[1].

I

Nous désirons voir se multiplier les plus belles créatures, afin que la rose de la beauté ne puisse jamais mourir, et que lorsque la plus épanouie devra s'effeuiller par l'effet du temps, sa tendre héritière puisse soutenir sa mémoire : mais toi qui t'es fiancé à l'éclat de tes propres yeux, et qui nourris la flamme de ta lumière avec ta propre substance, tu crées une famine là où règne l'abondance, et ennemi de toi-même tu te montres trop cruel envers ta charmante personne. Toi, maintenant frais ornement du monde, unique héraut du gai printemps, tu ensevelis ton bonheur dans le propre bourgeon de ta jeunesse, et, tendre avare, tu gaspilles en lésinant. Aie pitié du monde, ou bien glouton tu te joindras au tombeau pour dévorer ce qui est dû au monde.

1. La première édition connue des *Sonnets* est un in-quarto publié en 1609. On trouvera discutées dans notre introduction les nombreuses et délicates questions qui se rapportent à ce recueil singulier, énigmatique, qui a donné lieu à bien des commentaires dont quelques-uns fort offensants pour la mémoire de notre poète.

II

Lorsque quarante hivers assiégeront ton front, et creuseront de profondes tranchées dans le champ de ta beauté, la fière parure de ta jeunesse aujourd'hui tant admirée ne sera plus qu'un vêtement en loques tenu en peu d'estime : alors, lorsqu'on te demandera où a passé toute ta beauté, où se trouve le trésor de tes jours de vigueur, répondre qu'il se trouve dans tes yeux creux et enfoncés serait honte dévorante et inutile vanité. Quelle autre louange mériterait l'usage que tu aurais fait de ta beauté, si tu pouvais répondre : ce bel enfant peut faire mon compte et excuser mes jours passés. Si tu prouvais ainsi que sa beauté est ta succession, ce serait renaître lorsque tu seras vieux, et découvrir que ton sang est chaud alors que tu le sentiras glacé.

III

Regarde-toi dans ton miroir, et dis au visage que tu contemples que maintenant le temps est venu pour ce visage d'en former un autre ; si tu ne cherches pas maintenant à le recréer à nouveau, tu trompes le monde, tu laisses sans bénédiction une certaine mère ; car où est la belle dont les flancs encore vierges dédaigneraient le labourage de tes soins maritaux ? ou qui donc est assez fou pour vouloir être la tombe de l'amour de soi-même en arrêtant sa postérité ? Tu es le miroir de ta mère, et en toi ses yeux retrouvent l'aimable avril de son printemps ; c'est ainsi que toi-même, à travers les fenêtres de la vieillesse, tu contempleras en dépit des rides ton heureux temps d'aujourd'hui. Mais si tu vis pour ne pas laisser de souvenirs, meurs solitaire, et ton image mourra avec toi.

IV

Beauté mal administrée, pourquoi dépenses-tu solitaire l'héritage de tes charmes ? la nature ne donne rien, elle prête, et comme elle est franche, elle prête à ceux qui ont de la libéralité. Pourquoi, bel avare, abuses-tu des généreuses largesses qui te furent données pour donner? Usurier sans profits, pourquoi dépenses-tu une si immense somme sans pourtant réussir à vivre? En ne faisant trafic qu'avec toi seul, tu fraudes de toi-même ta douce personne. Aussi lorsque la nature te rappellera à elle, quel compte acceptable pourras-tu laisser? Ta beauté, qui n'aura pas été employée, sera enfermée avec toi dans la tombe, tandis qu'employée elle aurait survécu pour être ton exécuteur testamentaire.

V

Les heures qui par leur doux travail ont formé ces charmants regards sur lesquels tout œil se fixe, joueront à leur égard le rôle de tyrans et détruiront cette beauté exquise; car le temps qui ne se repose jamais conduit l'été au hideux hiver et l'y engloutit; la séve est alors arrêtée par le froid et le gai feuillage est tout entier à terre, la beauté est couverte de neige et la stérilité est partout : alors si l'été ne survivait pas sous la forme d'une distillation emprisonnée dans des murailles de verre, les résultats de la beauté auraient péri avec la beauté, elle n'existerait plus et il n'en resterait aucun souvenir : mais les fleurs distillées bien qu'atteintes par l'hiver ne perdent que leur apparence; leur substance vit avec leur parfum.

VI

Ne permets donc pas à la main brutale de l'hiver de t'effacer dans ton été avant que tu sois distillé : parfume quelque vase; enrichis quelque place du trésor de ta beauté avant qu'elle soit détruite. Ce n'est pas une usure interdite que de payer volontairement un intérêt qui nous rend heureux : c'est à toi d'enfanter un autre toi-même, et ce serait dix fois heureux si c'était dix au lieu d'un; toi-même tu serais dix fois plus heureux que tu ne l'es si dix enfants issus de toi représentaient dix fois ton image : que pourrait donc faire la mort si tu partais de ce monde en restant vivant par ta postérité? Ne sois pas obstiné contre toi=même, car tu es beaucoup trop beau pour être la conquête de la mort, et faire tes héritiers des vers.

VII

Lorsque le gracieux soleil élève à l'orient sa tête brillante, tous les yeux de la terre rendent hommage à son aspect nouvellement apparu et honorent de leurs regards sa majesté sacrée ; puis lorsqu'il a gravi les collines du ciel, semblable à un vigoureux jeune homme dans son âge moyen, les yeux mortels adorent encore sa beauté et l'escortent dans son pèlerinage doré ; mais lorsqu'ayant atteint sa plus grande hauteur, il en redescend, et que son char ralenti, pareil à la vieillesse, se retire du jour à faibles pas, alors les regards jusqu'alors respectueux se détournent de sa course déclinante et regardent d'un autre côté : c'est ainsi que toi, qui t'avances vers ton midi, tu mourras oublié des regards, à moins que tu n'engendres un fils.

VIII

Toi qui es une musique pour ton auditeur, pourquoi écoutes-tu tristement la musique ? les choses douces ne font pas la guerre aux choses douces, la joie se complaît dans la joie. Pourquoi aimes-tu ce que tu ne reçois pas joyeusement, ou pourquoi reçois-tu ton propre plaisir avec ennui ? Si l'intime concorde des sons bien réglés, mariés par l'harmonie, offense ton oreille, elle ne fait que te gronder doucement de détruire, en t'en tenant à ta seule partie, la symphonie que tu devrais soutenir. Remarque comme les cordes, doux époux l'une de l'autre, fondent leurs sons réciproques dans une mutuelle harmonie, semblables au père, à l'enfant et à l'heureuse mère qui chantent ensemble une même note charmante dont le langage sans paroles, multiple en réalité, un en apparence, te chante ceci : « Seul, tu seras comme si tu n'étais pas. »

IX

Est-ce par crainte de mouiller les yeux d'une veuve que

tu te consumes dans une vie solitaire? Ah! s'il t'arrive de mourir sans postérité, le monde te pleurera comme une femme qui a perdu son époux; le monde sera ta veuve, et regrettera en gémissant que tu n'aies laissé aucune forme de toi en le quittant, tandis que la plus simple des veuves peut retrouver dans les yeux de ses enfants l'image de son mari. Considère-le bien, ce que dépense un prodigue ne fait que changer de place, car le monde en jouit toujours; mais le gaspillage de la beauté trouve sa fin dans le monde, et quand il la conserve sans en user, son possesseur la détruit. Il n'a pas d'amour pour les autres le cœur de celui qui commet contre lui-même un meurtre aussi honteux.

X

Par pudeur, avoue que tu ne portes d'amour à personne, toi qui es si imprévoyant pour toi-même. Accorde, si tu le veux, que tu es aimé de beaucoup, mais il est trop évident que tu n'aimes qui que ce soit, car tu es possédé d'une haine si meurtrière que tu n'hésites pas à conspirer contre toi-même, et que tu cherches à ruiner ce bel édifice dont la réparation devrait être ton principal désir. Ô change de résolution afin que je change d'opinion! Est-ce que la haine sera mieux logée que le doux amour? Sois pareil à ta personne, gracieux et tendre, ou prouves qu'au moins tu es tendre envers toi-même; pour l'amour de moi, crée un autre toi-même afin que la beauté puisse continuer à vivre par toi ou par ton enfant.

XI

Aussi vite tu te faneras, aussi vite tu verras croître dans un des tiens cette beauté dont il faudra te séparer, et ce sang frais que jeune tu auras légué, tu pourras l'appeler ton propre sang lorsque tu quitteras la jeunesse. Là est la sagesse, la beauté, la postérité; avec toute autre conduite il n'y a que la folie, la vieillesse et le froid déclin: si tous agissaient comme toi le temps s'arrêterait, et trois fois vingt années auraient raison du monde. Laisse périr dans la stérilité ceux que la nature n'a pas faits pour se renouveler, ceux qu'elle a créés difformes, laids, grossiers. Vois, lorsqu'elle répandit ses largesses, elle te donna encore plus qu'aux autres; tu devrais récompenser par la générosité ce don généreux; elle te marqua de son sceau, et voulut par conséquent que tu tires d'autres copies de cette empreinte et que tu ne la laisses pas périr.

XII

Lorsque je compte les heures qui disent le temps et que je vois le jour brillant s'évanouir dans la nuit hideuse; lorsque je vois se flétrir la fraîcheur de la violette et les boucles noires se couvrir d'une neige argentée; lorsque je vois dépourvus de feuilles les arbres élevés qui auparavant garantissaient le troupeau contre la chaleur; lorsque je vois toute la verte moisson de l'été, liée en gerbes, portée dans son cercueil avec une barbe blanche et piquante, alors je m'interroge sur ta beauté, et je me dis que toi aussi tu devras aller parmi les ruines du temps, puisque toutes les choses belles et aimables doivent se quitter elles-mêmes, et mourir à mesure qu'elles en voient croître d'autres; rien donc ne pourra te défendre contre la faux du temps, excepté ta postérité qui le bravera lorsqu'il t'emportera de ce monde.

XIII

Ô si vous pouviez être maître de vous-même! Mais, chéri, vous n'êtes vous-même que pendant que vous vivez : vous devriez vous préparer contre cette fin qui s'avance toujours, et donner à quelque autre votre douce ressemblance. De la sorte, cette beauté que vous tenez à bail n'aurait pas de terme; et vous seriez encore vivant après votre décès, puisque votre aimable rejeton porterait votre aimable forme. Qui laisse tomber en ruines une belle maison, lorsque quelques soins peuvent la soutenir avec honneur contre les rafales des tempêtes d'hiver et la rage stérile du froid éternel de la mort? Ô personne, si ce n'est les prodigues! — Cher ami, vous savez que vous eûtes un père; qu'un fils en dise autant de vous.

XIV

Je ne tire pas mon jugement des étoiles, et cependant je crois que je sais l'astronomie; mais ce n'est pas pour annoncer les destinées bonnes ou mauvaises, les pestes, les disettes, la nature des saisons : je ne puis davantage annoncer à chacune des rapides minutes sa fortune, attribuer à chacune son tonnerre, son vent, sa pluie, ni prédire aux princes si les choses iront bien par l'inspection fréquente des pronostics que je trouve dans le ciel : c'est de tes yeux, constantes étoiles, que je tire ma science, et j'y lis que la loyauté et la beauté prospéreront ensemble si, changeant de résolution, tu consens à te renouveler; — sinon je fais sur toi cette prédiction, ta fin sera la condamnation et l'effacement de la loyauté et de la beauté.

XV

Lorsque je considère que toute chose qui croît ne garde sa perfection qu'un petit instant, que ce vaste théâtre ne présente que des formes régies par la secrète influence des astres; lorsque je vois que les hommes décroissent comme les plantes, qu'ils sont épanouis et flétris par le même ciel, s'enorgueillissent dans leur séve juvénile, décroissent à leur apogée, et emportent leur beauté loin du souvenir, alors la pensée de cet état inconstant fait resplendir encore plus à mes yeux la richesse de votre beauté, et, songeant que le temps dévastateur se ligue avec la destruction pour changer le jour de votre jeunesse en une nuit souillée, j'entre en guerre avec le temps pour l'amour de vous, et à mesure qu'il vous enlève quelque chose je vous greffe de nouveau.

XVI

Mais pourquoi donc ne cherchez-vous pas un moyen plus énergique de faire la guerre au temps, ce tyran sanguinaire? Pourquoi ne cherchez-vous pas à vous fortifier contre le déclin par des moyens plus heureux que mes vers stériles? Maintenant vous êtes parvenu au sommet de vos heures fortunées, et bien des jardins vierges qui n'ont pas encore reçu de soins consentiraient avec une vertueuse joie à porter vos fleurs vivantes qui seraient bien autrement ressemblantes que votre image peinte. De la sorte les lignes de la vie recréeraient la vie, et vous feraient vivre aux yeux des hommes, ce que ne peuvent faire ni le pinceau de notre époque, ni ma plume novice, qui ne sauraient vous représenter ni dans votre noblesse intime, ni dans votre beauté extérieure. Vous donner vous-même, c'est vous conserver vous-même, et vous vivrez dessiné par votre charmante habileté.

XVII

Qui voudrait croire à mes vers dans les temps à venir s'ils étaient remplis de vos très-hauts mérites? Et cependant le ciel le sait, ce n'est qu'une manière de tombe qui cache votre vie et ne montre pas la moitié de vos qualités. Si je pouvais décrire la beauté de vos yeux, et dénombrer toutes vos grâces dans des nombres pleins de fraîcheur, l'âge à venir dirait : « Ce poëte ment, de telles touches célestes ne touchèrent jamais des visages terrestres. » Ainsi mes vers, jaunis par leur vieillesse, seraient méprisés comme des vieillards qui disent plus de paroles que de vérités, et vos véridiques mérites seraient nommés une folie de poëte, l'exagération métrique d'un antique chant; mais si à cette époque il existait quelque enfant sorti de vous, vous vivriez deux fois, par lui et par mes vers.

XVIII

Te comparerai-je à un jour d'été? Tu es plus aimable et plus tempéré : des vents brutaux secouent les tendres bourgeons de mai, et le bail de l'été est d'une trop courte date : quelquefois l'œil du ciel est trop brûlant, et souvent sa splendeur dorée est obscurcie; toute beauté décline sûrement, dépouillée de ses charmes par l'accident ou le cours changeant de la nature; mais ton éternel été ne se fanera pas et tu ne perdras pas cette beauté que tu possèdes, et la mort ne se vantera pas que tu erres sous ses ombrages lorsque tu braveras le temps grâce à des vers immortels : aussi longtemps que les hommes pourront respirer ou que les yeux pourront voir, aussi longtemps vivront ces vers et ils te donneront la vie.

XIX

Ô temps dévorant, émousse les ongles du lion et force la terre à dévorer ses charmants rejetons ; arrache les dents aiguës aux mâchoires du tigre féroce et brûle dans son sang le phénix à la longue vie ; fais les saisons joyeuses et tristes à mesure que tu t'écoules, fais ce que tu voudras du vaste monde et de toutes ses beautés qui se fanent, ô temps aux pieds agiles ; mais il est un crime détestable que je t'interdis : oh ! ne creuse pas sous le travail de tes heures le front de mon ami, n'y trace pas de lignes avec ton antique plume ; permets-lui d'échapper à ton cours sans atteinte, afin qu'il serve de modèle de beauté aux hommes qui se succéderont. Cependant, fais ce que tu pourras de pire, vieux temps ; en dépit de tes outrages, mon ami vivra toujours jeune dans mes vers.

XX

Tu as le visage d'une femme peint de la propre main de la nature, ô toi maître et maîtresse de ma passion ; tu as le gentil cœur d'une femme, mais non sujet à la changeante inconstance comme c'est la menteuse façon des femmes ; tu as des yeux plus brillants que les leurs, mais tu ne les roules pas comme elles avec fausseté, et leurs regards ornent tout objet sur lequel ils se portent ; tu as le teint d'un homme, mais il bat tous les teints possibles, ravit les yeux des hommes et étonne les âmes des femmes. Tu fus d'abord créé femme ; mais la nature, en te formant, fut préoccupée, et me priva de toi en t'ajoutant certaine chose qui ne peut me servir à rien. Mais puisqu'elle te désigna pour le plaisir des femmes, qu'à moi soit ton amour et qu'elles usent de ton amour comme de leur trésor.

XXI

Il n'en est pas de moi comme de cette muse excitée à versifier par une beauté peinte, qui se sert du ciel lui-même comme d'ornement, et fait emploi de toutes les beautés pour rehausser sa belle, accouplant dans des comparaisons pompeuses le soleil et la lune, la terre et les riches perles de la mer, les premières fleurs d'avril et toutes les choses rares que l'air du ciel enveloppe sur ce vaste globe. Oh! permettez que moi qui suis sincère en amour j'écrive sincèrement, et, croyez-moi, ma bien-aimée est aussi belle que l'enfant de n'importe quelle mère, quoique moins brillante que ces flambeaux d'or fixés dans l'air du ciel : que ceux-là qui aiment les bavardages en disent davantage, je ne louerai pas ce que je n'ai pas intention de vendre.

XXII

Mon miroir ne me persuadera pas que je suis vieux, aussi longtemps que la jeunesse et toi serez du même âge; mais lorsque je contemplerai en toi les sillons du temps, alors je considérerai que la mort doit mettre fin à mes jours. Toute cette beauté qui t'enveloppe n'est que le vêtement extérieur de mon cœur qui vit dans ta poitrine comme le tien dans la mienne; comment pourrais-je donc être plus âgé que tu ne l'es? Par conséquent, ma bien-aimée, sois pour toi-même aussi prudente que je le suis, non pour moi-même, mais pour toi, moi qui porte en moi ton cœur que je garde avec autant de discrétion que la tendre nourrice en met à protéger son enfant du mal. Ne compte pas sur ton cœur lorsque le mien sera mort; tu m'as donné le tien pour ne pas le reprendre.

XXIII

Comme sur le théâtre un acteur imparfait que la crainte empêche de soutenir son rôle, ou comme quelque créature furieuse gonflée d'une trop forte colère et dont l'abondance de force affaiblit le cœur, ainsi moi, par manque de confiance, j'oublie de dire la parfaite liturgie des rites de l'amour, et mon amour semble décroître au sein de sa force, surchargé que je suis du fardeau de mon amour. Oh! que mes écrits alors soient l'éloquence et les augures muets de mon cœur qui te parle; qu'ils plaident la cause de mon amour et attendent leur récompense mieux que cette langue qui en a exprimé bien davantage. Oh! apprends à lire ce que l'amour silencieux a écrit; entendre avec les yeux est un apanage du bel esprit de l'amour.

XXIV

Mes yeux ont joué le rôle de peintre et ont retracé la beauté de ta forme sur la table de mon cœur; mon corps est le cadre qui contient ce tableau et lui donne la perspective, le meilleur de l'art du peintre. Vous pouvez voir à travers le peintre quelle est son habileté en y découvrant votre véridique image suspendue dans la chambre de mon cœur dont les fenêtres sont vitrées par tes yeux. Maintenant vois quels bons services les yeux ont rendus aux yeux; mes yeux ont dessiné ta forme, et les tiens servent de fenêtres à ma poitrine, et à travers ces fenêtres le soleil aime à pénétrer pour contempler ton image: cependant les yeux manquent pour compléter leur art de cette habileté-ci, ils ne dessinent que ce qu'ils voient, ils n'atteignent pas le cœur.

XXV

Que ceux qui sont en faveur auprès de leurs étoiles se vantent d'honneurs publics et de titres orgueilleux, tandis que moi que la fortune sépare de tels triomphes, je trouve une joie inespérée dans ce que j'honore le plus. Les favoris des grands princes n'étalent leurs superbes feuilles qu'au soleil, comme le souci; leur orgueil gît enseveli en eux-mêmes, car à un froncement de sourcils ils meurent dans leur gloire. Le guerrier éprouvé par la fatigue et que ses combats ont rendu fameux, s'il est une fois vaincu après mille victoires, est tout à fait supprimé du livre de l'honneur, et tous ses exploits précédemment accomplis sont oubliés ; heureux suis-je donc, moi qui aime et qui suis aimé en une place d'où je ne puis me retirer et d'où je ne puis être chassé.

XXVI

Seigneur de mon amour dont le mérite a si fortement réduit mon respect en vasselage, je t'envoie ce message écrit pour te témoigner mon respect, non pour te montrer mon esprit : ce respect est si grand qu'un esprit aussi pauvre que le mien, faute de mots pour l'exprimer, devra nécessairement paraître bien stérile ; mais j'espère que quelque bonne pensée sortie du profond de ton âme voudra bien revêtir sa nudité. Le jour où l'étoile, quel que soit son nom, qui règle mes destinées, consentira à briller gracieusement sur moi, et à revêtir mon amour déguenillé d'ornements capables de me montrer digne de ton aimable affection, alors je serai assez audacieux pour aller me vanter de mon amour pour toi ; jusqu'alors je ne veux pas montrer ma tête là où tu pourrais me mettre à l'épreuve.

XXVII

Fatigué de travail, je me hâte vers ma couche pour y trouver ce repos précieux aux membres fatigués de marcher ; mais alors commence dans ma tête un voyage qui fait travailler mon esprit lorsque le travail de mon corps est terminé : car à ce moment mes pensées s'envolant bien loin du lieu où je suis couché, s'en vont en dévot pèlerinage auprès de toi, et tenant mes paupières languissantes toutes grandes ouvertes me forcent à regarder ces ténèbres que contemplent les aveugles : mais la vision imaginaire de mon âme présente ton ombre à mes yeux enveloppés de ténèbres, et cette vision, comme un joyau suspendu au sein de la nuit sinistre, illumine de beauté son noir visage et rajeunit sa vieille face. Ainsi ni mes membres pendant le jour, ni mon âme pendant la nuit, ne peuvent trouver de repos grâce à toi et à moi-même.

XXVIII

Comment puis-je donc revenir en bonne condition lorsque je suis privé du bienfait du repos? lorsque la tyrannie du jour n'est pas apaisée par la nuit, mais que le jour est opprimé par la nuit, et la nuit par le jour? lorsque le jour et la nuit, quoique ennemis de leurs règnes mutuels, consentent à se donner la main pour me torturer, l'un par le travail, l'autre en me plaignant de travailler autant, et surtout si loin de toi? Je dis au jour, afin de lui plaire, que tu es brillant et que tu l'éclaires lorsque les nuages cachent le ciel; je flatte la nuit au teint noir en lui disant que tu dores le soir lorsque les étoiles brillantes n'étincellent pas. Mais le jour pousse journellement mes chagrins plus loin, et la nuit me fait nuitamment sentir plus fortement la force de ma douleur.

XXIX

Disgracié de la fortune et des hommes, bien souvent je suis tout seul à pleurer ma condition de paria; alors je trouble le ciel sourd de mes cris inutiles, je m'absorbe dans la pensée de mon sort, je maudis ma destinée, je souhaite d'être semblable à un tel qui est plus riche en espérances, d'avoir son visage, de posséder les mêmes amis, et peu satisfait de ce dont je jouis le plus, je désire le talent de celui-ci, le champ d'action de celui-là : cependant au milieu de ces pensées où je me méprise presque moi-même, il m'arrive de penser à toi, et alors mon âme, pareille à l'alouette qui s'envole de la morne terre à la pointe du jour, va chanter aux portes du ciel des hymnes de reconnaissance pour ma présente condition; car le souvenir de ton doux amour apporte avec lui une telle richesse qu'alors je dédaigne de changer mon sort contre celui des rois.

XXX

Lorsque devant les assises de la douce pensée silencieuse je cite à comparaître les souvenirs des choses passées, je soupire à l'absence de bien des choses que j'ai cherchées, et en même temps que mes vieilles douleurs je déplore de nouveau le gaspillage de mon temps précieux : alors mes yeux qui ne sont pas habitués à se mouiller se noient de pleurs pour de chers amis ensevelis dans la nuit éternelle de la mort; je verse de nouvelles larmes pour les blessures dès longtemps cicatrisées de l'affection, je me lamente sur la disparition de tant de spectacles évanouis, je m'afflige des afflictions passées, et je dresse tristement malheur après malheur le triste compte des gémissements précédemment poussés, compte que je paye de nouveau comme si je ne l'avais pas payé déjà. Mais si en ce moment-là je pense à toi, cher ami, toutes les pertes sont réparées et tous les chagrins prennent fin.

XXXI

Ta poitrine est enrichie de tous les cœurs que j'avais supposés morts après les avoir perdus; l'amour y règne, et toutes les aimantes qualités de l'amour y règnent aussi, et tous ces amis que je croyais ensevelis. Combien de pieuses larmes de deuil l'amour tendrement religieux n'a-t-il pas arrachées de mes yeux, comme gage de souvenir pour des morts qui maintenant ne m'apparaissent plus que comme des êtres qui ont simplement changé de place et se sont cachés en toi! Tu es le tombeau où dort l'amour enseveli, tombeau paré des trophées de mes amours passés qui t'ont donné toute la part qu'ils possédaient de moi; à toi seul est maintenant cette richesse de plusieurs : je vois en toi leurs images que j'aimais, et toi qui les contiens tous, tu me possèdes tout entier.

XXXII

Si tu survis à mes jours heureusement remplis, lorsque cette brutale mort aura couvert mes os de poussière, et si par heureux hasard tu relis ces pauvres vers bien imparfaits de ton ami défunt, compare-les alors aux produits plus polis de cette future époque, et malgré que tu les trouves vaincus par toute plume, conserve-les cependant pour mon amitié, non pour leur valeur dépassée par l'excellence de talents plus heureux. Oh! accorde-moi alors seulement cette pensée d'amitié : « Si la Muse de mon ami avait grandi avec cet âge grandissant, son amour aurait accouché d'un meilleur enfant digne de marcher dans les rangs d'un meilleur cortége; mais puisqu'il est mort et qu'il se rencontre de meilleurs poëtes, je lirai leurs vers pour leur style, les siens pour son amour. »

XXXIII

Bien des fois j'ai vu le jour glorieux flatter de son œil souverain les sommets des montagnes, baiser de sa face radieuse les vertes prairies, dorer les pâles ruisseaux par une alchimie divine ; puis tout à coup il permettait aux plus vils nuages de faire passer leur hideux brouillard sur sa face céleste, et cachant son visage au monde délaissé, il se glissait invisible à l'occident sous ce voile de disgrâce : c'est ainsi que mon soleil a brillé un matin sur mon front avec toute sa triomphante splendeur ; mais, hélas! il ne fut à moi qu'une heure, et la région des nuages l'a maintenant masqué à mes yeux. Cependant mon amour ne le méprise pas pour cela ; les soleils de ce monde peuvent bien s'obscurcir, puisque le soleil du ciel s'éclipse.

XXXIV

Pourquoi m'as-tu promis un si beau jour et m'as-tu fait voyager sans mon manteau, si c'était pour permettre aux nuages de me surprendre en route en cachant ta beauté sous leurs brouillards corrompus? Ce n'est pas assez de percer le nuage pour sécher la pluie sur mon visage battu de la tempête ; car personne ne peut parler avec bonheur d'un baume qui guérit la blessure et ne guérit pas la disgrâce : ta honte ne peut davantage porter remède à mon chagrin; quoique tu te repentes, la perte ne m'en reste pas moins : le chagrin de l'offenseur n'apporte qu'un faible soulagement à celui qui supporte la violente contrariété de l'offense. Ah oui! mais ces larmes que répand ton amour sont des perles, et elles sont riches et rachètent toutes mauvaises actions.

XXXV

N'aie plus chagrin de ce que tu as fait : les roses ont leurs épines, les fontaines argentées leur vase; des nuages et des éclipses tachent également le soleil et la lune, et l'odieux ver se cache dans le plus doux bouton. Tous les hommes font des fautes, et moi-même j'en commets une à ce moment même, en légitimant ta faute par la comparaison, en me corrompant moi-même, en absolvant ta transgression, en excusant tes péchés plus qu'ils ne le méritent ; car je donne l'aide de mon sens à ta faute sensuelle, et ta partie adverse devenant ton avocat, je commence contre moi-même ce plaidoyer : il y a une telle guerre civile entre mon amour et ma haine, que je suis fatalement entraîné à être complice de ce doux voleur qui me dérobe si âprement de moi-même.

XXXVI

Permets-moi de confesser que nous devons être séparés quoique nos amours indivisibles ne soient qu'un ; de la sorte toutes ces taches qui pèsent sur moi seront portées par moi seul sans ton secours. Entre nos deux amours il n'y a qu'un seul respect, quoiqu'il y ait dans nos existences une fatalité qui les sépare, fatalité qui, bien qu'elle n'altère pas l'unique objet de l'amour, dérobe cependant au plaisir de l'amour de douces heures. Il m'est interdit de jamais t'avouer, de crainte que ma culpabilité proclamée ne te fasse honte, et toi tu ne peux m'honorer publiquement de ta tendresse, à moins d'effacer de ton nom cet honneur qui l'entoure : mais n'agis pas ainsi, je t'aime de telle sorte, qu'étant mienne, mien est ton bon renom.

XXXVII

De même qu'un père décrépit prend plaisir à voir son enfant actif accomplir les actes de la jeunesse, ainsi moi, estropié par le plus cruel mépris de la fortune, je tire toute ma consolation de ta dignité et de ta loyauté ; car que ce soit la naissance, ou la beauté, ou la richesse, ou l'esprit, ou n'importe lequel de ces biens, ou tous ensemble, ou plus encore, qui ennoblis par toi trônent en toi couronnés, j'accroche mon amour à ce trésor : je ne suis plus alors boiteux, pauvre, ni méprisé, puisque cette ombre me donne une telle substance que je suis repu de ton abondance, et que je vis d'une partie de ta gloire. Cherche ce qu'il y a de meilleur, c'est ce meilleur que je te souhaite : — or ce souhait je le possède ; oh ! je suis dix fois heureux !

XXXVIII

Comment ma Muse pourrait-elle manquer de sujets d'invention tant que tu respires, toi qui répands dans mes vers tes propres douces pensées, trop exquises pour qu'un vulgaire papier les répète? Oh ! adresse-toi à toi-même des remercîments si quelque chose digne d'être lu venant de moi tombe sous tes yeux, car qui donc serait assez muet pour ne pouvoir t'écrire lorsque c'est toi-même qui donnes l'étincelle à l'invention ? Sois la dixième Muse, Muse dix fois plus glorieuse que les neuf anciennes qu'invoquent les rimeurs, et que celui qui t'invoquera enfante des vers éternels qui survivent aux longs siècles. Si ma Muse légère parvient à plaire à ces jours au goût difficile, que la peine soit à moi, et qu'à toi soit la louange.

XXXIX

Oh ! comment pourrais-je chanter dignement ton mérite lorsque tu es toute la meilleure partie de moi-même? Qu'est-ce que ma propre louange peut m'ajouter à moi-même ? et que fais-je lorsque je te loue sinon me louer moi-même ? Vivons séparés rien que pour cette raison, et que notre cher amour perde le nom d'unique, afin que par cette séparation je puisse te donner ce qui t'est dû, et ce que tu mérites seul. Ô absence, quel tourment tu serais si ton aigre loisir ne donnait pas la douce facilité de passer le temps dans des pensées d'amour, occupation qui si doucement trompe le temps et les pensées, — et si tu ne m'enseignais à faire deux d'un seul en louant celui qui demeure loin d'ici !

XL

Prends toutes mes affections, mon ami, oui, prends-les toutes; qu'est-ce que tu as maintenant de plus que ce que tu avais déjà? Ce n'est nul amour, ami, que tu puisses appeler véritable amour ; tout ce qui était à moi était à toi avant que tu eusses ce surplus. Ainsi, si tu reçois mon amour pour l'amour de moi, je ne puis te blâmer d'user de la sorte de mon amour; sois blâmé cependant si tu te trompes toi-même en goûtant capricieusement à ce que tu refuses toi-même. Je te pardonne ton larcin, gentil larron, quoique tu voles toute ma pauvreté; et cependant, l'amour le sait, c'est un plus grand chagrin de supporter les torts de l'amour que l'injure connue de la haine. Une grâce lascive chez laquelle tout mal prend une belle forme me tue par ses dédains; cependant nous ne devons pas être ennemis.

XLI

Ces gentils péchés que commet ta liberté lorsque parfois je suis absent de ton cœur, vont bien à ta beauté et à tes années, car la tentation t'accompagne partout où tu vas. Tu es noble et fait par conséquent pour être conquis, tu es beau et par conséquent fait pour être assailli, et lorsqu'une femme fait les avances, quel est le fils de la femme qui la quittera aigrement avant qu'elle ait triomphé? Hélas de moi! mais cependant tu pourrais bien respecter mon logis, et gourmander ta beauté et ta jeunesse errante qui dans leur fougue te conduisent à une situation où tu es obligé de violer deux fidélités, la sienne par le fait de ta beauté qui tente ses désirs, la tienne par ta beauté qui est fausse envers moi.

XLII

Tout mon chagrin n'est pas que tu la possèdes, et cependant on peut dire que je l'aimais tendrement; la plus grande de mes douleurs, la perte d'amour qui me touche de plus près, c'est qu'elle te possède. Amants qui m'offensez, je vous excuserai ainsi : — tu l'aimes parce que tu sais que je l'aime, et c'est par amour pour moi qu'elle me joue de la sorte en permettant à mon ami de justifier sa conduite par son amour pour moi. Si je te perds, ma perte est le gain de ma bien-aimée ; si je la perds, mon ami a trouvé cette perte ; tous deux vous vous trouvez l'un l'autre, et moi je vous perds tous les deux, et c'est à ma considération que tous deux vous m'imposez cette souffrance : mais voici où est le sujet de joie, — mon ami et moi ne faisons qu'un ; douce flatterie ! — en ce cas elle n'aime que moi seul.

XLIII

Lorsque je ferme le plus les yeux, c'est alors qu'ils y voient le mieux, car tout le jour ils contemplent des choses qui ne les touchent pas ; mais lorsque je dors, ils te contemplent dans mes rêves, et ténébreusement lumineux, ils regardent brillants au sein des ténèbres. Ô toi dont l'ombre fait lumineuses les ombres, puisque ton fantôme brille ainsi devant les yeux aveuglés, quel heureux spectacle présenterait à la clarté du jour la forme de ton ombre illuminée de ta lumière plus claire encore ! Combien, dis-je, mes yeux ne seraient-ils pas bénis s'ils te contemplaient au sein du jour vivant, puisque dans la mort de la nuit l'ombre imparfaite de ta beauté s'arrête sur mes yeux sans vision à travers le lourd sommeil ! Tous les jours sont des nuits pour ma vue jusqu'à ce que je te voie, et toutes les nuits des jours brillants lorsque les rêves te montrent à moi.

XLIV

Si la lourde substance de ma chair était ma pensée, l'injurieuse distance n'arrêterait pas ma marche, car en dépit de l'espace je serais porté des limites les plus lointaines aux lieux où tu demeures. Il n'y aurait plus entre nous de matière quand bien même mon pied foulerait la terre la plus éloignée qui me séparerait de toi ; car l'agile pensée peut franchir la terre et la mer aussi vite que penser la place où elle voudrait être. Mais hélas ! cette pensée me tue de n'être pas la pensée pour franchir de vastes étendues de miles lorsque tu es loin de moi, et d'être obligé d'attendre au sein des gémissements le bon vouloir du temps; car je suis composé à un tel degré de terre et d'eau, que je ne reçois rien de ces lourds éléments, si ce n'est des larmes amères, gages des douleurs de tous les deux.

XLV

Les deux autres éléments de mon être, l'air léger et le feu purifiant, sont avec toi, en quelque lieu que je réside; le premier, ma pensée, l'autre, mon désir, présents et absents à la fois, glissent dans l'espace avec une vive agilité. Lorsque ces éléments plus subtils sont partis pour aller auprès de toi en tendre ambassade d'amour, ma vie qui est composée des quatre, restant avec deux, s'affaisse dans la mort, opprimée qu'elle est par la mélancolie, jusqu'à ce que l'équilibre de la vie me soit redonné par ces vifs messagers qui reviennent d'auprès de toi, assurés du bon état de ta santé et m'en portant les nouvelles : ce message entendu, je suis tout en joie; mais bientôt cette joie s'éteint, et alors je les renvoie de nouveau auprès de toi, et soudain je redeviens triste.

XLVI

Mon œil et mon cœur sont en guerre mortelle pour savoir comment diviser la conquête de ta personne; mon œil voudrait interdire à mon cœur la vue de ton image, mon cœur nie à mon œil la légitimité de ce droit. Mon cœur plaide en disant que tu reposes en lui, cabinet que ne pénètrent jamais des yeux de cristal, mais le défendant nie cette allégation et dit qu'en lui réside ta belle apparence. Pour décider ce débat, un jury de pensers tous tenanciers du cœur est rassemblé, et par leur verdict sont déterminées la part de l'œil clair et celle du tendre cœur : le verdict est ainsi rendu : — ce qui est dû à mon œil c'est ton aspect extérieur, et le droit de mon cœur c'est l'amour intime de ton cœur.

XLVII

Mon cœur et mon œil ont fait maintenant une ligue et se rendent mutuellement de bons services : lorsque mon œil a faim d'un regard ou que mon cœur amoureux s'étouffe de soupirs, alors mon œil festoie avec l'image de ma bien-aimée et invite mon cœur à ce banquet en peinture ; une autre fois c'est mon œil qui est l'hôte de mon cœur et prend part à ses pensées d'amour ; en sorte que soit par ton image ou par mon amour, tu es toujours, quoique absente, présente avec moi ; car tu ne peux aller plus loin que ne vont mes pensées, et je suis toujours avec elles, et elles sont toujours avec toi, ou si elles sommeillent, ton image qui est dans ma vue réveille mon cœur, à la joie de mon cœur et de mon œil.

XLVIII

Combien soigneux je fus, lorsque je partis, de placer sous les plus fidèles verrous la moindre bagatelle afin qu'à l'abri des mains déloyales, elle pût rester sans être touchée pour mon futur service dans des dépôts sûrs et éprouvés : mais toi, à côté de qui tous mes bijoux sont des bagatelles, toi ma plus noble consolation et maintenant mon plus grand chagrin, toi, le meilleur de ce que j'ai de plus cher, et mon unique souci, tu restes la proie de tout voleur vulgaire. Je ne t'ai enfermée dans aucune cassette, excepté dans celle où tu n'es pas, quoique je sente que tu y sois, dans le doux enclos de ma poitrine d'où tu peux sortir et où tu peux entrer à ton plaisir ; mais je crains bien que tu ne sois dérobée même de là, car en face d'une si riche proie la loyauté devient voleuse.

XLIX

Contre le temps, si ce temps vient jamais, où je te verrai froncer le sourcil devant mes défauts, où ton amour aura versé sa dernière somme, sollicité qu'il sera à faire ce compte par des considérations prudentes ; contre ce temps où tu passeras comme un étranger devant moi et où tu me salueras à peine de ton œil, ce soleil ; contre ce temps où l'amour complétement changé en son contraire trouvera des raisons d'une sagesse obligée ; contre ce temps possible je me fortifie d'avance par la connaissance de ce que je vaux, et je lève ma main contre moi-même pour mettre de ton côté les raisons légales : tu as l'autorité des lois pour quitter mon pauvre individu, puisque je ne puis alléguer aucune raison d'être aimé.

L

Combien tristement je chemine, lorsque ce que je cherche, — la fin de mon pénible voyage, — invite l'aisance et le repos désirés à dire : « Voilà maintenant que tant de miles te séparent de ton ami ! » La bête qui me porte, fatiguée de ma douleur, marche laborieusement sous le poids de ce fardeau qui est en moi, comme si le pauvre animal comprenait par instinct que son cavalier n'aime pas la rapidité puisqu'elle l'éloigne de toi : le sanglant éperon que la colère enfonce quelquefois dans son cuir ne peut parvenir à l'exciter ; sourdement il y répond par un gémissement plus aigu pour moi que l'éperon ne l'est pour son côté ; car ce gémissement me remet en pensée que mon chagrin marche en avant et que ma joie reste en arrière.

LI

Mon amour peut ainsi excuser l'offense de lenteur commise par mon paresseux coursier lorsque je m'éloigne de toi : pourquoi aurais-je hâte de m'éloigner de là d'où tu es ? jusqu'à ce que je revienne, il n'est pas nécessaire de faire diligence. Ô quelle excuse ma pauvre bête pourra-t-elle trouver, lorsque la plus extrême rapidité ne semblera que lenteur ? Alors j'éperonnerai, fussé-je monté sur le vent ; dans ma rapidité ailée tout mouvement échappera à mes sens : alors il n'y aura pas de cheval qui puisse tenir le pas avec mon désir ; aussi le désir formé du plus parfait amour et non d'une chair pesante hennira-t-il dans sa course fougueuse ; mais l'amour excusera ainsi ma rosse par amour : puisque m'emportant loin de toi, il marcha avec une lenteur volontaire, moi je courrai en retournant vers toi, et je lui donnerai permission d'aller.

LII

Je suis comme le riche dont la bienheureuse clef peut lui ouvrir l'accès de son bien-aimé trésor enfermé, trésor qu'il ne va pas visiter à toute heure de crainte d'émousser la fine pointe du plaisir rarement goûté. C'est pourquoi les fêtes sont si solennelles et si recherchées, parce que venant rarement, elles sont espacées en petit nombre dans la longue chaîne de l'année comme des pierres précieuses ou les pièces principales dans un collier. Le temps qui vous garde loin de moi est comme ma cassette, ou comme la garde-robe qui cache le manteau pour remplir d'un plaisir tout particulier quelque minute particulière en faisant ressortir encore une fois aux yeux sa splendeur emprisonnée. Bienheureuse êtes-vous, vous dont le mérite est d'une telle étendue que possédée vous donnez le triomphe, et absente l'espérance.

LIII

Quelle est votre substance, de quoi êtes-vous faite pour que des millions d'aspects étrangers se trouvent en vous réunis. Chacun étant un être unique n'a qu'un seul aspect, et vous qui êtes également un être unique, vous pouvez présenter tous les aspects. Décrivez Adonis, et son portrait ne semblera qu'une pauvre imitation d'après votre personne ; qu'on place tous les artifices de la beauté sur la joue d'Hélène, et voilà que nous retrouvons chez vous tous les charmes de la Grèce nouvellement reproduits : parlerons-nous du printemps et de la saison fertile de l'année, l'un nous présente l'ombre de votre beauté extérieure, l'autre l'image de votre générosité, et nous vous reconnaissons dans toute heureuse forme. Vous avez une part dans toute grâce extérieure, mais vous ne ressemblez à personne, et personne ne vous ressemble pour la constance du cœur.

LIV

Ô comme la beauté semble plus belle par le doux ornement que lui donne la vérité! La rose est belle d'aspect, mais nous l'estimons plus belle encore par la douce odeur qui vit en elle. Les églantines possèdent une couleur presque aussi foncée que la teinture parfumée des roses, elles sont suspendues aux mêmes tiges épineuses, et se balancent aussi voluptueusement quand le souffle de l'été entr'ouvre leurs boutons marqués ; mais leur aspect seul fait toute leur vertu, elles vivent sans être aimées, se flétrissent sans qu'on leur porte attention, et meurent solitaires. Les douces roses ne sont pas ainsi ; de leur douce mort on tire les plus douces odeurs. Ainsi de vous, beau et aimable jeune homme, quand votre beauté déclinera, mes vers distilleront votre loyauté.

LV

Ni le marbre, ni les monuments dorés des princes ne vivront aussi longtemps que ces vers puissants ; mais vous brillerez plus éclatant dans ces nombres que ces ouvrages de pierre abandonnés à la poussière et noircis par le temps qui les souille. Lorsque la guerre dévastatrice renversera leurs statues et les déracinera dans leurs fondements, ni l'épée de Mars, ni le feu rapide de la guerre ne consumeront le souvenir vivant de votre mémoire. Vous vous avancerez fièrement en face de la mort et de l'oublieuse envie ; votre louange brillera aux yeux de toutes les générations qui se succéderont jusqu'au jugement dernier. Ainsi jusqu'à ce que le jugement vous réveille, vous vivrez dans mes vers et dans les yeux des amants.

LVI

Doux amour, renouvelle ta force ; ne permets pas qu'on dise que ta pointe peut être plus facilement émoussée que l'appétit, qui abattu aujourd'hui pour s'être rassasié, se relèvera demain avec sa première vivacité. Sois ainsi, amour ; bien qu'aujourd'hui tu aies rassasié tes yeux affamés jusqu'à les rendre aveugles d'excès de vision, recommence à y voir demain, et ne tue pas l'âme de l'amour sous une trop longue hébétude. Que ce triste intervalle soit comme l'océan qui sépare deux terres, et sur les rives duquel viennent chaque jour deux nouveaux fiancés, afin que lorsqu'ils verront le retour de ce qu'ils aiment, sa vue leur cause une joie plus grande ; ou bien encore appelle cet intervalle l'hiver dont l'excès de tristesse rend le retour de l'été trois fois plus désirable, trois fois plus rare.

LVII

Puisque je suis votre esclave, qu'ai-je autre chose à faire qu'attendre le loisir et l'heure de votre désir ? Je n'ai ni temps précieux à dépenser, ni devoirs à remplir jusqu'à ce que vous m'appeliez. Je n'ose pas m'impatienter contre les heures sans fin, ô vous ma souveraine, lorsque je contemple l'horloge en vous attendant, ni penser que l'absence est bien amère quand vous avez dit adieu à votre serviteur ; je n'ose pas questionner mes pensées jalouses pour savoir où vous pouvez être et où vos affaires vous supposent ; mais comme un triste esclave je reste au logis et je ne pense à rien, sinon combien vous rendez heureux ceux auprès de qui vous êtes. L'amour est un fou si loyal que quoi que vous puissiez faire, il ne veut voir aucun mal dans ce que vous faites.

LVIII

Le Dieu qui me fit d'abord votre esclave me défendit de contrôler en pensée vos plaisirs et de vous demander compte de vos heures, puisque je suis votre vassal, tenu d'attendre votre loisir ! Ô puisque je suis sous votre commandement, donnez-moi la force de souffrir la prison d'absence que m'impose votre liberté, et que la patience, faite à souffrir, supporte toute réprimande sans vous accuser d'injure ! Allez où bon vous semblera, vos franchises sont si grandes que vous pouvez privilégier vos heures de toutes les libertés qu'il vous plaira : faites ce que vous voudrez, il vous appartient de vous pardonner vous-même des crimes que vous commettez contre vous-même. Je dois vous attendre, quoique attendre ainsi soit l'enfer, non blâmer votre plaisir, qu'il soit bon ou mauvais.

LIX

S'il n'y a rien de nouveau, si ce qui est a été déjà, combien se trompent nos cerveaux qui, travaillant pour inventer, portent par méprise le fardeau d'un enfant déjà né ! Ô comme je voudrais que la mémoire, jetant son regard en arrière et remontant même au delà de cinq cents courses du soleil, pût me montrer votre visage dans quelque livre antique, puisque l'âme fut d'abord exprimée par des lettres, afin que je pusse voir ce que le vieux monde aurait pu dire de ce miracle de la composition de votre personne, et que je pusse apprendre si nous avons progressé, ou s'ils valaient mieux que nous, ou si les révolutions du temps ont laissé les choses en même état. Ô j'en suis sûr, les beaux esprits des anciens jours ont donné la louange de leur admiration à de pires sujets!

LX

Comme les vagues se dirigent vers le rivage peuplé de cailloux, ainsi nos minutes se hâtent vers leur fin; chacune change de place avec celle qui la précède, et toutes tendent en avant par leur travail successif. L'enfance, entourée d'une mer de lumière, marche à petits pas vers l'âge mûr; arrivé à ce point l'homme reçoit sa couronne, puis des éclipses tortueuses luttent contre sa gloire, et le temps détruit alors les dons qu'il avait faits. Le temps perce la florissante surface de la jeunesse, et creuse des parallèles sur le front de la beauté; il se nourrit des raretés de la loyale nature, et tout ce qui existe attend le tranchant de sa faux; cependant mes vers subsisteront dans un temps qui n'est encore qu'une espérance, et loueront tes mérites en dépit de sa cruelle main.

LXI

Est-ce ta volonté que ton image tienne ouvertes mes paupières pesantes tout le long de la nuit fatigante? Désires-tu que mon sommeil soit interrompu pendant que des ombres qui te ressemblent viennent railler mes yeux de leurs illusions? Est-ce ton esprit que tu renvoies hors de toi, si loin de sa demeure, pour espionner mes actes, pour me découvrir des hontes et des heures de dissipation, prétexte et mobile de ta jalousie? Oh non! ton amour quoique fort n'est pas aussi grand ; c'est mon amour qui tient mes yeux ouverts, mon propre fidèle amour qui m'interdit le repos afin de me faire remplir pour toi le rôle de veilleur de nuit : car je t'observe tandis que tu veilles ailleurs, loin de moi, et trop, trop près de certains autres.

LXII

Le péché d'amour de soi possède tout mon œil, et toute mon âme, et tous mes sens, et il n'y a pas de remède pour ce péché tant il est enraciné dans mon cœur. Il me semble qu'il n'y a pas de visage aussi gracieux que le mien, de forme aussi belle, de fidélité d'un tel prix, et je me définis si bien pour moi-même mon propre mérite, que je surpasse tous les autres en tout genre de mérite. Mais lorsque mon miroir me montre tel que je suis, avachi et ridé par l'âge, c'est tout au rebours que je lis mon amour de moi-même ; aimer ainsi un pareil *moi* serait inique. C'est toi qui es moi-même, c'est toi que je loue croyant me louer moi-même, et peignant mon âge de la beauté de ta jeunesse.

LXIII

Un jour viendra où mon ami sera, comme je le suis maintenant, usé et écrasé par la main du temps, où les heures auront bu son sang et rempli son front de lignes et de rides, où son aube matinale aura rejoint dans son voyage la nuit profonde de la vieillesse, où tous ces charmes dont il est maintenant roi seront en train de disparaître, ou auront disparu en effet en emportant avec eux le trésor de son printemps ; mais d'avance je me rassure pour cette heure future contre le cruel poignard de l'âge destructeur par la pensée qu'il ne pourra retrancher du souvenir la beauté de mon doux ami, quoiqu'il puisse atteindre la vie de mon ami : sa beauté apparaîtra toujours dans ces lignes noires, elles vivront toujours jeunes, et lui vivra en elles toujours jeune aussi.

LXIV

Lorsque je vois la cruelle main du temps effacer les riches et orgueilleuses somptuosités des siècles ensevelis; lorsque je contemple les tours jadis altières renversées sur le sol, et que je vois que l'airain est lui-même l'esclave éternel d'une rage mortelle; lorsque je vois l'océan affamé gagner avantage sur le domaine du rivage, et le sol solide s'étendre aux dépens de la masse liquide, le gain sortant ainsi de la perte et la perte du gain; lorsque je considère que les forces font de tels échanges, et qu'elles sont elles-mêmes soumises au déclin, le spectacle de la ruine me suggère que le temps marchera et m'enlèvera mon ami. Cette pensée est comme une mort; car elle ne peut se retenir de pleurer parce qu'elle possède ce qu'elle craint de perdre.

LXV

Puisqu'il n'est pas d'airain, de pierre, de terre, ni de mer sans bornes dont la triste mort ne dépasse le pouvoir, comment la beauté soutiendra-t-elle ses droits, elle dont la force n'est pas plus grande que celle d'une fleur? Ô comment le souffle de miel de l'été soutiendra-t-il le siége inévitablement fatal des jours qui le battent en brèche, lorsqu'il n'est pas de rocs imprenables assez solides, ni de portes de fer assez fortes pour que le temps ne les renverse pas? Ô redoutable méditation! Où donc, hélas! pourrait-on cacher le plus beau joyau du temps pour le dérober à la cassette du temps? Quelle main serait assez forte pour ramener en arrière le pied agile du temps? ou qui pourrait lui interdire cette destruction qu'il fait de la beauté? Oh! il n'y a point de remède, à moins que n'ait lieu ce miracle du resplendissement de mon amour à travers l'encre noire de mes vers.

LXVI

Fatigué de tout ce que présente le spectacle du monde,

j'appelle la mort qui donne le repos, quand je vois le mérite né dans la condition de mendiant et le misérable néant tout épanoui de contentement, la foi la plus pure indignement parjurée, l'éclat de l'honneur honteusement mal placé, la vertu virginale grossièrement prostituée, la parfaite justice injustement disgraciée, le pouvoir détruit par un maladroit exercice, l'art réduit au mutisme par l'autorité, la sottise se donnant des airs doctoraux et contrôlant l'habileté, la simple vérité nommée niaiserie, et le Bien captif marchant à la suite du capitaine Mal: oui, fatigué de tout cela, je voudrais en être délivré, si en mourant il ne me fallait pas laisser seul mon ami.

LXVII

Ô pourquoi donc vivrait-il avec la peste et ferait-il à l'impiété l'honneur de sa présence? Pourquoi le péché tirerait-il avantage de sa personne et s'embellirait-il de sa société? Pourquoi un fard menteur chercherait-il à copier ses joues et à dérober l'apparence morte de sa couleur vivante? Pourquoi la pauvre beauté chercherait-elle par des voies détournées des roses apparentes puisque la sienne est réelle? Pourquoi vivrait-il maintenant que la nature est banqueroutière, et s'est appauvrie de sang capable de rougir à travers des veines vivantes? car la nature n'a pas à cette heure d'autre trésor que le sien, et si elle est fière de beaucoup, c'est sur ses gains à lui qu'elle vit seulement. Oh c'est qu'elle le conserve afin de montrer quelle richesse elle avait dans les jours depuis longtemps passés, avant ces derniers jours si mauvais.

LXVIII

Son visage est donc la mappemonde des jours écoulés où la beauté vivait et mourait comme les fleurs vivent et meurent maintenant, avant que ces artifices de beauté fussent inventés ou osassent habiter sur un front vivant, avant que les tresses dorées des morts, droit des sépulcres, fussent coupées pour vivre une seconde vie sur une seconde tête[1], avant que la toison morte d'une beauté servît à en orner une autre : en lui on contemple ces saints jours d'autrefois, car il est sans ornements, il est lui-même, il est vrai, il ne se fait pas un été factice de la verdure d'autrui ; il ne dérobe pas de vieux ornements pour rehausser à neuf sa beauté ; aussi la nature le conserve-t-elle comme une mappemonde pour montrer à l'art menteur ce que la beauté était autrefois.

LXIX

Dans toutes celles de tes perfections que contemple l'œil du monde, il ne manque rien que le désir du cœur voulût corriger. Toutes les langues (ces voix des âmes) en te rendant cette justice n'expriment que la vérité toute nue, comme des ennemis seraient eux-mêmes forcés de le faire. Ton apparence extérieure est ainsi couronnée par une louange extérieure ; mais les mêmes gens qui te donnent ce qui t'appartient détruisent cette louange par d'autres paroles en pénétrant au delà ce que présente l'œil. Ils regardent la beauté de ton âme et la mesurent en conjecture par tes actions ; et rustres qu'ils sont, quoique leurs yeux restent pleins d'admiration, leurs pensées ajoutent à ta belle fleur la puante odeur des mauvaises herbes. Mais pourquoi ton odeur ne répond-elle pas à ton extérieur ; la réponse est celle-ci : — tu pousses sur un terrain public.

LXX

Si tu es blâmé, on ne doit pas te tenir cela à défaut, car la beauté fut toujours le point de mire de la calomnie. L'ornement de la beauté est le soupçon, corbeau qui vole dans le plus doux air du ciel. Vertueux, la calomnie ne fait que prouver d'autant mieux ton mérite, puisqu'elle te représente comme l'idole de ton temps ; car le ver du

---

1. Nous avons déjà vu dans *le Marchand de Venise* Shakespeare faire une allusion satirique à cette mode des fausses chevelures qui naquit, dit-on, d'une pensée de flatterie envers la reine Élisabeth. Comme elle était d'un blond très-ardent, toutes les élégantes tinrent à honneur de posséder une chevelure rousse. On voit par ce sonnet que les hommes avaient suivi l'exemple donné par les femmes.

vice aime les plus doux bourgeons, et tu lui présentes un printemps d'une pureté sans tache. Si tu as passé au travers des embuscades de la jeunesse sans être assailli, ou vainqueur lorsque tu étais attaqué, cette louange ne peut t'appartenir assez en propre pour enchaîner une envie toujours plus élargie. Si quelque soupçon de mal ne masquait pas ton éclat, tu posséderais seul tous les royaumes des cœurs.

LXXI

Lorsque je serai mort ne pleurez pas plus longtemps sur moi que vous n'entendrez le sombre glas funèbre donner avertissement aux hommes que je me suis enfui de ce vil monde pour aller habiter avec les vers encore plus vils : bien plus, si vous lisez ces lignes, ne vous rappelez pas la main qui les écrivit, car je vous aime tant que si penser à moi devait vous causer de la douleur, je voudrais être enseveli dans l'oubli de vos douces pensées. Oui, dis-je, si vous regardez ces vers lorsque je serai peut-être déjà mêlé à l'argile, ne répétez pas même mon pauvre nom, mais laissez votre amour périr en même temps que ma vie, de crainte que le sage monde ne scrute vos gémissements, et ne se serve de moi pour vous railler lorsque je serai parti.

LXXII

Ô de peur que le monde ne vous presse pour vous faire dire quel mérite était en moi qui me valait votre amour, oubliez-moi aussitôt que je serai mort, cher ami; car vous ne pourriez montrer en moi rien ayant valeur; à moins que vous n'eussiez recours à quelque vertueux mensonge, afin de me donner plus que mon mérite, et d'attacher à ma mémoire plus de louanges que la parcimonieuse vérité ne consentirait à m'en donner. Ô de crainte que votre véridique amour ne semble faux en parlant bien de moi par affection en dépit de la vérité, que mon nom soit enseveli avec mon corps et ne survive pas pour répandre la honte soit sur moi, soit sur vous; car j'ai honte des choses que je produis, et vous devriez avoir honte d'aimer des choses sans aucune valeur.

LXXIII

Tu peux contempler en moi cette saison de l'année où les feuilles jaunies, rares quand elles ne sont pas tout à fait absentes, pendent à des rameaux qui tremblent sous les vents froids, chœurs ruinés et dépouillés où tout récemment chantaient les doux oiseaux. Tu vois en moi le crépuscule du jour quand après le coucher du soleil il se fond à l'occident, et que peu à peu il est enseveli par la nuit sombre, seconde mort qui scelle toutes choses du repos. Tu vois en moi le dernier éclat d'un feu qui gît sur les cendres de sa jeunesse, comme sur le lit de mort où il doit expirer consumé par cela même qui le nourrissait. C'est là ce que tu aperçois, et c'est ce qui rend ton amour plus fort, parce que tu veux bien aimer ce que tu seras obligé de laisser avant longtemps.

LXXIV

Cependant sois tranquille : lorsque ce cruel arrêt contre lequel il n'est pas de recours possible m'enlèvera, ma vie laissera dans ces lignes un certain héritage qui te restera à toujours comme souvenir. Lorsque tu les reparcourras, tu reparcourras la partie de moi qui te fut véritablement consacrée : la terre ne peut avoir que la terre, et c'est là ce qui lui est dû ; mais mon esprit, la meilleure partie de moi-même, est à toi : ainsi lorsque mon corps sera mort, tu n'auras rien perdu, si ce n'est la lie de la vie, la proie des vers, la lâche conquête du poignard d'un scélérat, quelque chose de trop vil pour qu'il vaille la peine que tu en gardes le souvenir. Il n'a de valeur que par ce qu'il contient, et ce qu'il contient est mon esprit, et mon esprit reste avec toi.

LXXV

Vous êtes pour mes pensées ce que la nourriture est pour la vie, ce que les douces ondées du printemps sont pour la terre, et pour votre paix je soutiens une guerre analogue à celle qui se livre entre un avare et sa richesse; en ce moment je suis gonflé de l'orgueil d'un possesseur, et puis tout à coup je redoute que le temps rapace ne me dérobe son trésor; tout à l'heure je ne connais pas de joie comparable à celle d'être seul avec vous, et l'instant d'après je suis plus satisfait si le monde peut voir mon plaisir; quelquefois me voici tout plein d'aise pour m'être nourri de vous contempler, et puis voilà que de nouveau j'ai le plus extrême appétit d'un regard : je ne possède et je ne poursuis aucun plaisir, excepté ceux que je trouve en vous ou que je puis tirer de vous. C'est ainsi que tour à tour, successivement, je suis affamé ou repu, dévorant tout en glouton, ou privé de tout.

LXXVI

Pourquoi ma poésie se montre-t-elle si peu désireuse d'inventions nouvelles, pourquoi se montre-t-elle si éloignée et de toute variation et de tout vif changement? Pourquoi, avec notre époque, ne ressens-je pas la tentation de diriger ma pensée sur des procédés poétiques récemment découverts, ou sur des combinaisons poétiques nouvelles? Pourquoi est-ce que je m'obstine à écrire une seule chose, toujours la même, et à garder mon invention toujours dans le même costume connu, si bien que chaque mot me dit presque mon nom, me montre son origine et me dit où il tend? Ô sachez-le, cher bien-aimé, c'est que c'est de vous que j'écris toujours, et que vous et l'amour vous êtes mon éternel sujet : aussi tout mon talent consiste-t-il à costumer de neuf les anciennes paroles, et à dépenser encore ce que j'ai déjà dépensé : car de même que le soleil est chaque jour vieux et nouveau, ainsi mon amour répète toujours ce qui a été dit.

LXXVII

Ton miroir te montrera comment ta beauté se fane, ton cadran comment tes précieuses minutes se dissipent;

ces feuilles encore blanches porteront les impressions de ton esprit, et tu pourras recevoir de ce cahier l'instruction que je vais dire[1]. Les rides que te montrera véridiquement ton miroir te mettront en mémoire les tombeaux à la gueule avide; ton cadran t'informera par la suite de ses ombres des progrès de ce larron de temps dans son voyage vers l'éternité. Ce que ta mémoire ne pourra retenir, vois, confie-le à ces feuilles vierges, et tu découvriras que ces enfants sortis de ton cerveau, et ainsi élevés, te feront faire une nouvelle connaissance de ton propre esprit. Ces occupations aussi souvent que tu t'y livreras te profiteront et enrichiront beaucoup ton livre.

LXXVIII.

Je t'ai si souvent invoqué pour ma Muse, et j'ai trouvé en toi pour mes vers une si généreuse assistance, que toutes les autres plumes m'ont imité à l'envi, et produisent leurs poésies sous tes auspices. Tes yeux qui ont appris au muet à chanter sur les cimes et à la pesante ignorance à voler sur les hauteurs, ont ajouté des plumes à l'aile de la science et donné une double grâce à la majesté. Cependant sois fier avant tout des choses que j'enfante, car l'influence en est tienne et elles sont nées de toi : tout ce que tu fais aux ouvrages des autres c'est de purifier leur style, et d'embellir leur art de tes grâces; mais tu es tout mon art, et tu as élevé ma grossière ignorance aussi haut que la science.

LXXIX

Tant que je fus seul à faire appel à ton secours, ma poésie eut seule toute ta noble grâce; mais aujourd'hui mes vers gracieux déclinent et ma Muse malade doit céder la place à une autre. J'accorde, doux ami, que le

---

1. Probablement ce sonnet fut écrit pour accompagner le présent d'un carnet composé de pages blanches. Lord Orrery envoya à Swift un cadeau du même genre à un anniversaire de naissance avec une pièce de vers ayant le même sens. (STEEVENS.) Malone ajoute à cette note : « Cette conjecture me semble extrêmement probable. Nous apprenons par le 122me sonnet que Shakespeare reçut aussi un *memento* de son ami. »

thème aimable de ta personne mérite le travail d'une plume plus digne; cependant tout ce que l'invention de ton poëte écrit sur toi, elle te l'a dérobé et ne fait que te le rendre. Ton poëte te prête la vertu, mais ce mot il l'a dérobé à ta conduite; il te donne la beauté, mais il l'a trouvée sur ta joue; il ne peut te décerner aucune louange dont la matière ne vive en toi. Ainsi ne le remercie pas pour ce qu'il dit, puisque ce qu'il te doit c'est toi-même qui le payes.

LXXX

Oh comme je tremble lorsque j'écris sur vous, sachant qu'un esprit bien supérieur au mien use de votre nom, et dépense toute sa force pour vous louer, de manière à me lier la langue lorsque je veux parler de votre renommée! Mais puisque votre noblesse, immense comme l'Océan, porte la plus humble comme la plus orgueilleuse voile, ma barque téméraire bien inférieure à la sienne veut se hasarder sur votre large sein. Le secours de vos eaux les plus basses suffira pour me tenir à flot, tandis que lui naviguera sur vos profondeurs insondables : il se peut que je naufrage; mais je ne suis qu'un bateau sans valeur, tandis que lui est un vaisseau de belle construction et de fière apparence : donc si je naufrage et s'il prospère, le pire sera ceci, — que mon amour fut ma perte [1].

LXXXI

Ou je vivrai pour faire votre épitaphe, ou vous survivrez lorsque je serai pourri dans la terre; mais la mort ne peut effacer votre souvenir de ce monde, quoique tout ce qui est de moi soit condamné à être oublié. Votre nom jouira d'une vie immortelle ici-bas, bien que moi, une fois parti, je doive mourir pour tout le monde : la terre ne peut me donner qu'une fosse vulgaire, tandis

---

1. Quel est ce magnifique vaisseau, ou autrement dit ce grand esprit, dont Shakespeare veut parler? Malone, conjecturant que ces sonnets ont été écrits dans la première jeunesse du poëte, suppose qu'il s'agit de Spenser; d'autres nomment Drayton ou Daniel.

que vous, vous aurez une tombe qu'admireront les yeux de tous les hommes. Votre monument sera mes doux vers que liront des yeux qui ne sont pas encore créés, et les langues à venir s'entretiendront de votre personne, lorsque seront morts tous ceux qui respirent aujourd'hui ; alors vous vivrez encore — telle est la vertu de ma plume — là où le souffle de la vie abonde le plus, c'est-à-dire dans les bouches des hommes.

LXXXII

Je t'accorde que tu n'étais pas marié à ma Muse et que par conséquent tu peux sans offense jeter les yeux sur les dédicaces dont les écrivains ont coutume d'honorer ta personne, beau thème de leurs vers qui porte bonheur à tout livre. Tu es aussi beau par la science que par le teint, ton mérite va bien plus loin que ne peut atteindre ma louange, tu es donc forcé de chercher ailleurs quelque nouveau portrait de toi exécuté d'après les nouvelles méthodes de ces jours en progrès. Fais ainsi, mon ami ; et cependant, lorsqu'ils auront épuisé toutes les ressources ampoulées que peut fournir la rhétorique, il se trouvera que ta véritable beauté n'aura été véritablement sentie que dans les vers véridiquement sincères de ton véridique ami, et que leur grossière peinture à eux aurait été mieux employée là où les joues manquent de sang ; — employée pour te peindre, elle est un abus.

LXXXIII

Je ne me suis jamais aperçu que vous eussiez besoin de peinture, et c'est pourquoi je n'ai jamais ajouté de fard à votre beauté ; je me suis aperçu, ou j'ai cru m'apercevoir, que vous excédiez l'offre stérile de ce que peut donner un poëte ; aussi suis-je resté coi à votre égard, afin que vous pussiez bien montrer par le fait de votre propre existence à quel point une plume vulgaire qui veut parler de noblesse reste au-dessous de la noblesse qui brille en vous. Vous m'avez imputé à péché ce silence, et cependant être resté muet sera ma meilleure gloire ; car en restant muet je n'ai pas fait tort à votre beauté, tandis que d'autres en voulant donner la vie ouvrent une tombe. Il y a plus de vie dans un de vos beaux yeux que vos deux poëtes ne peuvent en imaginer à votre louange.

LXXXIV

Vous seul êtes vous ; — qui donc en dit plus, qu'est-ce qui pourrait en dire davantage que cette riche louange ? Entre quelles frontières est donc enfermé le trésor qui pourrait montrer où votre égal a vécu ? Elle est bien maigre et bien pauvre la plume qui ne peut prêter à son sujet une petite gloire ; mais celui qui écrit sur vous, s'il peut dire seulement qui vous êtes vous-même, embellit à ce point son sujet qu'il n'a qu'à copier ce qui est écrit en vous sans altérer ce que la nature a fait si nettement, pour que cette copie rende illustre son esprit et que son style soit admiré partout. Mais à vos adorables dons bénis vous ajoutez vous-même une malédiction en raffolant de la louange, défaut qui gâte vos louanges.

LXXXV

Ma Muse à la langue liée persiste à se tenir en réserve, tandis qu'une plume d'or continue à retracer dans des phrases précieuses corrigées par toutes les Muses, les commentaires richement entassés de votre louange. Je médite de bonnes pensées tandis que d'autres écrivent de bonnes paroles, et comme un clerc illettré, je réponds *Amen* à tout hymne qui sort sous une forme polie de la plume bien taillée d'un habile esprit. En vous entendant louer, je dis « c'est cela, c'est la vérité, » et j'ajoute encore quelque chose à la plus forte louange ; mais ce surplus reste dans mon âme, dont l'affection pour vous continue à tenir sa place en tête tandis que les mots restent en queue. Ainsi donc faites cas des autres pour le vent de leurs paroles, et de moi pour mes pensées muettes qui parlent par leurs effets.

LXXXVI

Est-ce l'essor majestueux de sa grande poésie voguant à pleines voiles à la conquête de votre trop précieuse personne qui a refoulé dans mon cerveau mes pensées mûres pour en sortir, et leur a donné pour tombe le sein où elles avaient grandi? Est-ce son esprit, instruit à la poésie par des esprits supérieurs à l'atteinte des mortels, qui m'a frappé de mort? Non, ni lui, ni ses compères qui lui prêtent leur aide pendant la nuit n'ont effrayé mon vers. Non, ni lui, ni cet aimable esprit familier qui pendant la nuit le gorge d'informations ne peuvent se vanter de mon silence comme d'une victoire ; ce n'est aucune crainte venue de ce côté qui m'a rendu malade ; mais lorsque votre faveur donna l'essor à ses vers, la matière me manqua et cela affaiblit les miens.

LXXXVII

Adieu! tu es d'un trop grand prix pour que je te possède, et tu ne sais que trop bien ta valeur : le privilége de ta dignité te permet de te dégager, et mes droits sur toi ont tous pris fin. En quoi ai-je pouvoir sur toi, si ce n'est par ta permission? et en quoi est-ce que je mérite une telle richesse? Le principe de ce beau don n'est pas en moi, en sorte que voilà ma concession qui m'échappe. Tu te donnas ne connaissant pas alors ta propre valeur, ou en te méprenant sur moi à qui tu t'es donné, en sorte que ton précieux présent, fait par méprise, retourne à sa source, sur meilleur jugement. Je t'ai possédé comme dans un rêve flatteur ; roi pendant mon sommeil, je m'éveille, et tout a disparu.

LXXXVIII

Lorsque tu seras disposé à me traiter légèrement et à placer mon mérite sous l'œil du mépris, je combattrai pour toi contre moi-même, et je prouverai que tu es vertueux, quoique tu sois parjure. Connaissant mieux que personne ma faiblesse, je dresserai pour t'excuser la liste des fautes cachées dont je suis coupable, en sorte qu'en me perdant tu gagneras beaucoup de gloire, et que je gagnerai moi aussi par cette conduite; car si je dirige sur toi toutes mes pensées amies, les injures que je me fais à moi-même, te portant avantage, me portent doublement avantage à moi-même. Tel est mon amour; je t'appartiens si pleinement, que pour te faire droit je consens à me charger de tout tort.

LXXXIX

Dis que tu m'as abandonné pour certaine faute, et mes commentaires affirmeront cette faute; reproche-moi d'être estropié, et soudain je boiterai, sans opposer à tes prétextes aucune défense. Tu ne peux, mon amour, me traiter aussi mal pour donner une excuse au changement que tu désires, que je ne puis me traiter mal moi-même : connaissant ta volonté, je réprimerai toute familiarité et je prendrai l'air d'un étranger; absente-toi de tes promenades, et ton doux nom bien-aimé ne retentira plus sur ma langue, de peur que je ne lui fasse tort, trop profane que je suis, et qu'il ne m'arrive de parler par accident de notre vieille intimité. A cause de toi je me vouerai inimitié à moi-même, car je ne dois jamais aimer celui que tu hais.

XC

Eh bien, hais-moi quand il te plaira; si tu dois me haïr jamais, que ce soit maintenant; maintenant que le monde s'acharne à traverser mes desseins, joins-toi à la malice de la fortune, fais-moi ployer, et ne viens pas plus tard m'accabler d'une perte suprême. Oh lorsque mon cœur aura échappé à ce chagrin, ne viens pas servir d'arrière-garde à un malheur dompté! Ne donne pas à une nuit de vent une matinée de pluie pour retarder une chute décidée. Si tu veux me quitter, ne me quitte pas à la fin, alors que les autres petits chagrins auront assouvi leur malice, mais viens dès le premier assaut; de la sorte je goûterai du premier coup ce qu'a de pis la puissance de la fortune, et tous les autres coups du malheur, qui semblent aujourd'hui des malheurs, comparés à ta perte ne paraîtront plus tels.

XCI

Les uns tirent gloire de leur naissance, les autres de leur habileté; ceux-ci de leur richesse, ceux-là de leur force corporelle; quelques-uns de leurs vêtements, même quand la nouvelle mode en est laide; certains de leurs faucons et de leurs chiens, et certains de leurs chevaux; chaque caractère a son divertissement adéquat où il trouve une joie supérieure à toutes les autres : mais tous ces biens particuliers ne sont pas ma mesure, et je les surpasse tous en les confondant dans un bien général qui leur est supérieur. Ton amour est pour moi meilleur qu'une haute naissance, plus riche que l'opulence, plus magnifique que les somptueux vêtements, plus fécond en plaisirs que les faucons ou les chevaux. En te possédant je puis me vanter de posséder tout ce qui fait l'orgueil des hommes, et je ne suis misérable qu'en ceci, que tu peux me retirer tous ces biens et me rendre très-misérable.

XCII

Mais fais ce que tu pourras de pis pour t'échapper, tu m'es assurée pour tout le temps de ma vie, et ma vie ne durera pas plus longtemps que ton amour, car elle dépend de cet amour même. Je n'ai donc pas besoin de craindre le pire des maux, puisque ma vie doit finir avec le moindre. Je vois que je suis assuré d'une meilleure condition que celle qui dépend de ton humeur; comment ton âme inconstante pourrait-elle me troubler, alors que ma vie tient à ta révolte même. Oh quel heureux privilége je me découvre, heureux de posséder ton amour, heureux de mourir par ton amour! Mais quel est le bien, aussi béni soit-il, qui ne craigne aucune tache? — tu peux être infidèle, et moi l'ignorer cependant.

XCIII

Je vivrai donc, en te supposant fidèle, comme un mari

trompé ; ton visage plein d'amour pourra me sembler encore rayonner d'amour pour moi quoique tes dispositions soient changées ; tes regards seront encore avec moi, ton cœur en quelque autre lieu, car la haine ne peut vivre dans ton œil, et par conséquent je ne pourrai pas y lire ton changement. Chez beaucoup l'histoire d'un cœur perfide est écrite dans les regards, écrite dans des moues, des froncements de sourcils, des grimaces étranges ; mais lorsqu'il te créa le ciel décida que le doux amour habiterait à perpétuité sur ton visage, et que quelles que fussent les pensées ou les œuvres de ton cœur, tes regards n'en laisseraient rien voir et n'exprimeraient jamais que douceur. Comme ta beauté ressemble à la pomme d'Eve si ta douce vertu ne répond pas à ton apparence !

XCIV

Ceux qui ont le pouvoir de faire du mal et qui n'en font aucun, ceux qui ne commettent pas l'action dont ils semblent menacer le plus, ceux qui tout en émouvant les autres sont eux-mêmes comme la pierre, froids, immuables et lents à la tentation, ceux-là héritent légitimement des grâces du ciel et se montrent bons ménagers des richesses de la nature ; ils sont les souverains et les possesseurs de leurs personnes, les autres au contraire ne sont que les intendants de leurs perfections. La fleur de l'été est douce pour l'été quoique pour elle-même son destin soit de vivre et de mourir ; mais si cette fleur est atteinte par la vile infection, la plus basse des herbes surpasse sa dignité : car les plus douces choses s'aigrissent par la contagion de leurs actes ; les lis qui pourrissent sentent bien plus mauvais que les herbes vulgaires [1].

---

1. *Lilies that fester smell worse than weeds*. Ce vers se trouve littéralement dans un drame anonyme de 1596 sur *Édouard III*. M. Staunton croit que peut-être c'était une locution proverbiale ; mais comme les sonnets quoique composés pour la plupart pendant la jeunesse de Shakespeare n'ont été publiés qu'en 1609, peut-être ce vers est-il simplement une réminiscence involontaire.

XCV

Comme tu rends douce et aimable la honte qui, pareille au ver logé dans la rose odorante, tache la beauté de ton renom épanoui ! Ô dans quelles douceurs tu sais envelopper tes péchés ! La langue même qui raconte l'histoire de ta vie et qui fait sur tes plaisirs des commentaires lascifs ne parvient à te blâmer que par une manière de louange ; prononcer ton nom suffit pour embellir un mauvais rapport. Ô de quel palais se sont emparés ces vices lorsqu'ils ont choisi pour leur demeure ta personne où le voile de la beauté couvre toute tache et où toutes les choses que les yeux peuvent voir se transforment en beautés ! Ménage, mon cher cœur, cet immense privilége ; les couteaux les meilleurs, quand on s'en sert mal, perdent leur tranchant.

XCVI

Quelques-uns disent que ton défaut est la jeunesse, d'autres que c'est une nature capricieuse ; certains disent que ta grâce est la jeunesse et l'aimable enjouement ; grâce et défauts sont également aimés des grands et des petits : tu changes en grâces les défauts qui t'appartiennent. Comme le bijou le plus commun sera tenu pour être d'un grand prix s'il est au doigt d'une reine, ainsi les erreurs que l'on remarque en toi sont transformées en vérités et tenues pour choses légitimes. Combien d'agneaux le loup cruel ne pourrait-il pas trahir, s'il donnait à ses regards l'expression de ceux de l'agneau ! Combien d'admirateurs ne pourrais-tu pas égarer, si tu voulais employer toute la puissance de ta condition ! Mais n'agis pas ainsi, je t'aime de telle sorte, que m'appartenant, ta bonne renommée m'appartient aussi.

XCVII

Combien pareille à un hiver a été mon absence loin de toi, de toi la volupté de l'année fugitive ! Quelles gelées j'ai ressenties, que de jours sombres j'ai vus ! Quelle stérilité du vieux Décembre tout autour de moi! Et cependant le temps de cette absence était celui de l'été et du fertile automne lourd de sa riche progéniture et portant le fardeau des amours du printemps comme les veuves enceintes après la mort de leurs maris : mais cette abondante postérité ne me semblait qu'espoir d'orphelins et fruits sans pères ; car l'été et ses plaisirs l'accompagnent, et en ton absence les oiseaux même restent muets, ou s'ils chantent, c'est avec une joie si contrainte que les feuilles en pâlissent, redoutant les approches de l'hiver.

XCVIII

J'ai été absent loin de vous pendant le printemps, alors que l'orgueilleux Avril aux multiples couleurs, vêtu de tous ses atours, avait mis en toutes choses un tel esprit de jeunesse, que le lourd Saturne riait et sautait avec lui. Cependant ni les chants des oiseaux ni la douce odeur des fleurs différentes par le parfum et la couleur n'ont pu m'arracher un refrain d'été, ni me décider à les cueillir sur le sein altier où elles croissaient. Je n'ai pas admiré la blancheur du lis; je n'ai pas loué le vermillon foncé de la rose. Toutes ces choses n'étaient que des douceurs, de simples figures du plaisir, dessinées d'après vous, modèle d'elles toutes. Il semblait que l'hiver régnât encore, et puisque vous étiez absente, j'ai badiné avec toutes ces choses comme avec votre ombre.

XCIX

J'ai grondé comme voici la précoce violette : — Douce voleuse, où as-tu dérobé ton parfum qui embaume, si ce n'est à l'haleine de ma bien-aimée? Cette couleur pourpre qui est ton orgueil et compose le teint de ta douce joue, tu l'as tout grossièrement puisée dans les veines de ma bien-aimée. J'ai condamné le lis en faveur de la blancheur de ta main, et les boutons de marjolaine pour avoir volé ta chevelure. Les roses se tenaient tremblantes sur leurs épines, l'une rougissant de honte, l'autre blanche de désespoir; une troisième, qui n'était ni rouge, ni blanche, avait dérobé quelque chose des deux autres, et à son larcin avait ajouté ton haleine; mais pour punir son vol, un ver vengeur caché au centre de son orgueilleuse beauté épanouie, la rongeait jusqu'au cœur. Je remarquai encore d'autres fleurs, cependant je n'en vis aucune qui ne t'eût dérobé son parfum ou sa couleur.

C

Où donc es-tu, Muse, pour oublier si longtemps de parler de ce qui te donne toute ta puissance? Dépenses-tu ta furie poétique à quelque indigne chant, et assombris-tu ta verve pour fournir ta lumière à de vils sujets? Reviens, Muse oublieuse, et répare sur-le-champ par des vers gracieux le temps que tu as si paresseusement dépensé; chante pour l'oreille qui sait estimer tes accents, et redonne à ta plume talent et matière à la fois. Lève-toi, Muse paresseuse, pour contempler le doux visage de mon amour, et voir si le temps y a gravé quelque ride. Si tu en découvres quelqu'une, prends-la pour sujet d'une satire sur la décadence des choses, et fais mépriser en tous lieux les conquêtes du temps. Que grâce à toi la renommée de mon amour vole plus vite que le temps ne détruit la vie; tu préviendras ainsi la faucille et la serpe du temps.

CI

Ô Muse vagabonde, quelle excuse feras-tu pour négliger ainsi la vérité resplendissante de beauté? Vérité et beauté à la fois dépendent de mon amour, et toi tu en dépends aussi, et c'est là ta dignité. Réponds, Muse; peut-être diras-tu: « La vérité n'a pas besoin d'une autre couleur ajoutée à sa couleur propre, la beauté n'a pas besoin de pinceau pour fixer la vérité de la beauté; ce qui est parfait n'en est que plus excellent lorsqu'on lui épargne tout mélange. » Resteras-tu muette, parce qu'il n'a pas besoin de louange? N'excuse pas ainsi ton silence, car il dépend de toi de le faire survivre bien longtemps à la tombe dorée, et de lui attirer les louanges des siècles à venir. Ainsi, Muse, fais ton office; je t'enseigne la façon de le faire apparaître aux yeux de la postérité tel qu'il est aujourd'hui.

CII

Mon amour s'est accru, quoiqu'il se soit affaibli en apparence; je n'aime pas moins, quoique j'en fasse moindre montre; il est marchandise, l'amour dont la bouche de son possesseur publie en tout lieu la riche valeur. Notre amour était dans sa nouveauté, et dans son tout premier printemps, lorsque j'avais coutume de le saluer de mes chants, pareil à Philomèle, qui chante au commencement de l'été et qui arrête sa voix lorsque arrive la saison plus mûre. Ce n'est pas que l'été soit moins délicieux alors qu'à l'époque où ses hymnes passionnés faisaient faire silence à la nuit, mais c'est qu'une ardente musique retentit à ce moment-là sur tout rameau, et que les choses exquises, en devenant communes, perdent leur prix et leur attrait. C'est pourquoi, comme Philomèle, je retiens quelquefois ma langue, parce que je ne veux pas vous ennuyer par mes chants.

CIII

Hélas! de quelles pauvretés accouche ma Muse qui possède cependant un si vaste sujet pour déployer son orgueil, ce sujet qui tout nu a plus de valeur par lui-même que lorsque ma louange s'y est ajoutée. Ô ne me blâmez pas si je ne puis écrire davantage! Regardez dans votre miroir, et vous y apercevrez un visage qui bat à plate couture mon impuissante imagination, qui frappe mes vers de stupidité et me couvre de confusion. Ne serait-ce point péché que de gâter, en essayant de l'embellir, un sujet qui était déjà beau par lui-même? car mes vers ne tendent à d'autre but que de dire vos grâces et vos dons, et votre miroir, lorsque vous y regardez, vous en montre plus, bien plus que vous n'en trouveriez dans mes vers.

CIV

Pour moi, mon bel ami, vous ne pouvez jamais être vieux, car tel vous étiez lorsque mon œil vous vit pour la première fois, telle votre beauté me semble encore. Le froid de trois hivers a fait tomber des forêts l'orgueil de trois étés; trois beaux printemps se sont fondus dans trois automnes jaunissants, et j'ai vu, dans le cours des saisons, trois juins brûlants consumer les parfums de trois avrils, depuis le jour où, pour la première fois, je vous contemplai dans toute votre fraîcheur, vous qui êtes bien vert encore. Ah cependant la beauté, comme l'aiguille d'un cadran, se dérobe peu à peu sans qu'on voie sa marche! De même la douce couleur de vos joues qui, me semble-t-il, ne change pas, ne reste pas immobile, et il se peut que mon œil se trompe aussi. Par crainte de cette déception, écoute ceci, âge encore à naître : avant que tu fusses né, l'été de la beauté était déjà mort.

CV

Qu'on n'appelle pas mon amour idolâtrie, et que son cher objet n'apparaisse pas comme une idole, parce que tous mes chants et toutes mes louanges ne s'adressent qu'à un seul, ne parlent que d'un seul, toujours le même, et toujours de même façon. Tendre est aujourd'hui mon ami, tendre il sera demain, toujours constant dans une merveilleuse excellence; c'est pourquoi mes vers sont parqués dans la constance, n'expriment qu'une seule chose, et laissent tout ce qui en diffère. Beau, tendre, sincère, voilà tout mon sujet; beau, tendre, sincère, mots qu'il s'agit de varier par d'autres paroles, et toute mon invention se dépense à ce changement qui, fondant trois thèmes en un seul, m'offre un champ merveilleusement vaste. Beauté, tendresse, sincérité, ont souvent vécu séparées; mais, jusqu'à ce jour, elles n'avaient jamais été réunies en un seul.

CVI

Quand, dans les chroniques des temps écoulés, je lis

des descriptions des très-belles personnes, et que je vois de beaux génies faisant de beaux vieux vers à la louange de Dames mortes et d'aimables chevaliers, alors, dans le panégyrique des perfections de ces charmantes beautés, de la main, du pied, de la lèvre, de l'œil, du front, je découvre que leur antique plume a voulu exprimer une beauté pareille à celle que vous possédez aujourd'hui. Ainsi, toutes leurs louanges ne sont que des prophéties de notre époque présente, et toutes vous présagent; et comme ils ne voyaient qu'avec les yeux de la divination, ils n'ont pas été assez habiles pour chanter votre mérite; car nous, qui voyons ces jours actuels, nous avons des yeux pour nous émerveiller, mais nous manquons de langues capables de vous louer.

CVII

Ni mes propres craintes, ni les prévisions de l'âme du vaste univers rêvant aux choses à venir, ne peuvent assigner une durée à mon fidèle amour, ni le supposer condamné à une fin inévitable. La lune mortelle a subi son éclipse, et les tristes augures se raillent de leurs propres présages; les incertitudes se couronnent maintenant de certitude, et la paix annonce que les branches d'olivier seront éternelles. Maintenant mon amour paraît avec toute la fraîcheur de la rosée de ce temps embaumé, et la mort se résigne à mon pouvoir, puisque en dépit d'elle je vivrai dans ces pauvres vers, tandis qu'elle insultera à des tribus sourdes et sans voix : et toi aussi, tu trouveras ton monument dans ces vers, lorsque les cimiers des tyrans et les tombes de bronze auront disparu.

CVIII

Qu'est-ce que le cerveau peut inventer, qu'est-ce que l'encre peut retracer que mon fidèle esprit n'ait pas déjà dépeint pour toi? Qu'est-ce que je puis dire de nouveau, qu'est-ce que je puis écrire de nouveau pour exprimer mon amour ou ton précieux mérite? Rien, cher enfant; mais comme on récite chaque jour les prières divines, je dois chaque jour répéter la même chose, sans regarder comme vieux rien de ce qui est vieux, et dire, tu es mien, je suis tien, absolument comme le premier jour où j'ai salué ton beau nom. L'éternel amour enveloppé dans la jeune parure de l'amour, ne s'inquiète pas de la poussière ni des injures de l'âge, et ne donne pas place aux inévitables rides, mais fait à jamais son page du temps ancien, et retrouve la première pensée de l'amour à sa naissance, là où le temps et les formes extérieures voudraient le présenter mort.

CIX

Ô ne dis jamais que mon cœur fut infidèle, quoique l'absence ait semblé modérer ma flamme ! Je pourrais aussi aisément me séparer de moi-même que me séparer de mon âme qui vit dans ta poitrine. Là est le foyer de mon amour : si j'ai vagabondé, me voici de retour comme celui qui voyage ; de retour au temps exact, mais non changé par le temps. Ainsi j'apporte moi-même l'eau pour laver ma tache. Ô quoique aient régné dans ma nature toutes les fragilités qui assiégent les hommes de tous tempéraments, ne crois jamais qu'elle a pu se tacher d'une manière assez absurde pour échanger contre rien toute ta richesse ; car j'appelle rien ce vaste univers, à l'exception de toi, ma rose ; tu es mon tout dans l'univers.

CX

Hélas ! cela est vrai, j'ai erré de ci et de là, et j'ai joué, aux yeux de tous, un rôle d'arlequin ; j'ai assassiné mes propres sentiments, vendu à vil prix ce qui est très-précieux, et fait d'affections nouvelles de vieilles offenses. Il est très-vrai que j'ai regardé la vérité d'un œil oblique et bizarre ; mais, après tout, ces fautes ont donné à mon cœur une jeunesse nouvelle, et mes pires expériences m'ont prouvé que tu étais mon meilleur amour. Maintenant tout est fini, possède ce qui n'aura pas de terme. Jamais plus je n'exciterai mon appétit à de nouvelles aventures pour éprouver un ami ancien, un Dieu d'amour à qui je dois me borner. Ô toi qui es mon ciel le plus heureux, reçois-moi donc dans ton sein pur et très, très-aimant.

CXI

Ô pour l'amour de moi, grondez la Fortune, cette déesse qui est coupable de mes actes mauvais, elle qui n'a pas voulu pourvoir à mon existence par des moyens plus relevés que les subventions du public, condition qui engendre des manières vulgaires. Voilà pourquoi mon nom reçoit aujourd'hui une flétrissure, pourquoi ma nature, comme la main du teinturier, porte la marque de son travail. Ayez donc pitié de moi, et souhaitez que je sois renouvelé, tandis que moi, patient volontaire, je boirai des potions de vinaigre pour guérir ma forte infection [1] ; aucune amertume ne me paraîtra amère, aucune pénitence trop forte pour assurer ma correction. Ayez donc pitié de moi, cher ami, et je vous assure que votre pitié sera suffisante pour assurer ma guérison.

CXII

Votre amour et votre pitié effacent la marque que le scandale vulgaire avait imprimée sur mon front; peu m'importe qui m'appelle bon ou mauvais si vous recouvrez mon mal de votre indulgence et si vous approuvez mon bien. Vous êtes mon tout au monde, et c'est de votre bouche que je dois m'efforcer d'apprendre mes hontes ou mes louanges ; il n'existe personne d'autre que vous pour moi, et je n'importe à personne d'autre ; vous seul pouvez changer pour le bien ou pour le mal mes énergiques résolutions. Je jette dans un si profond abîme tout souci de l'opinion d'autrui que mes oreilles prudentes sont également sourdes aux paroles du critique et à celles du flatteur. Voyez comme mon indifférence est profonde ; — vous êtes si fortement enraciné dans mon âme, que vous seul excepté, le monde entier me semble mort.

---

1. Déjà à cette époque on considérait le vinaigre comme un préservatif contre la peste.

CXIII

Depuis que je vous ai quitté, mon œil est dans mon âme, et celui qui gouverne mes mouvements accomplit à demi sa fonction et reste à demi aveugle, a l'air de voir, mais est en effet absent; car il ne présente à mon cœur aucune figure de fleur ou d'oiseau, aucune forme quelconque dont mon cœur s'empare. L'esprit n'a point de part à sa rapide perception, et sa propre vision ne retient pas ce qu'elle saisit; car qu'il voie le spectacle le plus grossier ou le plus aimable, le plus doux visage ou la créature la plus difforme, la montagne ou la mer, le jour ou la nuit, le corbeau ou la colombe, il les revêt tous de votre forme. Incapable de faire davantage, toute pleine de vous, la parfaite fidélité de mon âme fait l'infidélité de mes yeux.

CXIV

Peut-être aussi mon âme, couronnée de votre image, boit-elle ce poison des monarques, la flatterie? Peut-être encore dois-je dire que mon œil ne ment pas, et que c'est aux leçons de votre amour qu'il doit cette alchimie qui fait de monstres et de choses informes des chérubins semblables à votre douce personne, et crée de toute chose mauvaise une perfection merveilleuse aussitôt que les objets se présentent sous sa vision? Oh! c'est la première supposition qui est la vraie; c'est une flatterie de ma vue, et ma grande âme la boit très-royalement : mon œil sait bien ce qui plaît au goût de mon âme, et il prépare la coupe à mon palais : est-elle empoisonnée? alors le péché est moindre, si mon œil aime cela et commence le premier.

CXV

Les vers que j'ai écrits jusqu'à présent ont menti, même ceux qui disaient que je ne pouvais vous aimer plus chèrement; mais mon jugement ne connaissait pas encore la cause qui devait faire que par la suite ma flamme dans sa pleine ardeur brûlerait plus claire encore. C'est que je me méfiais du temps dont les accidents innombrables se glissent entre les vœux jurés, changent les décrets des rois, flétrissent la sainte beauté, émoussent les résolutions les plus énergiques, détournent les esprits les plus robustes et les font marcher à la suite des changements des choses. Hélas! pourquoi, craignant la tyrannie du temps, n'ai-je pas dit alors : « c'est maintenant que je vous aime le mieux ; » puisque j'étais certain de l'incertitude des choses, pourquoi n'ai-je pas couronné le présent, en laissant tout le reste dans le doute? L'amour est un enfant, ne pouvais-je pas dire cela, et donner ainsi libre croissance à ce qui grandit toujours?

CXVI

Je ne saurais admettre d'obstacle au mariage des âmes fidèles. Ce n'est pas l'amour qu'un amour qui change quand il s'aperçoit qu'on change envers lui, ou qui consent à s'éloigner lorsqu'il voit qu'on s'éloigne. Ô non, l'amour est un phare toujours fixe qui contemple les tempêtes et n'est jamais ébranlé ; il est ce qu'est à toute barque errante l'étoile dont la valeur est inconnue, bien qu'on en connaisse la hauteur. L'amour n'est pas le fou du temps, bien que les lèvres et les joues de rose tombent sous le tranchant de sa faucille recourbée; l'amour ne s'altère pas avec les heures et les semaines rapides, mais il dure jusqu'à la fin des jours. Si c'est là une erreur, et qu'on puisse me la prouver, alors je n'ai jamais écrit, et aucun homme n'a jamais aimé.

CXVII

Accusez-moi d'avoir gaspillé tout ce qui devait me servir à payer vos grands mérites, d'avoir manqué d'assiduité envers votre très-cher amour auquel tant de liens m'enchaînent de jour en jour davantage, d'avoir trop fréquenté des âmes étrangères et jeté au temps vos droits trop chèrement achetés, d'avoir enfin livré mes voiles à tous les vents qui pouvaient me transporter le plus loin de votre vue. Notez à la fois ma folie capricieuse et mes erreurs, et aux preuves trop fondées ajoutez encore les conjectures, placez-moi sous la menace de votre courroux, mais ne me tuez pas de votre haine qui s'éveille, puisque je vous fais appel en vous disant que je me suis efforcé d'éprouver la constance et la vertu de votre amour.

CXVIII

De même que pour aiguiser notre appétit, nous excitons notre palais par de piquants composés ; de même que pour prévenir nos maux invisibles, nous nous rendons malades en nous purgeant, afin d'éviter la maladie ; ainsi moi, repu de vos douceurs dont on ne se lasse jamais, j'ai voulu me mettre au régime des sauces amères, et, malade de bien-être, j'ai cru convenable de troubler ma santé avant que cela fût nécessaire. Ainsi ma politique amoureuse, en voulant anticiper sur des maux qui n'étaient pas, a commis des fautes certaines, et elle a rendu les remèdes nécessaires à une santé parfaite qui, regorgeant de bien, a voulu se guérir par le mal. Mais j'ai appris par là cette leçon dont j'éprouve la vérité, c'est que les drogues empoisonnent ceux qui peuvent ainsi se fatiguer de vous.

CXIX

Oh combien j'ai bu de potions faites de larmes de sirènes distillées dans des alambics ignobles comme l'enfer lui-même ! Combien de fois j'ai uni les craintes aux espérances, et les espérances aux craintes, perdant toujours alors que je me voyais gagner ! Quelles misérables erreurs mon cœur n'a-t-il pas commises alors qu'il pensait n'avoir jamais été aussi heureux ! Combien mes yeux se sont égarés loin de leurs sphères dans le délire de cette fièvre de folie ! Ô bienfait du mal ! maintenant je reconnais que le bien est encore amélioré par le mal, et que l'édifice ruiné de l'amour, lorsqu'il est reconstruit, se dresse plus beau, plus solide, plus grand qu'il n'était d'abord. C'est ainsi que, châtié, je retourne à mon bonheur et que je gagne à mes fautes trois fois plus que je n'ai perdu.

CXX

C'est une excuse bienvenue pour moi à cette heure que vous ayez autrefois manqué de tendresse, et au souvenir du chagrin que je ressentis alors, il faudrait que mes nerfs fussent d'airain ou d'acier forgé pour que je ne me courbasse pas sous le poids de ma faute ; car si vous avez été ébranlée par mon ingratitude comme je le fus par la vôtre, vous avez passé un temps d'enfer, et moi, tyran que je suis, je ne me suis pas donné une minute de réflexion pour peser la douleur que me causa autrefois votre offense. Ah ! pourquoi votre nuit d'angoisse n'a-t-elle pas rappelé à mon plus profond sentiment combien le vrai chagrin fait mal, et ne m'a-t-elle pas porté à vous offrir aussi vite que vous me l'offrites alors l'humble baume qui guérit le cœur blessé ! Mais votre faute d'autrefois devient maintenant un gage pour moi ; ma faute rachète la vôtre, la vôtre doit racheter la mienne.

CXXI

Il est mieux d'être vil que d'être estimé vil, lorsqu'on est accusé d'être ce qu'on n'est pas, et que le plaisir le plus légitime est condamné non par notre sentiment, mais par la vue des autres : car à quel propos les yeux troubles et louches d'autrui viendraient-ils saluer les entraînements de mon sang ? et pourquoi mes fragilités seraient-elles observées par des espions plus fragiles encore qui tiennent pour mal ce que je tiens pour bien ? Non, je suis ce que je suis, et ceux qui critiquent mes fautes ne font que compter les leurs propres. Je puis être droit quoiqu'ils soient de travers, eux ; mes actions ne sont pas faites pour être appréciées par leurs pensées impures ; à moins que ces pensées ne se résument en cette conclusion d'un mal universel, — tous les hommes sont mauvais, et triomphent dans leur perversité.

CXXII

Ton cadeau, tes tablettes, sont déposées dans mon âme, pleine jusqu'aux bords d'un souvenir durable qui subsistera bien au delà de cette insignifiance du rang, bien au delà de toute date, jusque dans l'éternité même. Aussi longtemps, au moins, que mon cerveau et mon cœur conserveront de la nature la faculté d'exister, aussi longtemps qu'ils n'auront pas laissé tomber au gouffre de l'oubli la part qu'ils ont de toi, ton souvenir restera en moi ineffaçable. Ces pauvres tablettes n'en pourraient contenir autant, et je n'ai pas besoin de tailles pour faire le compte de ton cher amour; c'est pourquoi j'ai eu la hardiesse de les donner pour me confier à ces autres tablettes qui te contiennent bien davantage : conserver un auxiliaire pour me souvenir de toi serait impliquer que je puis t'oublier.

CXXIII

Non, temps, tu ne te vanteras pas que je change! Tes pyramides bâties avec une nouvelle puissance ne sont pour moi rien de nouveau, rien d'étrange, mais ne sont que de nouvelles formes d'un ancien spectacle. Nos existences sont courtes, c'est pourquoi nous admirons les vieilleries que tu nous imposes, et nous préférons croire qu'elles sont tout fraîchement nées pour obéir à nos désirs que réfléchir que nous en avons déjà entendu parler. Je vous défie, toi et tes registres; ni le présent ni le passé n'ont d'étonnements pour moi; car tes récits mentent aussi bien que les choses que nous voyons nous-mêmes, grandies ou diminuées comme elles le sont par ton perpétuel mouvement. Voici ce que je jure, c'est d'être fidèle, et cela sera, en dépit de ta faulx et de toi.

CXXIV

Si mon cher amour n'était que l'enfant de la grandeur, on pourrait le considérer comme le bâtard sans père de la fortune, soumis à l'amour du temps et à la haine du temps, herbe faite pour être cueillie parmi les herbes, fleur pour être cueillie parmi les fleurs. Non, ses fondements n'ont pas été jetés sur une chose accidentelle, il ne souffre pas dans la pompe souriante, il ne succombe sous le coup d'un mécontentement mesquin, selon que le temps et la mode peuvent l'y inviter ; il ne craint pas la politique, cette hérétique, dont le travail est enfermé dans un bail d'heures rapides et comptées ; mais il reste debout, suprême politique, qui ne grandit pas avec les beaux jours et ne se noie pas sous les jours pluvieux. J'en appelle à témoin les fous de ce temps qui meurent pour le bien, qui ont vécu pour le crime[1].

CXXV

En quoi pourrais-je me soucier de porter le dais, et de rendre par la partie extérieure de moi-même hommage à ce qui est extérieur ? Pourquoi jeter pour l'éternité de vastes fondements qui dureraient moins que la destruction ou la ruine ? N'ai-je pas vu les idolâtres de la forme et de la beauté, perdre tout et plus que tout en payant de trop lourds impôts, ne les ai-je pas vus, lamentables gagnants, se ruiner dans leurs contemplations, et oublier la saveur de la simplicité pour une douceur composée ? Non, c'est à ton cœur que veut s'adresser mon culte ; accepte son offrande, pauvre, mais pure et sans mélange, son amour qui ne connaît aucun art, qui ne connaît qu'un mutuel échange, moi pour toi, et c'est tout. Hors d'ici, dénonciateur suborné ! Plus une âme vraie est accusée, plus elle échappe à ton contrôle.

CXXVI

Ô toi, mon aimable enfant, qui tiens en ton pouvoir le miroir capricieux du temps, et l'heure sa faucille, toi qui

---

[1]. Il est assez difficile de comprendre ce que Shakespeare veut dire dans ces derniers vers, et quels sont ces fous du temps. Selon Steevens, il y aurait là une allusion à quelques-uns des martyrs puritains.

as grandi au prix de ta propre diminution, et qui nous montre par cela même tes amis se flétrissant à mesure que tu grandis, si la nature, souveraine maîtresse de toute décadence, persiste à vouloir te tirer en arrière à mesure que tu marches en avant, c'est qu'elle veut te conserver dans l'intention de montrer que son habileté peut déshonorer le temps et tuer les minutes maudites. Redoute-la cependant, ô toi favori de son bon plaisir! Elle peut bien retenir son trésor, mais non le conserver à toujours : l'heure de rendre ses comptes peut être retardée, mais viendra infailliblement, et sa seule manière de s'acquitter est de te restituer.

CXXVII

Dans le temps jadis, les personnes brunes n'étaient pas réputées belles, et quand elles l'étaient réellement, elles n'en portaient pas le nom; mais aujourd'hui les brunes sont bien les légitimes héritières de la beauté, et la beauté est déshonorée par une honte de bâtardise[1]; car depuis que chacune s'est avisée d'usurper sur le pouvoir de la nature, et d'embellir la laideur par une apparence menteuse empruntée à l'art[2], la douce beauté n'a plus de nom, plus de temple sacré[3], et vit profanée sinon disgraciée. Mais les cheveux de ma maîtresse sont d'un noir de corbeau[4],

---

1. Nous avons déjà rencontré bien des fois dans Shakespeare, notamment dans *Peines d'amour perdues* et *Othello*, des allusions à cette singulière opinion qui refusait la beauté aux brunes et la réservait aux seules blondes.
2. Allusion à la coutume qu'avaient alors les femmes de n'importe quelle couleur de se parer de chevelures rousses artificielles.
3. Le texte dit *holy hour*, heure sacrée ; mais nous adoptons la correction de l'édition Staunton qui veut qu'on lise *holy bower*, bosquet sacré, retraite sacrée. Ce bosquet, cette retraite, ce temple, c'est le corps où l'âme de la beauté s'est choisi un logement. Plusieurs fois Shakespeare a employé cette même expression, notamment dans *Roméo et Juliette*. Pourquoi, demande Juliette dans son désespoir, en apprenant que Tebaldo a été tué par Roméo, pourquoi as-tu *embocagé* (*embowered*) une telle âme de démon dans le mortel paradis d'une chair si charmante?
4. Le texte porte deux fois le mot yeux, *eyes*:

> my mistress' eyes are raven black,
> Her eyes so suited;

mais nous croyons à une erreur, et qu'il faut lire dans le premier vers, *hairs*, cheveux, au lieu de *eyes*.

ses yeux de même couleur, et ils semblent pleurer[1] sur celles qui n'étant pas nées belles, ne manquent cependant d'aucune beauté, calomniatrices qu'elles sont de la nature par la fausse opinion qu'elles donnent sur leur compte. Et cependant ces yeux en larmes sont si bien parés de leur douleur, que chacun s'écrie que ce regard devrait être celui de la beauté.

CXXVIII

Que de fois, lorsque toi qui es ma musique, tu joues sur ce bois bienheureux dont la sensibilité résonne sous tes aimables doigts, et que tu règles gentiment cette harmonie vibrante qui enivre mon oreille, n'ai-je pas envié ces touches qui sautent lestement pour baiser le tendre dessous de ta main, tandis que mes pauvres lèvres qui devraient recueillir cette moisson, restent là près de toi rougissantes, confondues qu'elles sont par la hardiesse de ce bois! pour être ainsi chatouillées, comme volontiers elles changeraient d'état et de situation avec ces touches dansantes sur lesquelles tes doigts se promènent avec une gentille agilité, rendant ainsi le bois mort plus heureux que des lèvres vivantes! Puisque ces touches impertinentes sont heureuses par ce moyen, donne-leur tes doigts à baiser, mais à moi, donne-moi tes lèvres[2].

CXXIX

La luxure en acte c'est la dépense de l'âme dans un abîme de honte, et lorsqu'elle a passé en acte la luxure est parjure, meurtrière, sanguinaire, pleine de blâmes, sauvage, excessive, brutale, cruelle, indigne de confiance. On n'en a pas plutôt joui, que soudain on la méprise; on la poursuit hors de toute raison, et on ne l'a pas plutôt satis-

---

1. *Mourners*, dit le texte; il est impossible de reproduire la nuance exacte de ce mot. Les *mourners* étaient les pleureurs aux funérailles, gens qui conduisaient le deuil. Shakespeare veut dire que les yeux de sa maîtresse étant noirs, sont par conséquent de la couleur voulue pour porter le deuil des fausses beautés.
2. L'instrument dont il est ici question est le clavecin primitif qu'on nommait *virginal*.

faite qu'on la hait au delà de toute raison, comme une amorce qu'on a avalée et qui était placée tout exprès pour rendre fou celui qui l'avalerait : c'est une folie dans la poursuite, et une folie dans la possession, elle est extrême à la fois dans le souvenir du plaisir passé, dans le présent de la jouissance, et dans l'appétit qui nous pousse à l'assouvir : d'avance c'est un bonheur, après c'est une véritable infortune ; d'abord c'est une joie qu'on se propose, ensuite ce n'est plus qu'un rêve. Tout cela le monde le sait parfaitement, cependant personne ne connaît le moyen d'éviter le ciel qui conduit les hommes à cet enfer.

CXXX

Les yeux de ma maîtresse ne sont rien comparés au soleil, et le corail est infiniment plus rouge que le rouge de ses lèvres : si la neige est blanche, eh bien alors ses seins sont ternes; si les cheveux sont des cordes, eh bien ce sont des cordes noires qui poussent sur sa tête. J'ai vu des roses qui se partageaient avec harmonie le blanc et le rouge, mais je n'ai pas vu de telles roses sur les joues de ma maîtresse, et il y a dans certains parfums plus de suavité que dans l'haleine qui s'échappe de ses lèvres. J'aime à l'entendre parler, cependant je sais parfaitement que la musique possède un son tout autrement délicieux ; j'accorde que je n'ai jamais vu marcher une déesse, mais ce que je sais, c'est que ma maîtresse, lorsqu'elle marche, foule la terre : et cependant, par le ciel, je pense que ma bien-aimée est aussi rare qu'aucune femme qu'on ait jamais trompée par des comparaisons menteuses !

CXXXI

Tu es aussi tyrannique, telle que tu es, que celles que leur beauté rend orgueilleusement cruelles, car tu sais trop bien que pour mon cœur tendre et affolé, tu es le plus beau et le plus précieux des joyaux. Oui, en bonne foi, il y en a, parmi ceux qui te voient, qui disent que ton visage n'a pas le pouvoir de faire gémir l'amour; je n'ose pas être assez hardi pour dire qu'ils errent, quoique je me jure en moi-même qu'ils ont raison. Et comme certitude que ce que je jure n'est point faux, dès que je pense à ton visage, mille gémissements se succédant l'un l'autre portent témoignage que ta couleur noire est à mon jugement la plus belle de toutes. Tu n'es noire en rien, si ce n'est par tes actes, et c'est de là, je le présume, que vient cette calomnie.

CXXXII.

J'aime tes yeux, et eux sachant que ton cœur me tourmente par ses dédains, se sont mis en deuil comme par pitié pour moi, et amants affligés, contemplent ma ruine avec une gentille compassion; et véritablement le soleil matinal du ciel ne rehausse pas aussi bien les joues grises de l'orient à l'aube, ni cette belle étoile qui introduit le soir dans le monde n'orne pas d'autant de gloire le couchant mélancolique, que ces deux yeux en noir n'ornent ton visage. Ô qu'il plaise aussi à ton cœur de se mettre en deuil pour moi, puisque le deuil t'embellit, et que ta pitié s'étende à toute ta personne! Alors je jurerai que la beauté elle-même est noire, et que toutes celles qui sont privées de ton teint sont laides.

CXXXIII

Maudit soit le cœur qui fait gémir mon cœur par la profonde blessure qu'il inflige à mon ami et à moi! N'était-ce pas assez de me torturer, et fallait-il encore enchaîner sous ton esclavage mon très-doux ami? Ton œil cruel m'a déjà séparé de moi-même, et voilà que plus cruellement encore tu t'es emparée de mon autre moi-même! Oh être éprouvé de la sorte est un triple tourment! Emprisonne mon cœur sous la garde de ton sein d'acier, mais permets à mon pauvre cœur d'être la caution du cœur de mon ami; que mon cœur soit la garde de celui qui me retient à jamais; tu ne pourras plus ainsi user de rigueur dans ma prison : et cependant c'est ce que tu feras, car étant emprisonné en toi, je suis à toi par force, moi et tout ce qui est en moi.

CXXXIV

Maintenant j'ai confessé qu'il est tien, et je me suis moi-même engagé à ta volonté ; je me livrerai moi-même pour que tu délivres cet autre moi afin qu'il continue à faire ma consolation : mais tu ne consens pas, et lui non plus ne veut pas être libre, car tu es cupide, et il est tendre. Il n'avait fait que s'essayer, afin de me servir de caution, à souscrire ce billet qui l'a si vite lié ; mais usurière qui mets toute chose à profit, tu veux exercer dans son entier tout le droit de ta beauté et tu réclames un ami qui s'est endetté pour moi ; ainsi je le perds par mon abusive ingratitude. Je l'ai perdu, tu nous possèdes à la fois lui et moi ; il paye la dette entière, et cependant je ne suis pas libre.

CXXXV

Quel que soit ton désir, tu as ta volonté, de la volonté à en revendre, de la volonté en surplus ; je ne suis donc que trop de reste, moi qui viens ainsi te tourmenter pour ajouter à ton aimable volonté. Ne voudras-tu pas, toi dont la volonté est vaste et spacieuse, me permettre une seule fois de cacher ma volonté dans la tienne ? La volonté semblera-t-elle toute gracieuse dans les autres, et jamais ma volonté ne sera-t-elle honorée d'une belle acceptation ? La mer, qui pourtant n'est qu'eau, reçoit encore la pluie, et malgré son abondance ajoute encore à sa plénitude ; veuille donc, toi qui es riche en volonté, ajouter à ta volonté une volonté mienne afin d'élargir ta volonté. Ne tue pas durement de belles suppliantes ; pense que tout n'est qu'un, et que cet un est moi dans un seul Will[1].

CXXXVI

Si ton âme te reproche de m'avoir laissé approcher si près, jure à ton âme aveugle que j'étais ta volonté, et ton âme sait bien que la volonté a logement chez elle ; ainsi

---

1. Ce sonnet et le suivant sont une longue série de calembours aussi amphigouriques qu'intraduisibles qui roulent sur la triple signification de *will* volonté, de *will* verbe auxiliaire marquant le futur, et de Will abréviation de William, prénom de Shakespeare.

donc par amour, chérie, exauce ma requête d'amour. La volonté remplira le trésor de ton amour; oui, remplis-le de volontés jusqu'aux bords et que ma volonté en soit une : nous sommes à l'aise avec les choses de large volume ; dans un grand nombre, on ne tient pas compte d'une unité. Ainsi laisse-moi passer inaperçu dans le nombre, bien que je doive compter pour un dans la somme de ta richesse : tiens-moi pour rien pourvu qu'il te plaise d'accorder que ce *rien* qui est moi est *quelque chose* d'agréable pour toi. Fais de mon nom ton amour, et aime ce nom; tu m'aimeras alors, car mon nom est Will.

CXXXVII

Amour, fou aveugle, qu'as-tu donc fait à mes yeux qu'ils regardent sans voir ce qu'ils voient? Ils savent ce qu'est la beauté, ils voient où elle se trouve, et cependant s'ils rencontrent le mieux ils le prennent pour le pire. Si les yeux, corrompus par des regards trop partiaux, ont jeté l'ancre dans la baie où entrent tous les hommes, pourquoi as-tu fait de ces mensonges des yeux des hameçons où le jugement de mon cœur s'est accroché? Pourquoi mon cœur regarde-t-il comme terrain réservé ce qu'il sait bien être le pâturage commun du vaste monde? Ou pourquoi, voyant cela, mes yeux ne disent-ils pas qu'il n'est point permis de placer la vile vérité sur une si laide face? Mon cœur et mes yeux ont erré dans les choses droites et vraies, et maintenant ils appartiennent en esclaves à cette maudite fausseté.

CXXXVIII

Lorsque ma bien-aimée me jure qu'elle est faite de vérité, bien que je sache qu'elle ment, je la crois afin qu'elle puisse me prendre pour quelque jeune homme naïf, sans expérience des menteuses subtilités du monde. Me plaisant ainsi à penser vainement qu'elle me croit jeune, quoiqu'elle sache bien que j'ai passé mes meilleurs jours, je fais simplement crédit à sa langue menteuse, et la simple vérité est supprimée de son côté comme du mien. Mais pourquoi ne dit-elle pas qu'elle est injuste? Et pourquoi est-ce que je ne dis pas que je suis vieux? Oh c'est que la meilleure habitude de l'amour est une apparente confiance, et que l'amour âgé n'aime pas qu'on compte ses années. C'est pourquoi je mens avec elle, et elle avec moi[1], et au sein de nos fautes nous sommes flattés par des mensonges.

CXXXIX

Ô ne me demande pas de justifier le mal que ta dureté fait à mon cœur; ne me blesse pas avec tes yeux, mais avec ta langue; use avec puissance de ta puissance et ne me tue pas par artifice. Dis-moi que tu aimes ailleurs, mais en ma présence, mon cher cœur, évite de détourner ton regard : quel besoin as-tu de me blesser par la ruse, lorsque ta puissance est trop grande pour que ma force dominée puisse essayer d'y résister? Laisse-moi t'excuser : oh ma bien-aimée sait bien que ses charmants regards ont été mes ennemis! et c'est pourquoi elle détourne mes ennemis de mon visage afin qu'ils aillent ailleurs darder les flèches de leurs injures : n'agis pas ainsi cependant; mais puisque je suis presque mort, tue-moi tout net par tes regards, et délivre-moi de ma peine.

CXL

Sois aussi prudente que tu es cruelle; n'irrite pas par trop de dédains ma langue que la patience tient liée, de crainte que la douleur ne me donne des paroles, et que ces paroles n'expriment la nature de ma souffrance que ta pitié ne vient pas adoucir. Si je pouvais te donner de l'esprit, bien que tu ne m'aimes pas, il vaudrait mieux, chérie, me dire que tu m'aimes, de même que les malades attristés lorsque leur mort est proche, n'entendent de leurs médecins que des nouvelles de santé; car si je désespérais, je deviendrais fou, et dans ma folie je parlerais

---

1. *Therefore I lie with her and she with me.* Il y a ici un calembour frisant l'obscénité qui porte sur la double signification du verbe *lie*, mentir, et coucher ou se coucher.

mal de toi peut-être, et ce monde pervers est devenu si mauvais qu'aujourd'hui les calomnies folles sont acceptées en toute crédulité par des oreilles folles. Afin que je n'agisse pas ainsi, et que tu ne sois pas calomniée, force tes yeux à se fixer droit sur moi quoique ton cœur orgueilleux se promène au loin.

CXLI

En bonne foi, ce n'est pas avec mes yeux que je t'aime, car ils notent en toi mille erreurs ; c'est mon cœur qui aime ce qu'ils méprisent, et qui, en dépit de ce qu'ils voient, se plaît à raffoler de toi ; mes oreilles ne sont pas davantage réjouies par le son de ta voix ; ni mon tendre tact si prompt à reconnaître les vils attouchements, ni mon goût, ni mon odorat ne m'invitent avec vivacité à chercher en toi seule une fête sensuelle : cependant ni mes cinq esprits[1], ni mes cinq sens ne peuvent dissuader de te servir un cœur affolé qui laisse sans direction l'ombre d'homme que je suis pour devenir le misérable vassal et l'esclave de ton cœur orgueilleux : seulement je tiens que ma malédiction me vaut au moins un gain, puisque celle qui me fait pécher est celle qui me fait souffrir.

CXLII

L'amour est mon péché, et ta vertu chérie est la haine, haine de mon péché fondée sur un amour coupable : oh compares seulement mon état avec le tien, et tu découvriras qu'il ne mérite pas de reproches, ou que s'il en mérite, ce n'est pas au moins de tes lèvres qui ont profané leur parure de pourpre, scellé aussi souvent que les miennes de faux serments d'amour, et dérobé les lits des autres des biens qui leur appartiennent. Qu'il me soit aussi légitime de t'aimer qu'à toi d'aimer ceux que tes yeux courtisent autant que les miens t'importunent : plante la pitié dans ton cœur afin que lorsqu'elle y grandira elle

1. Au temps de Shakespeare on donnait à l'intelligence cinq esprits par analogie avec les cinq sens du corps, le sens commun, l'imagination, la fantaisie, l'estimation et la mémoire. (*Note de l'édition* STAUNTON.)

mérite à son tour de rencontrer pitié. Si tu cherches un jour à obtenir ce que tu refuses, puisses-tu être contredite par ton propre exemple!

CXLIII

Comme une ménagère soigneuse courant pour attraper quelqu'une de ses créatures emplumées qui s'est enfuie, dépose son enfant à terre et met toute diligence à poursuivre l'animal qu'elle voudrait arrêter, cependant que son enfant négligé se met à son tour à la poursuivre, et pleure pour rejoindre celle dont l'affairé souci est tout entier occupé à suivre ce qui fuit devant elle, sans s'inquiéter du mécontentement de son pauvre enfant, c'est ainsi que tu cours après ce qui fuit devant toi, et que moi, ton bébé, je cours par derrière toi ; mais si tu viens à saisir ce que tu espères, retourne vers moi, joue le rôle de la mère, embrasse-moi, sois tendre : oui, je prierai que tu puisses obtenir ta volonté[1], si tu reviens et si tu apaises mes cris aigus.

CXLIV

J'ai deux amours, l'un consolant, l'autre désespérant, qui me tentent perpétuellement comme deux esprits ; le bon ange est un homme très-beau, le mauvais esprit une femme mal fardée. Pour me conquérir plus vite à l'enfer, mon démon féminin a écarté mon bon ange de mes côtés, et a voulu corrompre mon saint pour en faire un diable, en séduisant sa pureté par son odieux orgueil. Quant à savoir si mon ange est devenu démon, je puis bien le soupçonner, mais je ne puis absolument le dire ; mais comme tous deux sont loin de moi, comme tous deux sont amis, je crains fort que mon ange ne soit dans l'enfer de mon diable : toutefois je n'en saurai rien, et je vivrai dans le doute, jusqu'à ce que mon démon ait chassé mon bon ange.

---

1. Encore le même calembour que tout à l'heure sur le mot *Will*, volonté et abréviation de William.

CXLV[1]

Ces lèvres que forma la propre main de l'amour, me murmurèrent, à moi qui languissais pour elle, le son qui disait, *je hais :* mais lorsqu'elle vit mon misérable état, soudain la pitié entra dans son cœur, et grondant cette langue, qui toujours douce avait coutume de ne rendre que d'aimables jugements, elle lui apprit à faire ainsi réparation : ce *je hais*, elle le modifia par une conclusion qui le suivit comme le jour aimable suit la nuit, lorsque pareille à un démon, elle est chassée du ciel en enfer : ce *je hais*, elle le sépara de la haine, et sauva ma vie, en me disant, « *mais non pas vous.* »

CXLVI

Pauvre âme, centre de mon argile pécheresse, dupée par ces puissances rebelles qui t'enveloppent, pourquoi languis-tu au dedans de moi et consens-tu à souffrir de la disette, tandis que tu peins tes murs extérieurs de gais ornements si coûteux ? Pourquoi, ayant un si court bail, des frais aussi énormes pour ta maison destinée à la ruine ? Veux-tu donc que les vers, héritiers de cet excès de luxe, dévorent tes travaux ? Est-ce là la fin de ton corps ? Allons, mon âme, vis plutôt au détriment de ton serviteur, et qu'il languisse pour augmenter ton abondance ; achète des assurances divines en vendant des heures de rebut ; sois bien pourvue au dedans, et ne sois plus riche au dehors : en agissant ainsi, tu te nourriras de la mort, qui se nourrit des hommes, et la mort une fois morte, il n'y aura plus à mourir.

CXLVII

Mon amour est comme une fièvre qui sans cesse appelle ce qui doit plus longtemps entretenir la maladie, et qui pour plaire à l'appétit incertain et maladif se nourrit de

---

[1]. Ce sonnet d'une remarquable vivacité est en vers plus petits que les autres sonnets.

ce qui doit conserver le mal. Ma raison, médecin de mon amour, furieuse de voir que ses prescriptions ne sont pas observées, m'a laissé, et maintenant, en proie au désespoir, je reconnais que ce désir qu'avait interdit la médecine est la mort. Je suis hors d'espoir de guérison, maintenant que la raison est à mon égard hors de toute sollicitude, et fou frénétique, je suis condamné désormais à une perpétuelle inquiétude; mes pensers et mes discours pareils à ceux des fous s'égarent au hasard loin de la vérité, car j'ai juré que tu étais belle; et j'ai cru que tu étais une splendeur, toi qui es aussi noire que l'enfer, aussi ténébreuse que la nuit.

CXLVIII

Hélas de moi, quels sont donc ces yeux que l'amour a mis dans ma tête, qui n'ont aucune relation avec les vraies lois de la vue? ou s'ils en ont quelqu'une, où donc s'est enfui mon jugement pour estimer faussement, comme il le fait, ce qu'ils voient droitement? Si celle dont raffolent mes yeux menteurs est vraiment belle, qu'a donc le monde à dire qu'il n'en est pas ainsi? S'il n'en est pas ainsi, l'amour montre bien par là que des yeux amoureux ne sont pas aussi bons que ceux des autres hommes : non certes, et comment cela se pourrait-il? Comment l'œil de l'amour pourrait-il être fidèle lorsqu'il est fatigué par tant de veilles et de larmes : il n'est donc pas étonnant que mes yeux se trompent, le soleil lui-même n'y voit pas, tant que le ciel n'est pas éclairci. Ô amour rusé, tu me tiens aveugle par les larmes, de crainte que mes yeux, s'ils étaient clairvoyants, ne découvrissent tes fautes ignobles.

CXLIX

Peux-tu dire, ô cruelle, que je ne t'aime pas, lorsque je prends ton parti contre moi-même? N'est-ce pas à toi que je pense, toi qui n'es que tyrannie, lorsque par amour pour toi, je m'oublie moi-même? Quel est celui qui te hait que j'appelle mon ami? Est-il quelqu'un que tu voies d'un mauvais œil que je caresse? Bien mieux, si tu me regardes avec courroux, est-ce que je ne tire pas aussitôt vengeance de moi-même par mes gémissements? Est-il en moi un mérite que je respecte, assez orgueilleux pour refuser de te servir, et tout ce que j'ai de meilleur n'a-t-il pas un culte pour tes défauts, et ne t'obéit-il pas sur un simple mouvement des yeux? Mais tu peux continuer à haïr, ma chérie, car maintenant je connais ton âme; tu aimes ceux qui peuvent voir clair, et moi je suis aveugle.

CL.

Ô de quel pouvoir tiens-tu cette force merveilleuse qui te permet de gouverner mon cœur précisément par ce qui te manque, qui me contraint à donner un démenti à ma vue fidèle, et à jurer que la clarté n'embellit pas le jour? D'où as-tu tiré cette faculté d'orner les choses mauvaises, au point que dans tes actes les plus dignes d'être rejetés, il y a une telle force, et une si certaine habileté, qu'à mon sens, ton mal dépasse tout ce qui est bien? Qui t'enseigna à te faire d'autant plus aimer de moi que ce que je voyais et entendais me donnait plus de cause de te haïr? Ô quoique j'aime ce que les autres abhorrent, tu ne devrais pas abhorrer ma situation avec les autres : si ton indignité fit naître en moi l'amour, je suis d'autant plus digne d'être aimé de toi.

CLI

L'amour est trop jeune pour savoir ce qu'est la conscience; cependant qui ne sait que la conscience est née de l'amour? Ainsi donc, gentil juge, n'insiste pas sur mes erreurs, de peur que ta douce personne ne se trouve coupable des mêmes fautes : car si tu me trahis, je livre la plus noble partie de moi-même à la trahison de mon corps grossier; mon âme dit à mon corps qu'il peut triompher dans l'amour; la chair n'attend pas d'autre raison, mais se dressant à ton nom, elle te marque comme le prix de son triomphe. Orgueilleux de cette fière victoire, mon corps est content d'être ton pauvre esclave, de soutenir tes affaires, de tomber à tes côtés. Ne dis pas que c'est manque de conscience si j'appelle bien-aimée celle dont le cher amour me soulève et me fait tomber.

CLII

Tu sais que je suis parjure en t'aimant, mais toi, tu es deux fois parjure en me jurant amour ; en fait tu as brisé ton serment nuptial, et tu as déchiré une nouvelle foi en jurant une nouvelle haine après avoir accepté un nouvel amour. Mais pourquoi est-ce que je t'accuse d'avoir brisé deux serments lorsque moi j'en brise vingt ? C'est moi qui suis le plus parjure, car tous mes vœux ne sont que des serments pour mal user de toi, et par toi je perds toute bonne foi : en effet, n'ai-je pas affirmé sous profond serment ta profonde tendresse, ton amour, ta sincérité, ta constance ? N'ai-je pas pour t'embellir de lumière prêté des yeux à la cécité et ne les ai-je pas contraints à jurer contre ce qu'ils voyaient ? Je les ai forcés à jurer que tu étais belle, — d'autant plus suis-je parjure de jurer contre la vérité un si vilain mensonge !

CLIII

Cupidon déposa son brandon à terre et s'endormit ; une nymphe de Diane profita de cette occasion, et plongea bien vite ce brandon qui enflamme l'amour dans une fraîche fontaine d'une vallée de ces alentours ; à ce feu de l'amour cette fontaine emprunta une chaleur éternellement vive, et devint un bain fumant que les hommes reconnaissent encore de nos jours comme un remède souverain contre de singulières maladies. Mais à l'œil de ma maîtresse l'amour a rallumé son brandon, et par manière d'essai l'enfant a touché ma poitrine : me sentant intérieurement malade, j'ai désiré le secours de ce bain, et je m'y suis rendu, hôte triste et désappointé, mais je n'ai pas trouvé de remède : le bain qui me soulagerait se trouve là où Cupidon a rallumé son feu, dans les yeux de ma maîtresse.

CLIV

Le petit dieu d'amour s'endormit une fois après avoir

déposé à ses côtés son brandon qui enflamme les cœurs ; en ce moment, des nymphes qui avaient fait vœu d'observer une vie chaste vinrent en troupe se promener par là ; la plus belle de toutes prit dans sa main virginale ce feu qui avait enflammé tant de légions de cœurs fidèles, et c'est ainsi que le roi des chauds désirs fut en dormant désarmé par la main d'une vierge. Elle éteignit ce brandon dans une froide fontaine qui recevant de ce feu de l'amour une chaleur perpétuelle devint un bain et un remède salutaire pour les gens malades ; moi l'esclave de ma maîtresse je vins en ce lieu pour obtenir ma guérison, et j'éprouve ; par cette expérience que si le feu de l'amour échauffe l'eau, l'eau ne refroidit pas l'amour.

FIN DU DIXIÈME ET DERNIER VOLUME.

TABLE.

CYMBELINE...	1
Avertissement...................................	3
Cymbeline.......................................	23
Commentaire.....................................	142
POËMES DE SHAKESPEARE............................	149
Vénus et Adonis.................................	151
Lucrèce...	193
PETITS POËMES..	245
La plainte d'une amante.........................	247
Le pèlerin amoureux.............................	258
SONNETS...	276

FIN DE LA TABLE.

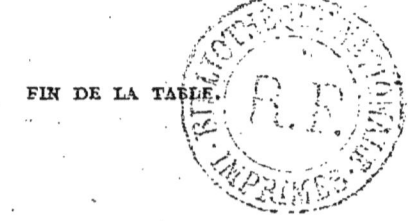

8364. — Typographie Lahure, rue de Fleurus, 9, à Paris.

Librairie HACHETTE et Cie, boulevard Saint-Germain, 79, à Paris

BIBLIOTHÈQUE VARIÉE, FORMAT IN-18 JÉSUS, A 3 FR. 50 C. LE VOL.

About (Edmond). L'Alsace. 1 vol. — Causeries. 2 vol. — La Grèce contemporaine. 1 vol. — Le progrès. 1 vol. — Le turco. 1 vol. — Madelon. 1 vol. — Salons de 1864 et 1866. 2 vol. — Théâtre impossible. 1 vol. — A B C du travailleur. 1 vol. — Les mariages de province. 1 vol. — Le mari imprévu. 1 v. — Le fellah. 1 vol.

Barrau. Histoire de la Révolution française. 1 vol.

Bautain (L'abbé). La belle saison à la campagne. 1 vol. — La chrétienne de nos jours. 2 vol. — Le chrétien de nos jours. 2 vol. — Les choses de l'autre monde. 1 vol. — La religion et la liberté. 1 v. — Manuel de philosophie morale. 1 vol. — Etude sur l'art de parler en public. 1 vol.

Baudrillart. Economie politique populaire. 1 vol.

Belloy (De). Le chevalier d'Al. 1 vol. — Légendes fleuries. 2 vol.

Bersot. Mesmer, ou le magnétisme animal. 1 vol. — Les tables tournantes et les esprits. 1 vol.

Boissier. Cicéron et ses amis. 1 vol.

Bréal (M.). Quelques mots sur l'instruction publique. 1 vol.

Busquet (A.). Le poëme des heures. 1 vol.

Byron (Lord). Œuvres complètes. Traduction B. Laroche. 4 vol.

Calemard de la Fayette (Ch.). Le poëme des champs. 1 vol.

Caro. Etudes morales. 2 vol. — L'idée de Dieu. 1 vol. — Le matérialisme et la science. 1 vol. — Les jours d'épreuve. 1 vol.

Cervantes. Don Quichotte, trad. Viardot. 2 vol.

Charpentier. Ecrivains latins de l'empire. 1 vol.

Chateaubriand. Le génie du christianisme. 1 vol. — Les martyrs. 1 vol. — Atala, René, les Natchez. 1 vol.

Cherbuliez (Victor). Comte Kostia. 1 vol. — Paule Mère. 1 vol. — Roman d'une honnête femme. 1 vol. — Le grand-œuvre. 1 vol. — Prosper Randoce. 1 vol. — L'aventure de Ladislas Bolski. 1 vol. — La revanche de Joseph Noirel. 1 vol.

Crépet (E.). Le trésor épistolaire de la France. 2 v.

Cucheval (V.). Histoire de l'éloquence latine. 2 v.

Dante. La divine comédie, trad. Fiorentino. 1 vol.

Daumas (E.). Mœurs et coutumes de l'Algérie. 1 v.

Deschanel (Em.). Etudes sur Aristophane. 1 vol.

Duruy (V.). De Paris à Vienne. 1 vol. — Introduction à l'histoire de France. 1 vol.

Duval (Jules). Notre planète. 1 vol.

Ferry (Gabriel). Le coureur des bois. 2 vol. — Costal l'Indien. 1 vol.

Figuier (Louis). Histoire du merveilleux. 4 vol. — L'alchimie et les alchimistes. 1 vol. — L'année scientifique. 16 années (1856-1873). 16 vol. — Le Lendemain de la mort. 1 vol.

Flammarion (C.). Contemplations scientifiques. 1 v.

Fléchier. Les grands jours d'Auvergne. 1 vol.

Fustel de Coulanges. La cité antique. 1 vol.

Garnier (Ad.). Traité des facultés de l'âme. 3 vol.

Garnier (Charles). A travers les arts. 1 vol.

Guizot (F.). Un projet de mariage royal. 1 vol. — Le duc de Broglie. 1 vol.

Houssaye (A.). Le 41ᵉ fauteuil. 1 vol. — Violon de Franjolé. 1 vol. — Voyages humoristiques. 1 vol.

Hugo (Victor). Notre-Dame de Paris. 2 vol. — Bug-Jargal, etc. 1 vol. — Han d'Islande, Discours. 2 v. — Littérature et philosophie mêlées. 2 vol. — Odes et ballades. 1 vol. — Orientales, Feuilles d'automne, Chants du crépuscule. 1 vol. — Les Voix intérieures, les Rayons et les Ombres. 1 v. — Théâtre. 4 vol. — Le Rhin. 3 vol. — Les Contemplations. 2 vol. — Légende des siècles. 1 vol.

Ideville (H. d'). Journal d'un diplomate. 1 vol.

Joanne (Ad.). Albert Fleurier. 1 vol.

Jouffroy. Cours de droit naturel. 2 vol. — Cours d'esthétique. 1 vol. — Mélanges philosophiques. 1 v. — Nouveaux mélanges philosophiques. 1 vol.

Jurien de la Gravière (L'amiral). Souvenirs d'un amiral. 2 vol. — La marine d'autrefois. 1 vol. — La marine d'aujourd'hui. 1 vol.

La Landelle (G. de). Le tableau de la mer. 4 vol.

Lamartine (A. de). Méditations poétiques. 2 vol. — Harmonies poétiques. 1 vol. — Recueillements poétiques. 1 vol. — Jocelyn. 1 vol. — La chute d'un ange. 1 vol. — Voyage en Orient. 2 vol. — Histoire des Girondins. 6 vol. — Confidences. 1 vol. — Nouvelles confidences. 1 vol. — Lectures pour tous. 1 vol. — Souvenirs et portraits. 3 vol.

Laveleye (Emile de). Etudes et essais. 1 vol.

Malherbe. Œuvres poétiques. 1 vol.

Marmier (Xavier). Gazida. 1 vol. — Hélène et Suzanne. 1 vol. — Histoire d'un pauvre musicien. 1 vol. — Le roman d'un héritier. 1 vol. — Les fiancés du Spitzberg. 1 vol. — Mémoires d'un orphelin. 1 vol. — Sous les sapins. 1 vol. — La recherche de l'idéal. 1 vol. — Voyages. 3 vol.

Martha. Les moralistes sous l'empire romain. 1 vol.

Michelet. La femme. 1 vol. — La mer. 1 vol. — L'amour. 1 v. — L'insecte. 1 vol. — L'oiseau. 1 v.

Nisard. Les poëtes latins de la décadence. 2 vol.

Nourrisson. Les Pères de l'Eglise latine. 2 vol.

Patin. Etudes sur les tragiques grecs. 4 vol. — Etudes sur la poésie latine. 2 vol.

Pfeiffer (Mᵐᵉ Ida). Voyages d'une femme. 3 vol.

Prévost-Paradol. Etudes sur les moralistes français. 1 vol. — Histoire universelle. 2 vol.

Quatrefages (De). Unité de l'espèce humaine. 1 v.

Sainte-Beuve. Port-Royal. 7 vol.

Saintine (X.-B.). Le chemin des écoliers. 1 vol. — Picciola. 1 vol. — Seul! 1 vol. — La mythologie du Rhin. 1 vol.

Sévigné (Mᵐᵉ de). Lettres. 8 vol.

Shakespeare. Œuvres, traduction Montégut. 10 v.

Simon (Jules). La liberté politique. 1 vol. — La liberté civile. 1 vol. — La liberté de conscience. 1 v. — La religion naturelle. 1 vol. — Le devoir. 1 vol. — L'ouvrière. 1 vol.

Taine (H.). Essai sur Tite Live. 1 vol. — Essais de critique et d'histoire. 1 vol. — Nouveaux essais. 1 vol. — Histoire de la littérature anglaise. 5 vol. — La Fontaine et ses fables. 1 vol. — Les philosophes français au xixᵉ siècle. 1 vol. — Voyage aux Pyrénées. 1 v. — M. Graindorge (notes sur Paris). 1 vol. — Notes sur l'Angleterre. 1 vol. — Un séjour en France de 1792 à 1795. 1 vol.

Topffer (Rod.). Nouvelles genevoises. 1 vol. — Rosa et Gertrude. 1 vol. — Le presbytère. 1 vol. — Réflexions et menus propos d'un peintre. 1 vol.

Traductions des chefs-d'œuvre de la littérature grecque. Anthologie. 2 vol. — Aristophane. 1 vol. — Diodore de Sicile. 4 vol. — Eschyle. 1 vol. — Hérodote. 1 vol. Homère. 1 vol. — Lucien. 2 v. — Plutarque. 9 v. — Strabon. 5 vol. — Thucydide. 1 vol. — Xénophon. 2 vol.

Traductions des chefs-d'œuvre de la littérature latine. Horace. 1 vol. — Plaute. 2 vol. — Les satiriques. 1 vol. — Sénèque. 2 vol. — Tacite. 1 v. — Tite Live. 4 vol. — Virgile. 1 vol.

Troplong. De l'influence du christianisme sur le droit civil des Romains. 1 vol.

Viardot. Musées d'Europe. 3 vol.

Viennet. Fables complètes. 1 vol.

Vivien de St-Martin. L'année géographique. 10 années (1863-1872). 9 vol.

Wallon. Vie de N.-S. Jésus-Christ. 1 volume. — La sainte Bible. 2 vol.

Wey (Francis). Dick Moon. 1 vol. — La haute Savoie. 1 vol. — Chronique du siège de Paris. 1 vol.

Würtz. Histoire des doctrines chimiques. 1 vol.

Typographie Lahure, rue de Fleurus, 9, à Paris.

www.ingramcontent.com/pod-product-compliance
Lightning Source LLC
Chambersburg PA
CBHW070846170426
43202CB00012B/1963